C. S Wollschläger

Sandbuch der vorhistorischen, historischen und biblischen Urgeschichte

C. S Wollschläger

Sandbuch der vorhistorischen, historischen und biblischen Urgeschichte

ISBN/EAN: 9783741177095

Manufactured in Europe, USA, Canada, Australia, Japa

Cover: Foto ©Lupo / pixelio.de

Manufactured and distributed by brebook publishing software (www.brebook.com)

C. S Wollschläger

Sandbuch der vorhistorischen, historischen und biblischen Urgeschichte

Handbuch

der

vorhistorischen, historischen und biblischen

Urgeschichte.

Von

C. H. Wollschläger.

Oberhausen u. Leipzig.
No. Spaarmann'sche Verlagshandlung.
1878.

Vorwort.

Die in vorliegenden Uebersichten geordnete Zusammenstellung der hauptsächlichsten Resultate der bisherigen für die Gesammtwissenschaft der Universalhistorie und ihres richtigen Verständnisses so sehr bedeutsamen Untersuchungen, Entdeckungen und Forschungen über die vorhistorische, historische und biblische Urgeschichte des menschlichen Geschlechts bezweckt durchaus nicht — schon dem geringen Umfange nach — etwa einen auch nur annäherungsweise vollständigen „Abriß der Urgeschichte" zu geben, welches nach dem heutigen Stande dieser täglich in den größten Dimensionen fortschreitenden Wissenschaft schon ein sehr voluminöses Werk geben müßte und doch sogar dabei nicht erschöpfend sein könnte, schon aus dem Grunde, weil diese noch so junge aber doch so ausgebreitete Disciplin immer zu sehr im Flusse des Werdens begriffen ist, als daß man sie in ihrem ganzen Umfange schon richtig und präcis fassen und ordnen könnte. Hier in diesem kleinen Werke ist ein ungeheurer Stoff nur in den Grundlinien behandelt; vollkommene Nüchternheit gegenüber dem oft allzugroßen Enthusiasmus der modernen Forscher — deren Leistungen übrigens im Ganzen nicht hoch genug geschätzt werden können — ist Regel bei der Bearbeitung gewesen: lieber sollte zu wenig und nahes als zu viel und weitschweifendes gegeben werden. Es soll diese — übrigens ganz objectiv und unparteiisch gehaltene und so gefaßte Arbeit ein Wegweiser durch die behandelten Themen sein, um sich desto leichter den oft sehr differirenden Ansichten gegenüber gehörig orientiren zu können. Um die ganze Größe des durchschrittenen

Gebietes der gesammten Urgeschichte zu erfassen, war es nöthig, ihr von verschiedenen Seiten beizukommen; mehrere Hauptwege zu ihr zu öffnen, wie große Avenuen zu einer großen Capitale: um sie in ihrer ganzen Größe und Herrlichkeit zu zeigen. Daher wurde der fast unermeßliche Stoff in drei großen Abtheilungen aufgestellt, obwohl in der Sache selbst diese drei angegebenen Abtheilungen nicht so durchaus streng getrennt werden konnten, da sie ja in der Behandlung selbst so vielfach und oft in einander übergehen. So viel möge bemerkt sein als Wink für das zu Erwartende und Einstweilige, welches hauptsächlich nur die Punkte berühren sollte, worauf es bei genauerem Studium der Urgeschichte ankommt. Sollte das Werk als solches vielleicht den nicht ganz ungehofften Beifall finden, den es dem Werthe der behandelten Sache nach erwarten ließe, so möge dann Mehreres und Weiteres folgen.

Carlsruhe, im Sommer 1872.

C. S. Wollschläger.

I.

Abriß der vorhistorischen Urgeschichte.

1.

Uebersicht der Erdgeschichte mit den Spuren des Menschengeschlechts und mit der annähernden Bestimmung der Zeit der Entstehung desselben.

Die Uebersicht der allmählichen Entwickelung der Erdoberfläche und ihrer Perioden ist folgende:

Bestimmte Gebirgsarten, die wir nach den in ihnen enthaltenen Versteinerungen als gleichzeitig erkennen, nennen wir **Formationen**;

eine Reihe solcher Formationen, die durch gewisse Charaktere als näher verwandt sich zeigen, nennen wir **Perioden**,

und mehrere Perioden können wir noch wieder als **Epochen** zusammenfassen.

Wenn die **älteste Epoche** so eigenthümliche Pflanzen- und Thierformen darbietet, daß kaum irgend eine Beziehung derselben auf die jetzt um uns lebenden gefunden werden kann,

so zeigt die **zweite Epoche** eine allmähliche Verähnlichung mit unserer Jetztwelt,

aber erst in der **dritten Epoche** treten nach und nach anfänglich in geringerer Artenzahl, dann allmählich immer häufiger Thier- und Pflanzenarten auf, die sich auch noch jetzt lebendig auf der Erde finden.

Die älteste (**primäre**) **Epoche** oder **Paläozoische** umfaßt fünf Perioden mit neun Formationen;

die **Secundäre** oder **Mesozoische Epoche** drei Perioden mit achtzehn Formationen,

endlich die **Tertiäre** oder **Känozoische Epoche** drei Perioden mit sieben Formationen.

— 2 —

Auf diese 34 Formationen folgen dann noch zwei, welche man als die vierte oder **Quartäre Epoche** zusammenfaßt; die älteste dieser letzten Formation (die 35.) bezeichnet man als die **Postpliocäne**, sie enthält zwar keine Muscheln mehr, die nicht auch jetzt noch lebend auf der Erde gefunden werden, aber dagegen sehr viele eigenthümliche jetzt längst ausgestorbene Säugethierarten, Elephanten-, Mammuth-, Rhinoceros-, Löwen-, Hyänen-, Bärenarten, Mastodonten u. a.

Die jüngste (36. Formation) endlich, welche man als die **Neuzeit** bezeichnet, bietet uns ausschließlich nur noch jetzt lebende Organismen aus allen Lebenskreisen dar.

Die postpliocäne (35.) Formation (oder erste der vierten oder Quartären Epoche) bezeichnete man früher auch wohl als **Diluvium** und die (36. Formation) **Neuzeit** als **Alluvium**, beides sehr schlecht gewählte und daher mit Recht von den neueren Geognosten beseitigte Ausdrücke.

Bestimmt kann man nachweisen, daß im Anfang der postpliocänen (35.) Formation Europa eine von der jetzigen ganz verschiedene geognostische Gestaltung und in Folge dessen manche höchst eigenthümliche physikalische Erscheinungen dargeboten hat.

Am **Ende der Tertiärperiode** war die große Wüste Sahara (wie die Bohrversuche von Laurent bewiesen haben) ein Meeresbecken, dagegen hingen (nach den Untersuchungen von Heer und Anderen) das nordwestliche Afrika, die Azoren und Portugal mit dem südöstlichen Nordamerika in einem großen Continent zusammen, woraus sich die Uebereinstimmung der Flora und Fauna der genannten Länder am **Ende der Tertiärepoche** erklärt. Das erste Verhältniß, ein Meeresbecken statt einer glühenden Sandwüste, hatte zur Folge, daß es für Europa keinen gegenwärtig aus der Sahara kommenden heißen, gletscherschmelzenden Föhnwind gab; das zweite schloß den die ganze Westküste von Europa erwärmenden Golfstrom vom nördlichen Atlantischen Ocean ab. Der Golfstrom lief vielmehr durch das Gebiet des jetzigen Missisippi gerade nach Norden und brachte seinen erwärmenden Einfluß in die amerikanischen Polargegenden. In Folge dieser ganz verschiedenen Vertheilung von Land und Meer, von Wärme und Kälte, war Europa im Beginne der postpliocänen (35.) Periode — der ersten der (also im Anfange der) **Quartären Epoche** — viel rauher als jetzt und zeigte eine Ausdehnung der Gletscher und eine Anhäufung von Eis, die für diese Zeit den Namen der **Eiszeit** bei den Geognosten in Aufnahme gebracht haben. Man darf dies aber nicht so verstehen, wie es anfänglich auch wohl von Männern der Wissenschaft aufgefaßt worden ist, als ob es eine Zeit gegeben habe, in welcher die ganze Erdoberfläche im Eise erstarrt gewesen wäre, vielmehr, wie es niemals eine die ganze Erde bedeckende Fluth, wohl aber zu verschiedenen Zeiten auf jedem beschränkten Theile der Oberfläche solche Bedeckungen des Bodens mit Wasser gab, so wurde auch die Temperaturerniedrigung, die das Wachsen der Gletscher in einem Gebirgssystem hervorrief, durch eine erhöhte Temperatur in anderen Regionen wieder ausgeglichen; mit dieser Warnung kann man nun immerhin aussprechen, daß fast jeder Theil der Erdoberfläche einmal seine Eiszeit erlebt hat. — Die Geographie des nördlichen Europa war nun folgende:

Anfänglich bedeckte Meer fast den ganzen nördlichen Theil von Finnland durch die Ostseeprovinzen, das nördliche Deutschland bis Dünkerken und ebenso Großbritannien mit Ausnahme eines schmalen südlichen Streifens und der höchsten Gebirgspuncte, die als Inseln aus dem Meere hervorragten. Gleichzeitig war nur der mittlere höchste Theil von Skandinavien frei vom Meere und gerade, wie gegenwärtig Grönland, ganz in Eis gehüllt. In dieser Zeit trugen die sich ablösenden Eisberge und Eisinseln Schutt, große und kleine Blöcke skandinavischer Felsen über das Meer nach Osten, Süden und Westen und wo das Eis strandete und in der südlicheren Luft schmolz, fielen jener Schutt, jene Felsblöcke auf den Meeresboden. Darauf folgte eine Zeit, in welcher sich der Boden allmählich hob, und zwar bis zu einem solchen Niveau, daß England und Frankreich in feste Landverbindung gesetzt und ein großer Theil der Nordsee trocken gelegt wurde. In dieser Zeit breiteten sich denn auch Nordfranzösische und Deutsche Pflanzen und Thiere über England aus. Gerade in dieser Periode dehnten sich die Gletscher in Tyrol, der Schweiz, Frankreich und Großbritannien von den viel höheren und daher viel kälteren Bergen zu einem Umfange aus, von dem uns jetzt nur noch die Schliffe und Schrunden auf den Felsen, die alten noch erkennbaren Moränen und Gufferlinien Nachricht geben. Diese Gletscher, mit ihren gewaltigen, schweren Massen auf den felsigen Unterlagen sich fortschiebend, rieben von

— 4 —

denselben, wie das auch noch jetzt geschieht, eine große Masse des feinsten Staubes ab, die dann von Bächen und Flüssen fortgeschwemmt, in den Ebenen, wo die letzteren sich ausbreiteten, abgelagert wurde und so die eigenthümlichen oft mächtigen Schichten bildeten, welche von den Geognosten als Löß bezeichnet werden. — Nun erst trat wieder eine allmähliche Senkung ein, welche England und Frankreich von einander trennte und die Nordsee wieder als Meer herstellte. In Vorstehendem sind nur die großen Hauptzüge jener Periode charakterisirt, während zeitweilig und an verschiedenen Orten untergeordnete Hebungen und Senkungen noch vielfach mit einander gewechselt haben müssen. Man wird aber nur durch diese gewaltigen Veränderungen in der geographischen Vertheilung von Land und Meer und den mannichfaltigen dadurch bedingten klimatischen Veränderungen eine etwas anschaulichere Vorstellung davon erhalten, welche unendlich langen Zeiträume nöthig gewesen sind, um alle diese Erscheinungen entstehen und vergehen zu lassen. Aehnliche Bewegungen der Erdoberfläche wie die erwähnten haben zu allen Zeiten stattgefunden und langsam, aber in Zeiträumen von Hunderttausend und mehr Jahren, die Geographie der Erde umgestaltet. — Auf diese Weise hat man nun festgestellt, daß die Formation der Neuzeit (die 36. und jüngste Formation; die zweite der vierten oder Quartären Epoche) zum allerwenigsten einen Zeitraum von 100,000 Jahren und die postpliocäne (35. oder zweitjüngste Formation; die erste der vierten oder Quartären Epoche) jedenfalls einen ebenso langen oder noch längeren umfaßt, daß wir daher schon mit den letzten (33. 34.) Formationen der tertiären Epoche in Zeiten, die mehr als 300,000 Jahre hinter der Gegenwart zurückliegen, eingeführt werden.

Wichtige Entdeckungen,*) die man nach ihrem Alter in drei

---

*) Wir verdanken die herrlichen, hier einschlagenden Thatsachen, welche seit Anfang unseres Jahrhunderts und insbesondere in den 60er Jahren gewonnen wurden, dem größten Theile den bedeutendsten Naturforschern des alten und neuen Continents. Zu nennen sind nur Agassis, Livingstone, Hurley, Owen, Lepell, Mortillet, Tournal, Marcel de Serres, Lartet, Boucher de Perthes, die beiden berühmten Schweizer Rütimeyer und Messikomer, den Schweriner Lisch, den Kieler Forchhammer, Thomsen in Kopenhagen und Nilsson in Schweden und hinzufügen ist, daß außer d. n älteren skandinavischen Forschern sich besonders die Franzosen hier sehr ausgezeichnet haben.

Gruppen ordnete, thun — die ersten — die Anwesenheit des Menschen in der Neuzeit (jüngsten oder 30. Formation, der zweiten der Quartären Epoche) in den uns vertrauten Umgebungen dar, — die zweiten — das Vorhandensein des Menschen in der zweiten Hälfte der **Postpliocänformation** (35. Formation, der ersten der **Quartären Epoche**) als Zeitgenossen des Mammuth und Rhinoceros und endlich die dritten lassen ihn als gleichzeitig mit den mächtigen Gletscherentwickelungen der älteren postpliocänen Formation, der sogenannten Eiszeit erscheinen. Die Zeit aber, in der die Erschaffung des Urmenschen in Südasien stattfand, war vermuthlich der letzte (mehr als 300,000 Jahre hinter der Gegenwart zurückliegende) Abschnitt der eigentlichen **Tertiärzeit**, die sogenannte **Pliocen-Zeit**, vielleicht schon die vorhergehende **Miocen-Zeit**.

2.
Uebersicht der Steinzeit, der Bronzezeit und der Eisenzeit.

Was die thatsächlichen Quellen der Urgeschichte des Menschen anbelangt, so können dieselben nur Urkunden sein, die wirklich bis an die Grenzen mündlicher und schriftlicher Ueberlieferung reichen, oder die Forschungen auf dem Gebiete der Sprache und Geologie. Wir sind alle in Ehrfurcht vor der Bibel erzogen, und mit Recht, denn sie ist das Buch der Bücher. Aber sie reicht — nach der in sie hineingelegten chronologischen Rechnung nur 6000, oder wenn wir den durch Sprachforschung und ethnographische Forschung und mythologische Untersuchungen ausgedehnten Rahmen noch weiter strecken — auf nur vielleicht über 20,000 Jahre zurück. Nun hat aber die neue ethnographische Forschung sie überflügelt, die Sprachforschung allein setzt uns wohl schon um 150,000 Jahre hinter die Gegenwart zurück. Damit stimmt die geologische Forschung überein.*)

*) Die Bibel enthält die Geschichte der Offenbarung Gottes an die Menschheit in der Geschichte der menschlichen Seele und ihres unmittelbaren Verhältnisses zu Gott, besonders natürlich dargestellt in der Geschichte des auserwählten Volkes Israel, in der Geschichte des Prophetenthums, in der Geschichte des fleischgewordenen Wortes Gottes, des Sohnes Gottes Jesu Christi, seiner Apostel und der ersten Kirche. Aber ein vollständiges unfehlbares ethnographisch-geologisches Compendium zu bilden, ein absolutrichtiges chronologisches System enthaltend, dazu war sie nicht bestimmt und jeder Versuch sie dazu zu mißbrauchen, ihr eine besondere Astronomie, Geologie, Ethnographie und Chronologie anzudichten (während sie in diesen Dingen gerade so außerordentlich unbefangen und kindlich und ohne alle besondere Bestimmung verfährt), kann

Wichtig sind in dieser Beziehung die Torfmoore von Devonshire in England und die Dänemarks. Die letzteren kommen in einer Mächtigkeit von 20, 30, ja 60—100 Fuß vor. Bekannt ist die Bildung dieser Torfmoore. Jeder Sumpf ist gleichsam der Anfang dazu, wenn sich darauf die sog. Torfpflanze ansiedelt. Sowie diese grüne Decke kurze Zeit bestanden hat, beginnt sie zu sinken, und es leitet sich in den versunkenen Pflanzen ein sogenannter Verkohlungsproceß ein. Aber hierbei werden alle zufällig beigemischten Thiere und hereingestürzten Pflanzen (u. s. w.) luftdicht eingeschlossen und bleiben oft lange Zeit, Jahrhunderte, Jahrtausende erhalten. Man hat berechnet, daß ehe solche Torfmoore in dieser Mächtigkeit sich bildeten, wenigstens eine Zeit von 6—8000 Jahre verstrich. Der Anfang jener Torfmoorbildungen überragt also die Erbauungszeit der ägyptischen Pyramiden sehr bedeutend (denn man kann die ältesten derselben höchstens etwas über 3000 vor Chr. setzen). In diesen Torfmooren fand man nun oberflächlich die Rothbuche, in den mittleren Schichten die Steineiche, Birken, Hasel, Äspen und im Grunde die Fichte, und unter der Fichte als Document, daß mit ihr der Mensch lebte, einen Feuerstein, der von der Menschenhand bearbeitet worden war, eine Steinart. Aber da die Römer schon die herrlichen Buchenwälder in Dänemark antrafen und Jahrtausende dazu gehören, ehe ein Distrikt so durchgreifend und sogar zweimal seinen botanischen Charakter ändert, so wird man leicht bemessen können, welche Zeit verstrich, seitdem die Fichte mit ihrem dunklen Grün nicht mehr die Torfmoore Dänemarks beschattete, an welche der Mensch seine steinerne Axt legte.

Als ein ferneres Beispiel ist an die Ausgrabungen zu erinnern, die Leonhardt Horner 1851—1854 am Nile angestellt hat. Derselbe hat unter dem Nilschlamm die Reste von Töpferarbeiten gefunden, in einer Tiefe, welche (nach dem gegebenen Maßstabe der Erhebung des Bodens in Einem Jahrhundert) bis in das 11. Jahrtausend vor unserer Zeitrechnung führt: so daß also daraus zu schließen ist, daß die alten Aegypter (Chamiten; die aus Asien, wohl den Euphratgegenden, kamen) schon dazumal in Aegypten weilten; ihre Geschichte in Aegypten selbst geht wohl in das 12. und 13. Jahrtausend vor Chr. zurück: und doch brachten sie schon Sprache und Anfänge der Gesittung und Mythologie wohl aus Asien mit, wohin sich die Perspektive der historischen Urgeschichte leitend öffnet.

Ein weiteres Beispiel liefert Amerika — dort finden sich riesenhafte, künstliche Hügel, welche man besonders sehr zahlreich im Ohiothale gefunden hat, welche wohl Grabhügel gewesen sein mögen. In diesen Hügeln fand man nicht nur noch Muscheln, welche mit denen aus dem Golfe von Mexiko übereinstimmen, sondern auch eine Summe von Menschenknochen, daneben Obsidian von Menschenhand bearbeitet (Aexte).

Ihr Ansehen und ihren Gehalt nur herabzuwürdigen und der positiven Religion schaden, indem sie sie lächerlich macht. Die Frechheit der modernen Wissenschaft, welche die gefundenen Thatsachen zu unlogischen Schlüssen mißbraucht, besteht darin, daß sie den Schöpfer leugnet und die Ehre der Schöpfung und die Gewalt über Leben und Tod dem Geschöpfe gewissermaßen selbst vindicirt und die Unsterblichkeit der Seele leugnet, wofür doch die Wissenschaft als solche keinen Ersatz bieten kann.

Als fernerer Beleg ist anzuführen, daß Agassiz das Alter der Corallenriffe an der Südspitze von Florida aus ihrem gegenwärtigen Wachsthum auf 135,000 Jahre berechnet. Die vorschreitende Vergrößerung dieser Riffe, welche selbst in ihren ältesten Lagen nur Species der noch jetzt existirenden Polypenfauna enthalten, ist von dem größten Einfluß für die Temperaturverhältnisse Europas geworden. Außerdem fand man in diesen Riffen Menschenreste, für welche Agassiz ein Alter von 10,000 Jahren annimmt. — Ferner haben ein hohes Alter der Menschheit die Flußthäler erwiesen, welche von Felswänden eingeschlossen sind und wo sich über dem Flußspiegel Höhlen befinden, in welchen man unter Gerölle, unter Kalksinter nicht nur Knochen einer ausgestorbenen Fauna, sondern ebenfalls Steinwerkzeuge des Menschen gefunden hat. Wenn man bedenkt, daß die Höhe, in der sich die Eingänge der Höhlen über dem Flußspiegel befinden, selbst 200 Fuß erreicht, so kann man den Zeitraum ohngefähr ermessen, welcher nöthig war, um diese Flußthäler so tief auszuwaschen.

Ehe der Mensch in Europa auftreten konnte, mußte sich das Klima wesentlich ändern. Denn die Eiszeit scheint der ersten Einwanderung des Menschen in Europa unmittelbar vorangegangen zu sein. Nicht nur Scandinavien war vergletschert, nicht nur der größte Theil von Großbritannien, sondern auch das nördliche Frankreich, Holland, Belgien, das nördliche Deutschland, Polen waren gewiß vom Eismeere bedeckt, während die Gletscher der Alpen bis ziemlich nach Baiern und Schwaben hineinreichten. Es muß angenommen werden, daß also zu jener Zeit die Formen unseres Continentes andere waren. Wahrscheinlich existirte ein Zusammenhang zwischen Afrika und den südlichen Staaten Europa's, und vielleicht ist es nicht nur Muthmaßung, daß tiefer zwischen Tripolis und Sicilien, Sardinien, Corsika und dem Festlande von Italien bestand. Ferner ist anzunehmen, daß die Meerenge von Gibraltar auch nicht bestand; aber jedenfalls duldete doch die Eisperiode auf ihrer Höhe thierisches und menschliches Leben nicht.

Die Umwandlung der Eiszeit, die Steigerung der mittleren Tagestemperatur, wodurch das Auftreten des Menschen in Europa gewissermaßen vorbereitet wurde, konnte natürlich nur dadurch erzeugt werden, daß die Gletscher theils verschwanden, theils sich allmählich zurückzogen und das Eismeer sich verlief. Es geschah dies wohl ausschließlich, falls nicht eine Senkung des Continents mit im Spiele war, auf dem Wege einer anhaltenden Warmwasser- und Luftheizung. Durch das allmähliche Wachsthum der Südspitze von Florida wurde der Golfstrom, der ursprünglich dicht an den östlichen Gestaden Nordamerika's hinging und Grönland derart erwärmte, daß es die üppigste Flora und reichste Fauna zu bergen vermochte, immer mehr nach Osten abgelenkt, so daß er endlich Europa erreichte und hier nach und nach die Eiszeit so beschränkte, daß gegenwärtig die europäischen Breiten eine höhere mittlere Tagestemperatur als die entsprechenden amerikanischen aufzuweisen haben. Die Luftheizung wird durch die Wüste Sahara unterhalten. Diese riesenhafte Sandfläche ist der Rückstand eines ausgetrockneten Binnenmeeres im Innern Afrika's. Aber während Europa hierdurch entgletschert wurde, gletscherte Grönland, dessen Name wohl „Grünland" bedeuten sollte, immer mehr ein.

Die Urgeschichte des Menschen ist neuerdings (von Thomsen und Nilsson) übersichtlich eingetheilt worden. Man unterscheidet (nach diesen Forschern) eine Steinzeit, eine Bronzezeit und eine Eisenzeit.*) Nur darf man nicht glauben, daß die Steinzeit da aufhört, wo die Bronzezeit beginnt, und die Bronzezeit, wo die Eisenzeit beginnt, sondern die Bronzezeit reicht bis in die geschichtliche Zeit hinein; ja es stellt sich heraus, daß sogar noch in unserer jetzigen Zeit eine Steinzeit existirt, wenn auch die Bronzezeit vielleicht als solche, streng geschieden von der Stein- und Eisenzeit, nicht mehr vorkommt. Geht doch schon aus der Bibel hervor, wie sich noch so spät Stein- und Bronzezeit verband. Denn Goliath hatte einen ehernen (bronzenen) Schild und ein gleiches Schwert, David jedoch nur eine Steinschleuder. Aber selbst in der neueren Geschichte, also diesseits des Mittelalters, sehen wir eine Verbindung aller drei Zeiten. Denn als nach der Entdeckung von Amerika

---

*) Der Schlamm umschloß z. B. in den Resten der Pfahlbauten der Schweizer Seen zahlreiche Knochenreste, Stein-, Bronze- und Eisenwaffen, Töpfergeschirre, Kähne u. dergl. m. — Die genauere Durchforschung dieser Reste führte zu einer ganzen Geschichte dieser s. g. Pfahlbautenbewohner, die wohl über 10,000 Jahre zurückreicht und sich kurz so wiedergeben läßt. Die ersten Gründer dieser Pfahlbauten kamen aus Asien, von woher sie noch Steinwaffen aus Beilstein, der in Europa nicht gefunden wird, mitbrachten (es wären diese also die ersten, nach vor-iberischen, historisch-erkennbaren Ureinwohner Europa's). Sie wurden von anderen wahrscheinlich Iberischen Stämmen verdrängt und diese mußten wohl den Kelten der ächten Bronzezeit weichen. Den Kelten folgten jüngere Stämme, die bereits Eisenwaffen führten und etwa 200 Jahre vor Chr. zur Zeit der griechischen Besitzungen in Marseille, aus welcher Zeit einige Münzen gefunden wurden, diese Pfahlbauten verließen, die dann verfielen und vergessen wurden, so daß Cäsar schon keine Kunde mehr von ihnen erhielt. Man unterscheidet hier deutlich ein Zeitalter der rohen nur durch Abspaltern geformten und ein anderes der sorgfältig durch Schleifen geglätteten Steinwaffen. Beide gehen der Zeit der Iberischen und der diese verdrängenden Keltischen Stämme vorher; denn diese beide haben in ihrer Sprachen das Wort für „Eis" aus derselben Wurzel wie in allen Indogermanischen Sprachen abgeleitet. Bei den Basken (Iberern) findet sich arraida, bei den Iren, Walliser u. s. w. (Kelten) jaran, hajarn, houarn u. s. w. — Die Iberische und Keltische Zeit charakterisiren sich in jenen Resten durch eine rohere und eine feinere, zierlichere Bearbeitung der Bronzewaffen, worauf denn endlich die Stämme mit Eisenwaffen, wohl die ältesten Teutonischen folgten. Auch in der Lebensart und den Nahrungsmitteln gibt sich ein solcher periodischer Fortschritt vom roheren zum civilisirteren Zustande zu erkennen.

durch die Spanier Ferdinand Cortez hinüberzog, um Mexiko der spanischen Krone zu unterwerfen, so hatten die mexikanischen Rothhäute noch keine eisernen Waffen, noch solche von Kupfer und Stein. Also Eisenzeit in Europa, Kupferzeit in Amerika, und die Steinzeit war gewiß dazumal, ebenso wie jetzt, auf den Südseeinseln zu Hause.

Die

Steinzeit

kann man wieder eintheilen in eine **erste, zweite** und **dritte.** Die erste wird zoologisch charakterisirt durch das Mammuth, die zweite durch das Rennthier und die dritte Periode durch den Haushund und den Riesenhirsch.

1. Die älteste Steinzeit.

Die ältesten Spuren menschlichen Daseins finden sich (in Europa) in den s. g. Schwemmgebilden, im Gletscherlehm, in jener Lehm-, Thon-, Sand- und Geröllschicht, welche die sich zurückziehenden Eismassen hinterließen. Die große norddeutsche Ebene ist so extensiv von diesen Schwemmgebilden bedeckt, so daß man sich auf großen Gebieten vergeblich nach den festen anstehenden Gesteinen der Erdrinde umsieht. Diese von dem Ackerbau und der Waldcultur in Besitz genommenen Ebenen tragen auf ihren fast gleichen oder nur sanft welligen Rücken eine der merkwürdigsten geologischen Erscheinungen, die erratischen Blöcke des s. g. Findlingsgestein, die für die Bestimmung der Eisperiode so wichtig geworden sind. In diesen Schwemmgebilden fand man nur die ältesten Menschenreste neben den Knochen theils ausgewanderter, theils ausgestorbener Thiere. Es sind da zu nennen von Raubthieren: der Eisfuchs, Fjälfraß (= wildes Thier), Höhlenbär, der Höhlentiger, die Höhlenhyäne; der Höhlenlöwe. Von den Nagern war schon verbreitet der Lemming, der jetzt nur noch im Norden vorkommt, und das Murmelthier, von den Wiederkäuern aber die Gemse, der Steinbock, der Auerochse (der Wisent, der grimme Selch des Nibelungenliedes), das Elen und Rennthier, wenn auch nur in spärlicher Zahl, der Moschusochse (nur noch im Norden von Amerita) und von den Dickhäutern das Mammuth, Rhinoceros und Nilpferd.

Es ist nicht anzunehmen, daß das Mammuth der ersten Steinzeit an Größe unsere Elephanten überragte, wie aus den so zahlreichen Steletten hervorgeht, welche die einzelnen Sammlungen aufzuweisen haben. Der Zufall wollte, daß man im Anfange unseres Jahrhunderts im Norden von Sibirien (am Ausfluß der Lena in's Eismeer) ein eingefrornes, noch vollkommen erhaltenes Exemplar des Elephas primigenius aus dem festgefrornen Schlamm, in den es in der Vorzeit versunken war, mit Haut und Haar fast unversehrt herausarbeiten konnte; wobei sich erwies, daß die Haut des Mammuth über und über mit fünf Zoll langem Wollhaar und Borsten besetzt war, was wiederum einen Beweis dafür liefert, daß, als dieses Mammuth lebte, die Temperatur des nördlichen Asien wie in Europa nicht derart war, daß ein nackter Elephant sich in beiden Erdstrichen aufhalten konnte. Denn daß auch das europäische Mammuth behaart war, dafür spricht ein wichtiger (wenn auch angezweifelter) Fund. Wer war nun der Mensch der ersten Steinzeit. In der Höhle des Neanderthales bei Düsseldorf fand man (i. J. 1857) einen Schädel, sowie ziemlich alle Knochen eines Menschenstelets und einen Zahn vom Höhlenbär. Die Untersuchung von Huxley ergab nun, daß es sich wohl um einen Menschen handeln könnte. War es ein solches, so konnte es nicht das eines Menschen der kaukasischen Rasse sein, sondern es war wohl ein Negerstelett. Dafür spricht noch die Möglichkeit, daß zur ältesten Steinzeit Neger aus Afrika wohl trockenen Fußes nach Europa kommen konnten. Denn es muß aus mannichfachen Gründen angenommen werden, daß ein Zusammenhang des Festlandes von Afrika mit dem europäischen Continent während jener Periode bestand.

Aber bereits i. J. 1833 hatte man schon in der Nähe von Engis in Belgien den Schädel eines Menschen neben Knochen ausgestorbener Thiere gefunden. Die Erde, welche diesen Schädel einhüllte, zeigte keine Spur von nachträglicher Umänderung, sie enthielt Reste kleiner Thiere, Zähne vom Nashorn, vom Pferd, von Hyänen, Bären und Wiederkäuern, die den Schädel von allen Seiten umgaben.

Das ist vorderhand der objective Thatbestand der Urgeschichte des Menschen in der ältesten Steinzeit*).

Das Material zu den Steinwaffen, welche als die vorzüglichsten Dokumente für die Existenz des Urmenschen anzusehen sind, ist sehr verschieden. In Europa scheint der Mensch der Steinzeit vorzüglich den Feuerstein bearbeitet zu haben. Er fand den Feuerstein theils in der Kreide, theils im Kreidemergel. Da nun der Feuerstein sehr hart, aber auch sehr spröde ist und sich wohl behandeln läßt, formte der erste Mensch daraus seine Aexte, Messer, seine Keile, deren er namentlich bedurfte, um Holz damit zu spalten. (In Amerika hat sich der Mensch in der Steinzeit mehr des Obsidian's bedient, und die riesenhaften Grabmäler im Süden von Nordamerika enthalten Steinäxte von Obsidian.)

Der Mensch hat noch in jener Zeit eine Spur seines Daseins zurückgelassen, das ist das Feuer; aber dennoch fehlt jeder weitere Beweis einer häuslichen Industrie. Trotzdem, daß der Mensch die Brandstätten, die noch heute im Schwemmgebilde erkennbar sind, als seine Spuren zurückließ, fehlt — wie gesagt — jede weitere häusliche Industrie**) Nach allem ist wohl anzunehmen,

---

*) Daß damnmal die Bevölkerung Europa's dünn gewesen sein muß, mag zugegeben werden; jedoch ist wenigstens aus den so vielfach vorgefundenen Steinwerkzeugen: Waffen, Aexten, Keulen anzunehmen, daß schon eine bedeutende Zahl von Menschen da war, deren Knochen, wenn sie alle bis gegenwärtig erhalten worden wären, in bedeutender Menge hätten gefunden werden müssen. Die Ursache nun, daß man so wenig Menschenknochen aus dieser Periode fand, ist folgende. Menschenknochen sind viel weniger wasser-, luft- und druckbeständig, als die Säugethierknochen. Die Menschenknochen werden allerdings an Unbeständigkeit noch übertroffen von den Vögelknochen; daß aber die Menschenknochen wirklich so wenig fäulniß- und verwesungsbeständig sind, geht auch daraus hervor, daß, wenn man eine Gruft nach hundert oder zwei- bis dreihundert Jahren öffnet, man sehr selten Knochen findet, meistentheils nur Staub. Während sich die Thierknochen durch Jahrtausende erhalten. Möglicherweise wurden auch die Menschenknochen in dieser Periode oft von den Raubthieren zerbissen oder verschleppt.

(In den Menschenresten aus der ältesten Steinzeit ist wohl auch noch jenes 1844 in der Nähe von Puy aufgefundene, unvollkommene, menschliche Skelett zu zählen.)

**) Solche Stätten können nicht von Thieren herrühren. So sehr auch die Affen und Elephanten das Feuer und die Wärme lieben (denn es kommt vor, daß, wenn Feuer von den Wilden oder von Reisenden verlassen werden, die Affen sofort herbeieilen, um sich an jenen zu wärmen), so hat doch noch

daß es kein Paradies gab für die ersten Menschen. Denn nicht ein Leben voller Heiterkeit und steter Sorgenlosigkeit, sondern ein Leben der schwersten Arbeit und unausgesetzter Gefahr war den ersten Menschen beschieden.

2. Die zweite Steinzeit (oder die sogenannte Rennthierperiode).

Sie ist namentlich dadurch charakterisirt, daß gewisse Thiere sich vermindern, aber dafür andere an Zahl zunehmen. Denn genau so wie die erste Steinzeit durch den Elephas primigenius, das Mammuth, charakterisirt ist, wird in der zweiten Steinzeit das **Rennthier**, welches in der ersten Steinperiode nur in wenigen Exemplaren vorkam, das herrschende und gewissermaßen das Alter des Schwemmgebildes bestimmende Thier. Es kommt in größter Zahl und in einer Ausbreitung vor, so daß man es von dem äußersten Norden bis zu den Alpen und Pyrenäen verbreitet gefunden hat. Daß es hier nicht weiter ging, lag daran, weil die Eisriegel, welche damals Italien von Deutschland, Frankreich von Spanien trennten, ganz andere waren als gegenwärtig. Zurück trat in dieser Periode der Höhlenbär, der Höhlentiger, während der Auerochs (das Wiesent) in großer Zahl vorkommt.

Menschenknochen aus der sogenannten Rennthierperiode hat man in ziemlicher Menge gefunden. Die Schädel waren meistentheils nicht Lang-, sondern Kurzköpfe, Langköpfe, Dolicho-

---

Niemand bis jetzt beobachtet, daß Affen oder Elephanten, die einen geschickt durch die Hand, die andern durch den Rüssel, trotz ihrer sonstigen Behendigkeit jemals Feuer angezündet oder verbreitet hätten. — Auch kann man nicht hervorheben, daß das Auffinden von Asche und verkohltem Holze in irgend einer Etage des Schwemmlandes nicht ausschließlich für die Existenz menschlicher Feuerstätten spreche, sondern jene Asche und jene Holzkohlen sehr wohl auch dadurch gebildet worden sein könnten, daß der Blitz dürres Holz und dürres Gras entzündete. Meist entstehen dann in uncultivirten Gegenden Wald- und Wiesenbrände, die, wie Amerika erweist, in einer enormen Ausdehnung alle Pflanzen einäschern und verkohlen; und es ist nicht anzunehmen, daß in der ältesten Steinzeit die Verhältnisse in Europa andere waren, als gegenwärtig in den unbebauten Distrikten Amerika's. Dazumal konnten nur Urwald und uncultivirte Grasbestände den Boden bedecken. Die Größe und Form der Aschen- und Kohlenreste und die zurückgebliebenen mit Ruß geschwärzten Herdsteine sprechen wohl am meisten für den menschlichen Ursprung dieser Feuerstätten.

cephalen, nennt man diejenigen Schädel, bei denen der Durchmesser von der Stirn zum Hinterhaupte ein größerer ist als von Schläfe zu Schläfe. Sind sich diese beiden Durchmesser fast gleich, so entsteht selbstverständlich ein Rundkopf (Brachycephale). Außerdem hat man noch gefunden, daß der Mensch der Rennthierzeit kleiner war als das gegenwärtige Menschengeschlecht, sich durch feinere Glieder, kleinere Hände und Füße auszeichnete. Die Schädel des Rennthiermenschen erinnern an die mongolische Rasse (durch breiten Backenknochen). Die Stellung der Schneidezähne zu einander ist nicht prognath, sondern agnath, denn die Schneidezähne beider Kiefer bildeten keinen vorspringenden Winkel mehr, sondern standen wie beim Europäer senkrecht auf einander.

Ausgezeichnet ist diese (Rennthier-)Periode durch die immer mehr und mehr sich complicirende Industrie. Als Material tritt jetzt der rohe Stein, der Feuerstein, zurück: das Rennthierhorn wird nun vorzüglich benutzt, und man findet in den mittleren Schwemmgebilden alle nur denklichen Geräthe für Küche und Krieg und allerhand Schmuckgegenstände. Man traf hörnerne Pfeile, Harpunen, Wiederhaken, Dolche, Nadeln aus dem Wadenbein kleinerer Säugethiere dadurch gebildet, daß man das Wadenbeinköpfchen durchbohrte. Man traf ferner durchbohrte angereihte Zähne, ein Schmuck, der vielleicht als Halsband getragen wurde. Es beweist dies, daß der Mensch der Rennthierzeit den Bohrer bereits besaß, auch wenn man nicht Feuersteinsplitter neben diesen Industriegegenständen gefunden hätte, mit welchen man heute noch im Stande ist, den härtesten Knochen, selbst Zähne zu durchbohren. Es machte sich also hier bereits der Einfluß des Ellenbogengelenks auf die menschliche Cultur geltend. Denn wie wir dem Schultergelenk die Erfindung der Hiebinstrumente (Axt, Beil) verdanken, so ist gewiß die Zange unseren Greiforganen, den Fingern nachgebildet, gleichwie in der Bewegung des oberen Theiles der Speiche um den Ellenbogen der Anstoß zur Bohrindustrie lag.*)

*) In den Höhlen von Perigord erfolgte 1864 die Auffindung von mehreren Stücken fossilen Elfenbeins. Bekannt ist, daß das meiste Elfenbein nicht etwa von lebenden Elephanten stammt, sondern vom Elephas primigenius, dem Urelephanten, dem Mammuth. Es wird gegraben und kommt so in den Handel. Auf solchen Elfenbeinstücken haben einige Forscher in roher Gravirung den Ele-

Hier bei Gelegenheit der zweiten Steinzeit ist auch am Platz, den interessanten Fund zu Aurignac — im französischen Departement der Haute Garonne — zu erwähnen. Man fand dort in einer Höhle die Knochen von 17 verschiedenen Individuen aus der Rennthierzeit. Aus den Dimensionen der Grotte und der Zahl der darin begrabenen Individuen zog Lartet den Schluß, daß dieselben in hockender Stellung, zusammengeschnürt, wie die Peruvianischen Mumien, beigesetzt worden seien. Also hat jene Höhle wahrscheinlich als Begräbnißhöhle gedient. Vor der Höhle war eine Platte mit Spuren einer Feuerstätte, dabei auch Knochen, die so bearbeitet waren, wie es der Mensch thut; denn es läßt sich sehr wohl aus den Rückständen einer Mahlzeit erkennen, ob sie von Menschen oder Thieren gehalten worden ist. Das Thier verzehrt die weichen, schwammigen Knochen, das sind zunächst alle Wirbelkörper, Brustbein, Ansätze der Röhrenknochen, Hand- und Fußwurzel. Diese saftigen, schwammigen Knochen, welche keine streng geschiedene Rinden- und Marksubstanz haben, zerbeißt jeder Fleischfresser mit Leichtigkeit, nur unsere kleinern Stubenhunde machen davon eine Ausnahme. Dagegen lassen jene, selbst Löwen und Tiger nicht ausgenommen, große Röhrenknochen meist unberührt: weil die Substanz doch etwas zu spröde, zu hart ist, und sie wollen sich ihre Zähne nicht daran ausbeißen. Aber der Mensch weiß, daß die Röhrenknochen eine Höhle haben, worin ihr Name, worin das saftige Mark sich befindet, das der Feinschmecker so gern aufsucht. Gewiß hat der Mensch das schon sehr frühzeitig gewußt, und wenn man daher irgendwo auf zerschlagene, zerbrochene Röhrenknochen, deren Höhle eröffnet ist, stößt, kann wohl ausnahmslos geschlossen werden, daß es Menschenhände waren, welche jene Knochen behandelten. Aus all' diesem folgert man nun, daß der

——————

„das primigenius mit starker Behaarung und Schweifquaste, wie derselbe in unserer Zeit an der Lena ausgegraben wurde, wo er Jahrhunderte, Jahrtausende der Fäulniß getrotzt hat. Nun wird versichert, das seien die ersten Anfänge der bildenden Kunst; aber es ist zu bedenken, daß das nicht wohl anzunehmen sei, da alle Spuren der Industrie der Rennthierzeit auch noch nicht eine Andeutung haben, daß der Mensch dazumal bemüht war, die Natur in Bildern wiederzugeben. Zwar finden sich in den Topfscherben (denn zu jener Zeit beginnt das Töpferhandwerk; die Töpfe wurden gewiß im offenen Feuer gebrannt und erweisen sich in ihren Stücken mit einer Art Glasur versehen, die dadurch erzeugt wurde, daß man Quarzkrystalle in den Thon der ungebrannten Töpfe hineinsteckte, welche beim Brennen flüssig wurden), — wie gesagt, mancherlei merkwürdige Figuren, aber nicht eine einzige erinnert an die Natur, z. B. an ein Blatt oder ein Thier, noch viel weniger an den Mond oder an andere Himmelskörper. Also wahrscheinlich war das Exemplar nicht echt; dann sah es der wilde Nomade der zweiten Steinzeit nicht. Dasselbe gilt wohl auch von jenen Exemplaren, von denen versichert wird, „daß die ältesten Proben griechischer Plastik an Lebendigkeit der Auffassung und Sorgfalt der Ausführung jenen urweltlichen Arbeiten keineswegs gleichkommen." Man sah auf einem Stabe (Dolchgriff), der von Rennthierhorn gewesen sein soll, einen stehenden Menschen und ein Rennthier, auf einem andern, gleichfalls von Horn, ein Mammuth in Relief geschnitzt.

der Begräbnißhöhle zu Aurignac eine Opferstätte sich befand, auf der man Thiere schlachtete, Feuer anzündete, um Fleisch zu braten, und die Knochen zerschlug, um sie auszusaugen, wie heut zu Tag noch der Lappe, wenn er Jemand besonders ehren will, schnell ein Rennthier schlachtet, den Oberschenkel aus dem Fleische herauslöst, die Knochenhöhle aufschlägt und dem Gegenstande seiner Verehrung den so zubereiteten Knochen zum Genusse darbietet*).

3. Die dritte Steinzeit (jüngste Steinperiode).

Mit zwei Unterabtheilungen:
a. der Küchenabfälle;
b. der Pfahlbauten.

a. Die erste Unterabtheilung der dritten Steinzeit ist durch die s. g. Küchenabfälle (kjökken-möddinger), Küchenkehricht gleich

---

*) Die Höhle war eine regelmäßige Begräbnißstätte. Lartet fand darin außer Menschenknochen noch ein Muschelhalsband nebst einigen anderen Schmucksachen von Knochen, ein ganz neues, noch ungebrauchtes Feuersteinmesser, einige Zähne von Höhlenbären und Eber- und viele andere Thierknochen, die offenbar als ganze Thiere mit den Menschen begraben waren, da die sämmtlichen Knochen, z. B. die eines Höhlenbären, unzerstreut und im natürlichen Zusammenhange des Skelettes neben einander lagen, auch keiner zerschlagen oder benagt gefunden wurde. Vor dem Eingang in die Höhle zeigte sich dagegen ein ganz anderer Schauplatz. Hier war ein flacher Heerd von Sandsteinen gebaut, die sichtbare Spuren der Einwirkung des Feuers zeigten. Darüber lag eine starke Schicht Erde untermischt mit Holzkohlen, vielen gebrauchten Feuersteinwaffen, wie Messer, Schleudersteine, Pfeilspitzen und dergleichen; ferner fand sich dazwischen eine große Anzahl von Thierknochen zerstreut und darunter namentlich die von Höhlenbären, Höhlenlöwen, von der Höhlenhyäne, vom Mammuth, dem sibirischen Rhinoceros, dem irländischen Riesenhirsch, dem Rennthier u. s. w. Die meisten dieser Knochen waren mit Steinmessern abgeschabt, einige offenbar am Feuer geröstet, die markführenden alle aufgeschlagen, um das Mark herauszuziehen. — Unzweifelhaft waren hier vor der Grabstätte Todtenfeste und Schmäuse gefeiert. Der Platz wurde dann später wohl von Raubthieren besucht, um sich der Ueberbleibsel zu bemächtigen, wahrscheinlich besonders von der Höhlenhyäne, denn viele der übriggebliebenen Knochen waren deutlich benagt und die weicheren Enden abgefressen.

Außer manchen anderen Betrachtungen, zu denen dieser Fund auffordert, sind es besonders folgende, die von Wichtigkeit erscheinen. So hoch wir auch das Alter dieser Menschen hinaufrücken müssen, so waren dieselben doch schon bis zu einem solchen Grade der Cultur entwickelt, daß sie ihre Todten regelmäßig und mit gewissen Feierlichkeiten begruben und ihr Andenken durch Todtenfeste ehrten. Noch bedeutender ist aber, daß sie ihre Todten mit ganzen Jagdthieren, mit Schmuck und neuen Waffen versorgten, was auf eine, wenn auch

Kjöttenmöbbings, charakterisirt. Das sind Hügel, welche theils auf den Inseln Dänemarks, theils auf dem dänischen Festlande und in Holstein vorkommen und wunderbarer Weise vorherrschend aus Austerschalen und Schalen von anderen eßbaren Muscheln bestanden. Man darf nicht etwa glauben, daß diese Hügel so unbedeutend sind. Es kommen unter ihnen Hügel in der Höhe von 10 Fuß, in der Tiefe von 20, in der Länge von 100, 200, selbst bis zu 1000 Fuß vor. Man mag daraus erkennen, welche Unmasse von Austerschalen dazu gehört, um solche Berge aufzuführen. Aber außer den Schalen eßbarer Muscheln fand Steenstrup, dem wir die Kenntniß der näheren Umstände dieser geologischen Bildungen verdanken, auch noch Ueberreste von Krabben, sehr viele vom Häringe, vom Stockfisch, von der Scholle und auch vom Aale, ferner Asche vom Seetang, welche ihres Reichthums an Mangan zu Folge von dem gewöhnlichen Gürteltang herzurühren scheint, als Beweis, daß man dazumal schon Soda gewann; denn bekannt ist ja, daß der Seetang außerordentlich reich ist an kohlensaurem Natron. Ferner fand man außer den Knochen des Auerhahns, die hierbei in einer gewissen Beziehung sehr wichtig wurden, Knochen von wilden Enten und Gänsen, vom wilden Schwan und von dem großen Taucher, welcher seit dem Jahre 1842 auf Island, seinem letzten Zufluchtsorte, ausgestorben ist; Angelhaken der verschiedensten Art, Steinwaffen, zum Theil schon bedeutend vollkommener als die aus den ältesten Schwemmgebilden, und daneben, worauf man besonderen Werth legte, Knochen eines Hun-

noch so rohe Vorstellung von einem künftigen Leben, etwa wie die „glücklichen Jagdgründe" der nordamerikanischen Indianer hindeutet und lebhaft an Schillers Gedicht „Nadowessische Todtenklage" erinnert:

„Bringet der die letzten Gaben,
Stimmt die Todtenklag'!
Alles sei mit ihm begraben,
Was ihn freuen mag."

„Legt ihm unter's Haupt die Beile,
Die er tapfer schwang,
Auch des Bären fette Keule,
Denn der Weg ist lang;"

„Auch das Messer scharf geschliffen"
. . . .

— 17 —

des und einen ziemlich wohlerhaltenen Schädel eines solchen, woraus zu schließen wäre, daß es ein ziemlich kleines Thier gewesen sein müsse, ohngefähr unserem Wachtelhund gleichend, dem einst dieser Schädel gehörte. In Lappland und Finnland trifft man noch einen Rennthierhund von ähnlicher Größe und man meint, daß es möglicher Weise ganz dieselbe Rasse sei, die durch die Knochen in jenen Abfällen vertreten ist. Ein einziger Hund der Lappen soll im Stande sein, eine Rennthierheerde von Tausenden im Zaume zu halten. Trotzdem, daß man in den Küchenabfällen die Knochen des Rennthiers noch nicht fand, wohl aber die anderer Wiederkäuer, wird hieraus doch zum Theil gefolgert, die Menschen, von denen jene Küchenabfälle herrührten, wären nomadisirende Rennthierzüchter gewesen, welche ihre nur mit Hülfe des Rennthierhundes regierten Rennthierheerden zur Sommerzeit an die Küste trieben, um sich dort mit Fisch- und Austernfang zu befassen.

Was nun die Knochen des Auerhahns betrifft, so sind sie namentlich von Steenstrup benutzt worden, um das Alter der „Küchenabfälle" nachzuweisen. Der Auerhahn genießt vorzüglich um die Frühlingszeit die Fichtensprossen. Aber die Fichtenzeit (und Eichenzeit) ist für Dänemark längst vorüber, denn die herrlichen Holzbestände des alten Dänemarks bestehen ja fast ausschließlich aus der Rothbuche, und wenn man bedenkt, wie außerordentlich langsam sich die Fauna und Flora einer Gegend, irgend eines Erdbistriktes umändert, und daß die Römer, als sie nach Dänemark kamen, bereits Buchenwälder fanden, so kann man wohl annähernd ein Maß gewinnen für jene Zeit, die verstrich, seitdem diese sanitätspolizeiliche Vorschrift von den Leuten nicht mehr befolgt wurde, alle ihre Küchenabfälle auf einen Haufen zu werfen. Denn daß es sich um eine sanitätspolizeiliche Vorschrift handelt, geht aus der Regelmäßigkeit dieser Abfallhaufen hervor*).

---

*) Menschenknochen fehlen in den Küchenabfällen." Wohl aber hat man Gräber, aus großen, rohen Steinblöcken zusammengestellt, entdeckt, in denen man nur Stein- und Knochengeräthe fand und welche von den nordischen Forschern für gleichzeitig mit den Küchenabfällen erachtet werden. Die Schädel, welche man in jenen Gräbern fand, sind auffällig klein, sehr rund, das Hinterhaupt sehr kurz, die Augenhöhlen ungewöhnlich klein, die Augenbrauenbogen sehr vorspringend, die Nasenknochen stark hervortretend. Zwischen den

Diese Küchenabfälle werfen auch auf die Beschaffenheit unseres europäischen Continents zur Zeit ihrer Bildung insofern ein klares Licht, als gegenwärtig die Auster selten in der Ostsee sich findet, und wenn sie dort vorkommt, viel kleiner ist als in der Nordsee, obwohl die Austerschalen der Küchenabfälle genau mit den Schalen der Auster in der Nordsee der Jetztzeit übereinstimmen: ein Verhältniß, welches einen direkteren Zusammenhang zwischen Nord- und Ostsee, als er gegenwärtig durch den Sund und die beiden Belte hergestellt ist, voraussetzen läßt. Wahrscheinlich existirte eine breite, beide Meere verbindende Wasserstraße in Jütland.

b. **Die Pfahlbautenzeit ist eine zweite Unterabtheilung der dritten Steinzeit.** Man kannte in den Schweizerseen schon lange rechtwinkelige Pfahlgruppen, die, nicht fern vom Ufer, noch tief unter dem Wasserspiegel gelegen, die Schifffahrt mannigfach hinderten. Als im Winter 1853/1854 in den Schweizerseen ein sehr niedriger Wasserstand war, traten diese Pfahlgruppen deutlich hervor, und es erwies sich, als man Grabungen anstellte, um die Erde aus dem bloßgelegten Seebett emporzuheben, daß sie aus einer Summe von Pfählen bestanden (die natürlich nach den einzelnen Beispielen der Pfahlbauten sehr variirte), welche in den Boden des Seegrundes eingerammt waren, zwischen welchen sich Steine befanden, die wohl absichtlich hinabgelassen wurden, um den ganzen Bau zu befestigen. Meist bestanden diese Pfahlgruppen aus Eichenstämmen, welche an ihrem freien Ende nicht abgesägt, sondern abgebrannt erschienen. Auf diesen Pfählen ruhte nun unmittelbar oder auf Querbalken das Haus, aus Holz und Lehm erbaut (Fachwand). In der Mitte des Hauses schien sich der Heerdstein, in der einen Ecke das Lager der Bewohner, in der andern der Pferch für die Thiere befunden zu haben. Nachdem man bei

---

Augenbrauenbogen und Nasenknochen ist eine so tiefe Einsenkung, daß sie den Zeigefinger eines Erwachsenen aufnehmen kann. Die Stirn ist gewöhnlich flach, etwas nach hinten fliehend, doch nicht in solchem Maße wie beim Neanderthalschädel. Bus' maß 20 derartige nordische Steinzeitschädel und fand ein Verhältniß der Breite zur Länge wie 78 : 100. Die Spuren der Gesichtsmuskeln sind stark ausgeprägt, die Zahnhöhlenränder vorstehend, die Zähne quer abgenutzt. Die Schädel gleichen einigermaßen den Lappenschädeln durch ihre Rundung und Kleinheit, unterscheiden sich aber durch den tiefen Eindruck der Nasenwurzel und durch die schiefe Stellung des vorderen Zahnrandes.

Obermeilen auf dem Züricher See den ersten derartigen Fund gemacht, währte es gar nicht lange, so wurden gleiche Entdeckungen in dem Bilaer-, Boden- und dem Neuenburger See gemacht, so daß zum Schluß des Jahres 1854 schon über 200 derartige Pfahlbauten in der Schweiz bekannt waren. Auch in den norditalienischen Seen wurden nach und nach, besonders im Lago maggiore, Gardasee und im See bei Varese, bis nach Savoyen hinein, solche Pfahlbauten angetroffen. Doch nicht nur in der Schweiz und Oberitalien, sondern auch in Deutschland, als man die Torfmoore genauer untersuchte, fand man eine Summe von Pfahlgruppen, die theils aufrecht standen, theils, wo sie durch Torfmoore in massenhafter Weise überwuchert wurden, immer mehr oder weniger wirr durcheinander geworfen, vorkamen. In dieser letztern Beziehung ist namentlich der in Robenhausen vorkommende Torfmoor von großem Interesse, in welchem man sogar drei übereinanderstehende Reihen von Pfählen antraf, welchen drei s. g. Culturschichten entsprachen, die das Geräthe, die Waffen, Thier- und Menschenknochen u. s. w. enthalten und welche durch mehrere Fuß mächtige Torflager von einander getrennt waren, woraus gefolgert werden muß, daß der Robenhäuser See an jener Stelle dreimal mit Pfählen bebaut wurde. Nothwendigerweise mußte das Wasser zwischen der alten und jeder erneuten Ansiedelung sich verlaufen und wieder gesammelt haben. In dem ausgetrockneten Seebett siedelte sich die Torfpflanze an. In Norddeutschland war es Lisch, der das Vorkommen der Pfahlbauten in den Torfmooren Mecklenburgs, nämlich in einem Torfmoor bei Wismar und in einem andern bei Gägelow, nachwies. Friedrich von Hagenow fand bei den Baggerarbeiten in dem Hafen von Wiek zwischen tiefstehenden Pfählen zahlreiche Geräthe, Waffen, Knochen. Seitdem sind viele derartige Funde in den Seen und Torfmooren von Oestreich, Baiern, Pommern u. s. w. (sowie auch in den andern Ländern Europa's) gemacht worden.

Zugleich wurde durch Wilde's Beobachtungen bekannt, daß in der Nähe der irischen Insel, in den sogenannten „Seebauten," Pfahlgruppen vorkommen, und es kann jetzt nicht mehr bezweifelt werden, daß die Roseninsel auf dem Starnberger See aus derartigen Pfahlgruppen besteht.

Man kann demnach die **Pfahlbauten** in drei Gruppen trennen, nämlich in solche,

bie unter dem Wasserspiegel, theils wenig darüber sich befinden, in solche, die

die Torfmoore enthalten, und endlich in

die s. g. Seeburgen, bei welchen erst ein großer Unterbau gemacht wurde, indem man einen Haufen von Steinen in das Meer einsenkte und darauf Pfähle einrammte.

Zwischen den Pfählen und unmittelbar über denselben hat aber der Paläontolog einen Schatz gehoben, wie vielleicht nicht gleich wieder. Aus diesem geht hervor, daß die Bewohner der Bauten nicht nur die Thiere als Hausthiere halten, sondern bereits Landbebauer waren. Nun hat man bereits eine recht auffällige Steigerung menschlicher Cultur vor Augen. Der Mensch der ersten Steinzeit war gewiß ein Wilder aus Afrika, der sich nicht anders ernährte, wie gegenwärtig die wilden Stämme jenes noch so wenig in seinem Innern gekannten Continents, von einer häuslichen Industrie hinterließ er keine Spur. Der Mensch der Rennthierzeit wird bereits zum Jäger, aber er jagt nur das Rennthier, von Domesticität desselben ist noch keine Rede, doch benützt er die gemachte Jagdbeute sehr mannigfach. Er vervielfältigt seine Waffen und Geräthe, indem er das Rennthier so viel als thunlich verwerthet. Wahrscheinlich fertigt er sich mit Hülfe der Knochennadel aus getrockneten Fellen Kleider, er brennt Topfgeschirre aus Thon. In der jüngsten (dritten) Steinzeit wird dagegen der wilde Jäger bereits zum Nomaden, denn er hat den Hund und mit Hülfe dieses ersten Hausthieres treibt er zu bestimmten Zeiten, vielleicht im Hochsommer, seine Rennthier- oder Rinderheerden an das Ufer der Ostsee und fischt gleichzeitig Austern, andere Muscheln und Fische und gewinnt aus dem Gürteltang Soda, die er zweifellos zu technischen Zwecken (vielleicht zur Topfglasur) verwerthet. Zur Pfahlbautenzeit, die man als zweite Unterabtheilung der dritten Steinzeit betrachtet, ist er bereits Ackerbauer. Mühsam lockert er den Boden, von dem er den Urwald durch Feuer und Axt verdrängte, ohne noch im Besitze von Spaten oder Pflugschaar zu sein, um ihm den Segen seines eigenen Fleißes abzugewinnen. Der Pfahlbauer erbaut Getreide, das man vorzüglich in den Pfahlbauten der Torfmoore in jener Schicht gefunden hat, die auf und zwischen den Pfählen ruht. Es entspricht fast vollkommen unseren Getreidearten. Man findet großkörnigen Weizen, sechszeilige Gerste, Hirse und Lein; aber weder Hanf noch Baumwolle.

Ueber die Fauna der Pfahlbauten hat nun vorzüglich Rütimeyer geschrieben. Aus dessen Schrift geht hervor, daß das wilde Pferd (Hippotherium), das in allen drei Steinzeiten angetroffen wird, damals zwar ziemlich häufig, aber noch kein Hausthier war. Rinder, Ziegen, Schafe, Schweine, letztere sogar in mehreren Spielarten, kamen vor. Die Kühe werden gemolken, denn es finden sich Käseformen. Außerdem fand man noch in den Pfahlbauten Reste folgender Thiere: Brauner Bär (Zähne und Pelz wurden wahrscheinlich benutzt), Dachs, Hausmarder, Baummarder, Iltis, Fischotter, Haushund, Fuchs, wilde Katze, Igel, Biber, Hermelinwiesel, Wolf, Eichhorn, Riesenhirsch, später der Edelhirsch; das Rennthier fehlt; Reh, Elen, Auerochs. Von Vögeln Reste vom Taubenhabicht, Sperber, von der wilden Taube, von der wilden Ente und dem Reiher. Merkwürdiger Weise ist noch keine Spur von Hausgeflügel in den Pfahlbauten aufgefunden worden. Reptilien und Fische: Süßwasserschildkröte, grüner Frosch, Hecht, Lachs, Karpfen, Weißfisch.

Aber der Pfahlbauer begnügte sich nicht nur mit der Jagd und Züchtung der Thiere, mit dem Anbau von Getreidearten, sondern er hatte auch schon eine Art Obstgarten.*) Man findet außerdem in diesen Pfahlbauten Handmühlen, gebacknes und angebranntes Brod in Kuchenform, Schleifsteine und Geräthe aller Art. Aber während das Geräth in der Rennthierzeit aus Rennthierhorn bereitet wurde, so wird es jetzt aus dem Geweih des

---

*) Es heißt: von Aepfeln, Birnen und Kirschen; aber alle Gewächse, die wir Asien verdanken, fehlen. Man nimmt nun an, daß sich vielleicht dies daraus erkläre, daß der Pfahlbauer von dem Menschen der Rennthierzeit und auch von dem der ersten Abtheilung der dritten Steinperiode, als die Küchenabfälle gebildet wurden (die einem mongolisch-finnisch-lappischen Stamme anzugehören scheinen, der darauf hinweist, daß dessen Einwanderung in Europa aus Nordasien geschah), sich wesentlich unterscheide. Der Urpfahlbauer soll, wie man auch annimmt, aus Nordafrika ausgewandert sein und, obwohl aus Asien stammend, in Europa eingewandert, und deßhalb erkläre sich die Uebereinstimmung der Culturpflanzen mit der in Nordafrika heimischen Species — wenn jenes Verhältniß nicht etwa auf eine Handelsverbindung mit Afrika hinausläuft.

Riesenhirsches dargestellt, welches, wie die so zahlreichen Ausgrabungen in den mächtigen Torfmooren Irlands und Englands erweisen, 6 Fuß lang ist, breite Schaufeln besitzt, wie das Geweih des Elens, und an seinen Spitzen 12 Fuß von einander absteht. Denn die dritte Steinzeit ist vorzüglich durch den Riesenhirsch charakterisirt, so daß man diese Zeit im Allgemeinen geradezu die Riesenhirschperiode nennen kann. Aus diesem Hirschgeweihe und, in den späteren Pfahlbauten, aus dem Geweihe des Edelhirsches wurde alles Mögliche verfertigt: Geschmeide, Dolch- und Schwertgriffe verstand man aus diesem Horn zu formen, ferner allerlei Geräth für die Küche. — Gleichwie in der ersten Steinperiode das Schultergelenk fast alle menschliche Thätigkeit bestimmt und sich in der Rennthierzeit das zweite Gelenk, durch welches wir im Stande sind, die Speiche um den Ellenbogen zu bewegen, seinen Einfluß auf menschliche Cultur geltend macht (Bohrindustrie), so kommt in der dritten Steinzeit endlich die menschliche Hand zur vollen Geltung. Hier findet man Allerlei, was große Fingerfertigkeit voraussetzt. Vor allen Dingen ist hier zu erwähnen, daß man Gewebe antrifft, und diese Gewebe eine gewisse Vollkommenheit erreichen, die an den Köper unserer Tage erinnert. Die Töpfe bekommen Henkel. Aber noch immer ist keine Spur davon vorhanden, daß der Mensch die Natur nachbildet. Zierrathen, wunderbare Figuren, die wir nicht zu deuten verstehen, sonst nichts dergleichen.

Die Pfahlbauten ragen bis in die geschichtlichen Zeiten hinein. Im äußersten Westen der Schweiz, am Neuenburger See, wo die Pfahlbauten am längsten bewohnt worden zu sein scheinen, kommen auch eiserne Geräthe und Münzen vor, ja selbst römische Ziegel hat man hier aufgefunden, woraus hervorgeht, daß diese Wasserdörfer selbst zur Zeit der römischen Herrschaft zum Theil noch bewohnt wurden. Außerdem hat Hippokrates (der Altvater der Medicin: ca. 400 vor Chr.) eine sehr merkwürdige Pfahlbaute des Phasis (eines Flusses, der im östlichen Winkel des Schwarzen Meeres mündet) beschrieben, und auch Herodot (ca. 450 v. Chr.), der zu allen Zeiten als der „Vater der Geschichte" betrachtet wird, da nur bis zu ihm in manchen Beziehungen zuverlässige historische Nachrichten reichen, berichtet, daß Megabazos, des Darius Feldherr, die in Thrazien wohnenden

Seepäonier nicht zu unterwerfen vermocht, weil dieselben auf den See Prasias flüchteten, wo sie eine förmliche Pfahlstadt errichtet hatten. Niemand durfte dort ein Weib nehmen, der nicht drei Pfähle in den See einrammte, worauf er seine Hütte erbaute. Es befand sich, wie aus geschichtlichen Quellen hervorgeht, am Boden der Hütte eine Fallthür, und wenn der Mensch hungrig war, wurde ein Netz in den See hinabgelassen, das sich alsbald mit Fischen füllte, und davon lebte Mensch und Thier. Kinder wurden, wenn die Aeltern an's Land gehen mußten, mit Stricken angebunden, damit sie nicht in's Wasser fielen.

Aber wie kam schon der Mensch der dritten Steinperiode dazu, mit seinem mangelhaften Werkzeug und Geräth solche Bauten aufzurichten? Gewiß war es nur die Furcht vor Ueberfällen feindlicher Stämme und wilder Thiere. Daß sich diese Bauten (b. h. diese Bauarten) so lange erhalten haben, ist wunderbar. Aber wir haben dafür genug Beispiele; es ist ja nur an unsere ärmlichen Festungen, unsere Thore zu erinnern, die schon seit Jahrhunderten der Kriegführung nicht mehr zu trotzen vermochten, sich aber trotzdem bis in unsere Tage noch erhalten haben. Es war einmal eine derartige Lebensform gegeben und man lebte so in der Väter Weise fort.

Der Anfang der Pfahlbautenzeit bleibt freilich in ein tiefes Dunkel gehüllt. Man legt zwar theilweise einen besonderen Werth auf das Vorkommen der Pfahlbauten, die neben Horn-, Elfenbein- und Holzgeräthen nur Steinwaffen, Steinmesser u. s. w. enthalten, woraus sich freilich ein Zeitmaß für das Beziehen der ersten Pfahlbauten nicht einmal annähernd gewinnen läßt, indem die Steinzeit nicht Jahrhunderte, nein Jahrtausende umfaßt. Indessen hat die geologische Methode die Antwort auf die so naheliegende Frage: wie alt? zu geben versucht. Die Landseen der Schweiz, wie überhaupt alle Landseen, werden durch Einschwemmungen der Flüsse immer kleiner. So verschieden sich nun auch diese Einschwemmungen überhaupt gestalteten, so scheinen sie doch an jedem einzelnen Orte ganz gleichmäßig vorzuschreiten. Einige Pfahlbauten hat man, entfernt vom jetzigen Ufer, unter dem seitdem angeschwemmten flachen Alluvialboden entdeckt, während aus ihrer ganzen Einrichtung hervorgeht, daß sie wie die übrigen im Wasser erbaut worden sind. Indem man nun die Größe der jährlichen, in der Jetztzeit erfolgenden Anschwemmung als Einheit setzt, hat man aus der Mächtigkeit der Anschwemmung überhaupt, natürlich in der nicht hinreichend zu erweisenden Voraussetzung, daß sie im Laufe der Zeiten stets gleichmäßig erfolgt, für einen besonderen Fall einen Zeitraum von 4000 Jahren berechnet. Aus den Torflagern von Robenhausen hat man allerdings ein Alter der Pfahlbauten von 6000 Jahren berechnet, aber es ist doch hervorzuheben, daß solche Berechnungen, wie besonders durch Burmeister dargethan ist, so vielfache Rechnenfehler in sich einschließen können, daß es bedenklich erscheint, ihnen unbedingt zu folgen. Immerhin mögen sie aber als Dokumente gelten, daß das Menschengeschlecht schon Jahrtausende vor der historischen Zeit eine ziemlich hohe Stufe der Cultur einnahm, d. h. für unseren Fall, jene complicirten Bauten anlegte.*)

*) Was die Altersbestimmungen der vorhistorischen Urmenschheit an den verschiedenen Orten betrifft: so sei hier Folgendes darüber bemerkt. Die Bevölkerung der dänischen Inseln, welche der Zeit der Küchenabfälle angehören, soll vor wenigstens 10,000 Jahren in diesen Gegenden unter den mächtigen Kiefernwäldern von Jagd und Fischfang gelebt haben. Die Geschichte der Pfahlbautenbewohner wird, wie oben schon bemerkt, auch als über 10,000 Jahre zurückreichend bestimmt. Die Aegypter wohnten, nach den Messungen von Horner, schon 10,000—12,000 Jahre vor Chr. im Nilthale. Noch weiter in der Zeit zurück werden wir aber durch die interessanten Bohrungen im Delta des Missisippi geführt, von denen uns Dr. Bennet-Dowler in seinem Werke über New-Orleans ausführliche Nachrichten mitgetheilt hat. Nach den sehr umsichtigen Untersuchungen dieses Forschers, der alle auf die Bildung des Missisippidelta's von Einfluß seienden Verhältnisse sorgfältig erwogen hat, ist zur Bildung dieses Delta's ein Zeitraum von mindestens 258,000 Jahren erforderlich gewesen, und die Menschenknochen, die man aus einer sehr bedeutenden Tiefe heraufbrachte, dürfen ein Alter von wenigstens 57,000 Jahren beanspruchen.

Endlich ist noch der beim Graben des Södertelgekanals, der den Mälarsee mit dem Finnischen Meerbusen verbindet, 61 Fuß unter der Oberfläche des Bodens gefundenen Fischerhütte Erwähnung zu thun, in deren Flur man eine Art von Herd, Holzkohlen und Reisigbündel fand. Wir kennen den gegenwärtigen Betrag der Niveauveränderungen der Schwedischen Ostküste sehr genau. Lyell hat sie für die hier in Betracht kommende Umgegend von Stockholm auf 10 Zoll für das Jahrhundert berechnet. Zugleich hat er eine vorhergehende Senkung, wodurch eben jene Hütte mit Meeressand und Meeresmuscheln bedeckt wurde, nachgewiesen, die für die Umgebung von Stockholm wenigstens 400 Fuß unter den jetzigen Spiegel der Ostsee betragen haben muß, auf welche Senkung erst die jetzige Hebung folgte. Die sämmtlichen hier in Betracht kommenden

Man hat noch auf einem anderen Wege versucht, das Alter der Pfahlbauten zu bestimmen: Die Schwemmgebilde, in welchen an verschiedenen Stellen der Schweiz Elephanten- und Nashornreste gefunden wurden, liegen noch unter dem Weißgrunde, in welchen die Pfähle eingerammt waren. Der Weißgrund mußte sich schon bis zu einer gewissen Mächtigkeit entwickelt haben, bevor die Pfahlbauten entstanden, da die Pfahlbauten überall nur in diesen, nicht in den Kies eingerammt sind und zu ihrer Befestigung

Verhältnisse beweisen, daß die Senkung wie die darauf folgende Hebung ganz ruhig und stetig, wie es noch jetzt geschieht, ohne gewaltsame Revolutionen und Störungen vor sich gegangen sind und daß beide Bewegungen, die nach Unten und nach Oben, durchaus der Neuzeit angehören. Beide Bewegungen zusammen zu 800 Fuß angenommen, ergeben also nach dem obigen Maßstab einen Zeitraum von 70—80,000 Jahren, der wenigstens vergangen sein muß, seit Fischer jene Hütte am Strande der Ostsee erbauten.

Es könnten hier leicht die Beispiele vermehrt werden, die schon mitgetheilten genügen aber vollkommen, um — auf diese Weise — die Gegenwart der Menschen auf der Erde in der ganzen s. g. Neuzeit (d. h. der 36. Formation, der zweiten der s. g. Quartären Epoche), also in einem Zeitraum von mindestens 100,000 Jahren (wenn die Rechnung richtig ist) zu erweisen. — Andere Thatsachen sprechen für eine noch viel frühere Existenz des Menschen auf der Erde. Wir werden durch diese dann in die eigentlich postpliocäne Formation (die 35. Formation oder die erste der Quartären Epoche) hineingeführt. Schon 1715 hatte man in dem sogenannten Londoner Thon, einem Gliede der postpliocänen Formation, zwischen den Knochen untergegangener Thiere eine steinerne Axt gefunden. Eine Menge Entdeckungen zeigte, daß das ganze mittlere wie nördliche Frankreich, sowie das südliche England in den massenhaften Kiesgeschieben und Thonlagern, welche bald nach der Eiszeit abgelagert wurden und die man gewöhnlich „Diluvialgebilde" nennt, überall in Gesellschaft mit den schon vor unserer neuesten Erdbildungsperiode untergegangenen Thieren auch Menschenknochen oder menschliche Kunstproducte umschließe. Aber derartige Entdeckungen blieben keineswegs auf die genannten Länder beschränkt. Sicilien, Sardinien, die Pyrenäen wie das Ohlothal stellten ihr Contingent zu diesen längst untergegangenen Völkerschaften, deren Lebenszeit jedenfalls noch weit über 100,000 Jahre hinter uns liegt. — Nach den sämmtlichen Entdeckungen (in Aegypten, Sicilien und Sardinien, den Pyrenäen, dem mittleren Frankreich, dem Seine-, Oise- und Somme-Thal, der Schweiz, dem Rhein, Dänemark, ganz England und Schottland, Brasilien, Florida, dem Mississippi- und Ohlogebiet) zusammengenommen, kann man die Anwesenheit der Menschen schon gegenwärtig auf weit über 100,000 Jahre zurückdatiren und doch stehen wir keineswegs am Ende der Entdeckungen und dann dürfte es sich fragen, ob wir mit der Annahme von 300,000 Jahren nur das höchste Zeitalter des Lebens der Menschenformen erreichen dürften.

doch einige Fuß Einsteckens bedurften. Zur Bildung eines solchen Seegrundes durch Muscheln und Schnecken bedurfte es aber noch anderweitig gewonnenen Erfahrungen vieler Jahrhunderte. Die Ansiedelungen in der Schweiz sind also außerordentlich viel jünger als die Schichten von Amiens, die so reichlich die Spuren menschlicher Existenz nachweisen lassen.

Aber wer war der Urbewohner dieser Pfahlbauten? Diese Frage hat sich nicht so leicht beantworten lassen, da sich so außerordentlich wenig Menschenknochen in den Pfahlbauten vorfanden. Denn es ist wohl anzunehmen, daß der Pfahlbauer seine Leichen nicht im See versenkte, wie jetzt der Schiffer thut, wenn er auf hoher See ist, sondern daß er sie wahrscheinlich auf dem Lande begrub. Da aber viele Pfahlbauten in Brand geriethen und hierbei Menschen verunglückten, sind immer noch genug Menschenknochen gefunden worden, um uns einigermaßen über die Bewohner jener fast ausschließlich vorgeschichtlichen Bauwerke zu verständigen. Aus diesen Resten kann nun durchaus nicht gefolgert werden, daß der Mensch der Rennthierzeit sich ganz allmählich in den Pfahlbauer umgewandelt habe. Denn während jener klein, rundköpfig, kleinfüßig erschien, so ist der Pfahlbauer schon ein über sechs Fuß langer Mensch; er gleicht der helvetischen (keltischen) Rasse, die, verdrängt durch die burgundische und alemannische (germanische), im Aussterben begriffen ist. Die Analyse des Schädelrestes von Meilen, des einzigen, welcher bis jetzt in einem der Steinzeit angehörigen Pfahlbau gefunden wurde, bestätigt dies. Aehnliches beweisen die Schädel aus den Pfahlbauten der Bronzezeit.

Man nimmt unter Anderem auch an, der schweizerische Pfahlbauer sei eine neue Einwanderung, ein Völkernachschub aus Asien gewesen, der muthmaßlich über Nordafrika in Europa eingewandert und sich zunächst an den lachenden Seen und Flüssen der Schweiz niedergelassen habe, um sich von hier aus über Deutschland, Norditalien, Frankreich auszubreiten. Denn namentlich Italien hat aus der vorrömischen Zeit Pfahlbauten-Colonien aufzuweisen, von denen die Römer keine Ahnung hatten. In diesen Pfahlbauten hat man mannigfache Schmuckgegenstände und namentlich solche von Bronze gefunden. Man sieht, eine Periode geht. in die andere über, und aus den Pfahlbauten der Steinzeit geht man unmerklich in die der Bronzezeit über.

Was nun **die Bronzezeit*)** betrifft, so reicht dieselbe weit über die Zeit der Phönizier hinauf: obwohl es in der weltgeschichtlichen Zeit besonders diese gewesen, die, wenn sie auch nicht die Erfinder der Bronze gewesen, doch die gewaltige Verbreitung bewirkt haben, so daß man kein s. g. Hünengrab, keinen s. g. Haidenhügel zu öffnen vermag, ohne solche Bronzegegenstände zu finden. Aus der Urzeit ragt die Bronze weit bis in die historische, selbst bis zur Wendezeit herauf.

Wie der Mensch aber dazu kam, besseres Material zu benutzen als Stein, Elfenbein, Knochen, Hirschhorn oder Renuthierhorn, und seine Geräthe zum Theil aus Metall zu fertigen, braucht uns nicht Wunder zu nehmen. Denn wenn er Feuer anzündete, und um den Heerd herum vielleicht ganz zufällig mannigfaches Gestein, z. B. Kupferkiese, lag, so mußten diese Metalle durch die Hitze des Feuers in Fluß kommen, wodurch er mit den Eigenschaften derselben und deren besseren Verwendbarkeit zu seinen Industriezwecken bekannt werden mußte.

Daß dies zuerst das Kupfer war und nicht das Eisen, liegt sehr nahe; denn es erheischte eine viel größere Erfahrung, ehe der Mensch den Eisengehalt gewisser Mineralien kennen lernte. Viel näher lag seiner Unerfahrenheit die Entdeckung des Kupfers, wobei gewiß die hervorstechenden Farben der kupferhaltigen Fossilien (des goldglänzenden Kupferkieses, des himmelblauen Lasursteines und brillant grünen Malachits) gegenüber der Unscheinbarkeit der Eisenerze nicht ohne bestimmenden Einfluß blieben. Die Menschen der Urzeit haben sich aus diesem Metalle (Kupfer) und dem Zinn ein Material zu ihren Geräthen zu schaffen gewußt, welches durch Jahrtausende zu gleichen Zwecken verwandt wurde. Wie sie freilich zu jener Composition kamen, ist schwer erklärlich. Es ist wohl nur eine Hypothese, daß die Phönizier die Erfinder der Bronze sind: erwiesen doch weitere Untersuchungen, daß Bronzegegenstände schon vor der Blüthe des phönizischen Handels im Gebrauch waren. Die Bronze mußte erfunden werden, denn sie kommt als solche nicht in der Natur vor, sie ist ein Kunstproduct und wird durch

---

*) Die Bronze- oder Bronzezeit spielt in der historischen Zeit, obwohl sie selbst unter diesem Namen keine historische Zeit ist oder solche repräsentirt.

die Zusammenschmelzung bestimmter Mengen von Kupfer und Zinn erhalten. Nun ist nicht anzunehmen, daß die ersten Bronzeverfertiger reines, metallisches Kupfer und Zinn verwandten, sondern gewiß nur Kupfer- und Zinnerze.

Wie die Phönizier zum Zinn kamen, ist bekannt. Die Phönizier bekamen es von den f. g. Zinninseln (den Cassiteriben, gegenwärtig „Scilly-Inseln" genannt); das Kupfer gewannen sie auf Cypern (daher der Name „cuprum", von cypros). Dieses Handelsvolk des Alterthums war es, welches die ganze Welt (in der historischen Zeit) mit Bronze überschüttete und so dessen Verbreitung am meisten förderte.

Als nun der Urmensch das Metall hatte, trat eine größere Verschiedenheit seiner Thätigkeit hervor. Während früher ein Mensch im Staube war, eine Streitart zu fertigen, vermochte jetzt ein Mensch nicht mehr, seine Werkzeuge allein aus diesem Metallgemisch herzustellen; er bedurfte dazu der Hülfe von Anderen. Und nun begann — was ein großer Fortschritt in der Cultur war — die Theilung der Arbeit, und aus der Theilung derselben entsprang die Mannigfaltigkeit der Leistung. Denn es läßt sich nun ziemlich genau verfolgen, daß die Bronze, die man vorzüglich in Gräbern, Grabhügeln und Pfahlbauten gefunden hat, immer mehr und mehr an Mannigfaltigkeit der Formen und Güte gewinnt.

Man fand, daß die Nägel der Bronzezeit aus 93¹⁄₃ Kupfer und 2⁸⁄₃ Zinn bestanden. Aber welche lange, mühsame Arbeit gehörte dazu, wie viele Irrthümer mußten beseitigt, wie viele fehlgeschlagenen Versuche mußten durchgemacht werden, ehe man dieses Gewichtsverhältniß fand, daß doch unbedingt nöthig war, damit die Bronze die Güte erhielt, welche sie als Nägel besitzen muß, während zu andern, namentlich Schmuckgegenständen, ein Verhältniß von 8 Kupfer zu 2 Zinn oder von 1 Kupfer zu 9 Zinn genommen ist. Am häufigsten fand man die Bronze in den f. g. Hünengräbern.

Diese „Gräber der Alten" gehörten einem Volke an, welches gegenwärtig nicht mehr in Deutschland lebt. „Hünengräber" heißt soviel als „Riesengräber," und da man immer von der Meinung ausgegangen ist, daß unsere Vorfahren durch gewaltige Größe und ungewöhnliche Körperstärke sich auszeichneten, meinte man, dort wären Riesen begraben. Jedoch lehrte eine genauere Untersuchung der Hünengräber das Gegentheil, bie sich von selbst ergab, als mehr und mehr Verkehrswege entstanden, als man Berge durchstach, Wälder ausrottete und entsumpfte, als Eisenbahnen gebaut wurden; da mußten auch diese unheimlichen Dokumente einer vorgeschichtlichen Zeit fallen, die unseren Vorfahren so lange Gegenstand einer abergläubischen Verehrung gewesen waren. Man fand in diesen Gräbern ganz eigenthümliche Sachen, aber durchaus nicht Skelette, welche für einen großen Menschenschlag sprachen, sondern man kann von ihnen dasselbe sagen, was von dem Menschen der Rennthierzeit gilt: kleiner Schlag und anscheinend mongolische Raffe, kleine Hände, kleine Füße, Rundkopf. Die kleine Statur wird durch kleine Armringe bewiesen, welche gegenwärtig kaum ein zwölfjähriges Kind anstecken kann, durch so kleine Schwertgriffe, daß die Hand eines erwachsenen Deutschen diese nicht benutzen kann, und endlich durch die Größe (b. h. Kleinheit) der Knochen selbst.

Aber wer hat denn nun diese Gräber erbaut? Man hat wohl auch unter Anderem des Bronzereichthums in den Gräbern halber an die Phönizier zunächst gedacht, welche auf ihren langen Seereisen mannigfache Menschenverluste erfahren mußten, doch spricht die Zahl der Hünengräber, ihr verbreitetes Vorkommen, auch tief im Binnenlande, Bestattungsweise und Skelettbeschaffenheit der Hünengräberleichen entschieden gegen eine solche Annahme. Oder waren es Hunnen und Wenden, welche diese Gräber erbauten? Schon aus der Kleinheit der Skelette, die man in den Hünengräbern, meist in hockender Stellung fand, geht hervor, daß es nicht wohl die Hunnen und Wenden gewesen sein können. Außerdem läßt sich geschichtlich nachweisen, daß die Hünengräber vor der Zeit der alten Deutschen, deren Einwanderung der der Wenden und Hunnen vorausging, erbaut wurden. Denn Hermann der Cheruskerfürst, versammelte die rebellischen Stämme am Berge Teut, auf dessen Spitze ein doppelter Hünenring sich befand. Die nordischen Alterthumsforscher sind der Meinung, daß diese Hünengräber von jenem finnisch-lappischen Stamme herrühren, der vor Einwanderung der skandinavisch-germanischen Stämme ganz Nordeuropa bewohnte und durch die neue Einwanderung bis in den äußersten Norden zurückgedrängt wurde, wo er noch gegenwärtig ein dürftiges Nomadenleben führt. Also hier abermals der Sieg des Stärkern über den Schwächern.

Die Hünengräber sind Steinkränze; aber jeder einzelne Stein ist ein Koloß, entweder ein Granitblock — vorzüglich wurden auch s. g. erratische Blöcke dazu verwendet — oder ein großer Kalk-, Sand-Stein u. s. w. Der erfahrene Baumeister erstaunt, wenn er diese Steinmassen sieht, und bewundert die Ausdauer, die jene Menschen zeigten, um diese Colosse mit ihrem mangelhaften Geräthe an hohe Stellen zu schaffen. Denn entweder wurden sie auf natürlichen Hügeln, Bergen, Felsen errichtet, oder die Hügel wurden erst künstlich durch Menschenhand aufgeführt und dann meist mit Bäumen bepflanzt.*) An sich war das Hünengrab ein Doppelsteinring, im Innern ein Raum, der oft einen Durchmesser von 10 Minuten, ja wohl eine Viertelstunde hatte. Darin fand man Gräber, die meist aus 4—8 großen Steinplatten bestanden. Die äußere Seite der Steinplatten war roh, nicht bearbeitet; aber auf der inneren Seite fand man Spuren eines Mond-, eines Sternen- und Sonnencultus. Die Bronze traf man in mannigfachen Formen und Bearbeitungen an. Man fand: Dolche, Schwerter, Lanzenspitzen, Messer, Haarnadeln, Ohrgehänge, Armringe, Ketten, Kopfhalter u. s. w., daneben Topfgeschirre, die schon große Fortschritte in der Topfwaarenindustrie erweisen, Getreidearten und Thierknochen, welche nicht minder ein Zeugniß ablegen für das Aufblühen der Cultur in Viehzucht und Ackerbau. Der Aberglaube hat ja diese Vorfahren der Lappen und Finnen bestimmt, ihren Todten alles Das mitzugeben, was ihnen im Leben lieb war, und dieser Aberglaube macht es uns möglich, wieder ein Blatt aus der Urgeschichte des Menschen voll zu schreiben.

Man fand in diesen Gräbern auch Spuren, daß wohl einst Menschenopfer dort gebracht worden sind. Denn einzelne Menschenknochen aus ihnen erwiesen sich aufgebrochen und durch Menschenzähne benagt.

Auf der Insel Schonen bei Kivik traf man ein solches riesenhaftes Grab, in welchem die inneren Flächen der Steine keinen Zweifel übrig ließen, daß dem Sonnengotte Menschenopfer dar-

---

*) s. g. Tumuli paganorum.

gebracht wurden. Das beweisen nämlich in vier Reihen übereinander in den Stein gehauene Figuren. In der obersten Reihe sah man einen Chor von Musikanten, darunter Gefangene und Gefängnißwärter mit dem Schwert, zuletzt Priester, und damit man beim Opfer den Durst stillen konnte, wurde der ganzen Prozession ein Gefäß nachgetragen, worin sich wahrscheinlich Meth oder eine andere gegohrene Flüssigkeit befand.

Die Bronze scheint wiederholt umgegossen worden zu sein, denn man fand in den Pfahlbauten wohlerhaltene Gußformen von Stein und Eisen.

Daß die Bronzezeit, wie die Pfahlbauten, in die historische Zeit hineinreichen, dafür gibt es viele Beispiele. Das eherne Schwert der Juden, welche in ihren alten, von den heidnischen Semiten überkommenen Traditionen aus der semitisch-asiatischen Urzeit den Tubalkain als den ältesten Erzkünstler anführen, und der Helden des Homer war aus Bronze gefertigt. Bei Cannä (216 vor Chr.) kämpften Römer und Carthager mit bronzenen Waffen und noch wenige Decennien vor Beginn der christlichen Zeitrechnung siegte Julius Cäsar über die aufständischen Gallier dadurch so leicht, daß er bereits eiserne Waffen hatte, während die Gallier Bronze zu ihrem Kriegsgeräth verwandt hatten.

So tritt man allmählich in die

Eisenzeit.

In den Hünengräbern finden sich theils Stein-, theils Stein- und Bronzewerkzeuge, und endlich Bronze- und Eisenwerkzeuge. Der Himmel scheint hier sich in's Mittel geschlagen zu haben; denn die Meteorsteinfälle konnten den Bewohnern Europa's nicht unbekannt bleiben. In diesen warf der Himmel den mit Metallarbeiten schon vertrauten Menschen ein ungleich besseres Material, als er bereits besaß, vor die Füße. Denn daß in der That Meteoreisen in der Vorzeit zur Verarbeitung kam, ist durch chemische Analysen der in den Gräbern vorgefundenen Eisenwerkzeuge festgestellt. Als der Mensch nun das Meteoreisen schmolz, mußte er sich überzeugen, daß sich daraus viel bessere, viel dauerhaftere Geräthe für Haus, Küche und Krieg bereiten ließen. Viel später, in der geschichtlichen Zeit, kurz vor Julius Cäsar, mag man wohl dahinter gekommen sein, welche Erze Eisen enthalten, wie man sie in Eisenhammerwerken zu behandeln habe, wie man sie in Hochöfen schmelzen konnte und wie das aus ihnen gewonnene Eisen in der Schmiede zu bearbeiten sei. Auch hier mußten erst wieder auf roh empirischem Wege eine Summe von Thatsachen gewonnen werden, die aus den bereits bekannten kaum herzuleiten waren. Und so ist es ja bekannt, um nur ein Beispiel anzuführen, daß die Bronze dadurch ihre Härte erhält, wenn man sie ganz allmählich erkalten läßt, während das Eisen die größte Härte durch schnelles Abkühlen gewinnt. Aber ehe die Summe hier einschlagender Erfahrungen gewonnen ward, bedurfte es nicht eines, sondern vieler Menschenalter dazu, nicht eines, sondern vieler Individuen; also wiederum die Summation der Einzelwirkungen.

Die ganze Urgeschichte des Menschen stützt sich in der ersten Steinzeit nur auf zwei Schädel. Der eine, der f. g. Neanderthalschädel, ist unvollständig und nur die Hirnschale vorhanden. Am meisten fällt die außerordentliche Entwickelung der Stirnhöhle auf, wodurch die Augenbrauenbogen, welche in der Mitte ganz miteinander verschmolzen sind, so hervorspringend werden, daß über, resp. hinter ihnen das Stirnbein eine beträchtliche Versenkung zeigt. Die Stirn ist so flach, wie dies gegenwärtig an keinem normalen Menschenschädel vorkommen dürfte, die mittleren und hinteren Theile des Schädelgewölbes sind indessen so gut ausgebildet, daß diese Entwicklung an sich schon die Zweifel beseitigt, welche über den menschlichen Ursprung dieses Schädels entstehen konnten. Die so ungewöhnliche Entwickelung der Stirnhöhlen ist hier wohl nicht für eine individuelle oder pathologische Bildung zu halten, sondern als Rassentypus anzusehen, der noch in der starken Entwickelung der übrigen Skelettknochen, welche das mittlere Maß etwa um ⅓ überschreiten, einen weiteren Ausdruck finden. Aus diesen mächtigen Stirnhöhlen schloß man nicht nur auf stark entwickelte Athmungsorgane, sondern überhaupt auf eine große Leistungsfähigkeit der Bewegungswerkzeuge, wofür noch im gegebenen Falle die Stärke der Knochenleisten und Knochengräte (Muskelansätze) spricht. Den Gesichtswinkel hat man annähernd auf 38° geschätzt, da eine genauere Bestimmung wegen fehlender Ohröffnung und mangelnder Nasenöffnung nicht wohl möglich ist. Leider mangeln auch die Gesichtsknochen, deren Bildung für die Gestalt und den Ausdruck des Kopfes so bestimmend ist. Die Schädelhöhle läßt mit Rücksicht auf die ungemeine Kraft des Körpers auf eine relativ geringe Gehirnentwickelung schließen. Diese Neanderthurchen nun können in keiner Weise als Reste eines zwischen Menschen und Affen vermittelnden menschlichen Wesens angesehen werden. Sie beweisen die Existenz eines Menschen. Und in der That, wenn es auch der affenähnlichste Menschenschädel ist, so steht der Neanderschädel doch nicht mehr so isolirt da, als es Anfangs scheinen möchte, sondern bildet nur den äußersten Punkt einer Kette, die stufenweise zu den höchsten und bestentwickeltsten Menschenschädeln führt. Einerseits nähert er sich sehr den abgeplatteten Australierschädeln, andererseits steht er noch den Schädeln gewisser alter Völker näher, die Dänemark zur Steinzeit bewohnten und entweder gleichzeitig oder vielmehr etwas älter als die Menschen jener Gegend sind, welche die Küchenabfälle hinterließen. Der Engis-Schädel ist etwas vollständiger als der Neanderthal-Schädel. An sich ist der Schädel mittelgroß; er ist ein s. g. Langkopf, denn die größte Länge verhält sich zur größten Breite wie 100 zu 70; ein Verhältniß, welches den Eskimo's am nächsten kommt und von demjenigen der Australneger sich kaum entfernt. (Man stellt den Engisschädel in die Mitte zwischen Eskimo und Australier. Von ersterem habe er die verhältnißmäßig dünnen Knochen; für den Australier spreche die Eiform des Schädels, die Rundung der Scheitellinie, die flach ansteigende Stirn und namentlich der Umriß des Schädels von oben. Eine jetzt lebende Schädelform, die vollständig mit dem Engisschädel übereinstimmt, ist nicht bekannt.)

Aus diesen so mangelhaften Thatsachen kann aber nur gefolgert werden, daß zur Zeit der ersten Steinperiode Europa von langköpfigen Wilden bewohnt wurde, von denen sich nicht mit Bestimmtheit sagen läßt, ob ihnen gegenwärtig ein noch lebender Volksstamm entspricht, die aber wahrscheinlich Neger waren. Alle darüber hinausgehenden Behauptungen sind unerweislich und gehören deßhalb in das Reich der Fabeln.

Es fehlen nun alle Mittelglieder, welche im Stande wären, Neander- und Engis-Menschen, den Rennthiermenschen, den Hinterlasser der Küchenabfälle, den Pfahlbauer und den Errichter der Hünengräber so zu verbinden, daß eine ununterbrochene Umwandlungsreihe sich aus den aufgefundenen Skeletresten, besonders im Schädelbaue mit Leichtigkeit herstellen ließe. Es ist also noch nicht gerade zu behaupten, daß der Mensch von einer thierähnlichen Stufe zu immer höherer und höherer, physischer und geistiger Bildung sich emporgeschwungen habe und daß die moderne intelligente Menschheit in gerader Linie von dem Neanderthalmenschen abstamme. Sondern die vorliegenden Thatsachen beweisen eher das Gegentheil. Ein Menschenstamm tritt in Europa auf und verschwindet, ihm folgt ein anderer, der verschwindet wieder oder wird verdrängt bis in den äußersten Norden. Nun erscheinen wieder andere Menschen, zuletzt von kräftigerem Schlag, die bis in unsere Tage hineinragen und deren letzte Schichten anscheinend alle physischen Mittel einer langen Existenz in sich tragen. Der nordasiatische Stamm, welcher der muthmaßliche Erbauer der Hünengräber ist, hatte wahrscheinlich schon Schifffahrt und ward deßhalb vielleicht vielfach nach fernen Continenten verschlagen. Obwohl mit diesem Stamme Intelligenz und Industrie in der vorhistorischen Urgeschichte des Menschen ihren Höhepunct erreichen, so ist doch dessen geringe physische Kraft die Ursache, daß die spätere kräftigere Einwanderung ihn fast aus Europa wieder hinauswirft. Daraus dürfte doch hervorgehen, daß man nach Uebergangsgliedern, nach Beweisen einer stattgefundenen Vermischung der einzelnen Urstämme unter sich wohl vergeblich suchen dürfte. Alles vielmehr auf einen sehr jähen Wechsel der Beschaffenheit der vorhistorischen Urbewohner Europa's hinzuweisen scheint, der ganz ausreichend eine Erklärung in einem stoßweisen Einwandern verschiedener afrikanischer und asiatischer Stämme in Europa findet. Die Intervalle zwischen den einzelnen Einwanderungen lassen sich begreiflicherweise nicht einmal annähernd bestimmen. Doch so viel kann wohl behauptet werden, daß die Urbewohner Europa's den Anstoß zur Industrie weniger in ihrer neuen Heimath empfingen, als vielmehr zum großen Theil mit ihren Sitten und Gebräuchen auch die Industrie aus ihrem alten Vaterlande nach Europa verpflanzten. Daher der auffällige Wechsel in den Erzeugnissen des Gewerbfleißes der einzelnen Perioden.

Der Wechsel der Menschenstämme in einem bestimmten Erdtheile findet genau so wie der Wechsel der Fauna statt. Eine Art verschwindet oder zieht sich zurück in Folge von Nahrungsmangel, Klimawechsel (Hebung und Senkung der Continente, Gletscherrückzug oder Eingletscherung) oder in Folge innerer physischer Ursachen (Rückschlag) und an deren Stelle tritt eine andere Art, entweder derselben Gattung oder einem fremden Genus angehörig.

Aus den so widersprechenden Resultaten urethnographisch-anthropologischer Betrachtungen und Untersuchungen darf man keinesfalls Schlüsse auf einen continuirlichen Fortschritt in der Menschheit als solcher, auf ein gerades Wachsthum der ganzen Menschheit in ihren einzelnen Theilen innerhalb der Zeitläufte ziehen. Muß es doch schon auffallen, daß in der classischen Zeit die größten Männer unter den Griechen und Römern auftraten (besonders zwischen 500 vor Chr. — Christi Geburt), welche in ethischer und ästhetischer Beziehung vielleicht für alle Zeiten mustergültig bleiben werden. Außerdem sei hier hervorgehoben, daß es eine beliebte aber nichts destoweniger eine höchst verwerfliche Manier einer gewissen modernen Classe von Forschern ist, nur in aller Eile das Gebiet der Erfahrung zu durchstreifen. Während die wahre wissenschaftliche Methode mit Umsicht in ihnen verweilt, stellt jene schon gleich von Anfang an unfruchtbare und allgemeine Sätze auf, diese aber erhebt sich nur stufenweise zum wahrhaft Allgemeinen und macht so die Wissenschaft fruchtbar; denn nur die Axiome, die im gehörigen Stufengange und mit der erforderlichen Umsicht vom Besonderen abgezogen werden, entdecken uns wieder Besonderes und machen so die Wissenschaft fruchtbar und productiv.

Unserer Erkenntniß fehlen viele Mittelstufen in der Reihenentwickelung in der Menschheit. Daß aber der Mensch in der eigentlich geschichtlichen Zeit, die wir 6—7000 Jahre zurückreichend annehmen können, durchaus keine Neigung zeigt, sich in eine andere Rasse, in einen anderen Stamm umzuwandeln, ist allgemein anerkannt. Uebrigens ist dieses schon in der Urgeschichte der Fall, denn der Pfahlbauer verwandelt sich nicht in einen Bewohner der Höhlengräber und letzterer nicht in den ersteren. Es ist also den verschiedenen Menschenrassen, wie den verschiedenen Thierarten, ein festgeprägter Charakter, so weit wir zu sehen und zu erkennen vermögen, zuzuerkennen, der nur innerhalb gewisser und zwar ziemlich enger Grenzen durch Veränderung der äußeren Einflüsse ebenfalls mit verändert werden kann. Aber diese Verhältnisse sind nirgends und zu keiner Zeit ausreichend gewesen, nach den uns erkennbaren Mitteln, eine Umprägung des Rassencharakters zu erzeugen. Die ägyptischen Denkmale, die uns den Neger zeigen, wie er vor Jahrtausenden war, können noch heute für außerordentlich ähnliche Nachahmungen des jetzigen Negers gelten, und doch ist die schwarze Rasse seit dieser Zeit unaufhörlich in einem Lande einheimisch gewesen, wo neben ihr ein anderer Typus existirte, der echt ägyptische, der seit dieser Zeit ebenfalls keine Veränderungen erlitten hat.

So zeigt z. B. eine andere gefärbte Menschenrasse, die Rothhaut, durchaus keine Neigung in der weißen Rasse aufzugehen, noch zeigt sich eine Tendenz des Weißen, in eine Rothhaut sich zu verwandeln. Die rücksichtslose Vermischung der Weißen in den romanischen Niederlassungen Amerika's mit anderen Rassen vermochte keine Umwandlung der neben einander lebenden Menschentypen hervorzubringen; es entstanden immer nur inconstante Mischungsproducte, die 1 bis 6 Generationen gelebt haben und dann wieder ausstarben. Die Rothhaut verschwindet in Amerika, weil die weiße Rasse jener immer mehr Boden abgewinnt, die Nahrung raubt, indem sie die Wälder lichtet und vom Wild entvölkert, die Gewässer zu commerciellen und Industriezwecken ausbeutet, dadurch den Fischreichthum enorm einschränkt und jener so nach und nach alle Nahrungsquellen verstopft. Aber Nahrungsmangel und jene Bekümmerniß, die derselbe in jedem Menschenherz erzeugt, treten der Vermehrung eines Volksstammes am energischsten entgegen. Also vom Uebergange eines Menschentypus in einen anderen ist keine Rede.

Dasselbe gilt vom Neger. Die durch Vermischung des Negers mit dem weißen Menschen hervorgehenden Producte gleichen in vieler Beziehung den Bastarden von Pferd und Esel. Der Maulesel und das Maulthier sind mit wenig Ausnahmen steril. Bei der Mulattin erlischt die Fruchtbarkeit schon in den nächsten Generationen, die Bastarde sterben aus, meist in der dritten Generation, selten erhalten sie sich bis zur sechsten. Häufiger noch als die Mulatten sind die Mestizen und Quadronen unfruchtbar.

Man hat die Ansicht aufgestellt, daß es ein Uebergangsglied vom Menschen zum Thier geben müsse, und daß dieses wohl der Neger vorstelle, indem man besonders die Affenähnlichkeit des Negers hervorhob. Die Negerstämme, welche direct von der Westküste Afrika's nach Amerika gebracht werden, sind wohl zu unterscheiden von den Negern, die in Amerika geboren werden, besonders wenn Vater und Großvater bereits schwarze Amerikaner waren. Der Neger acclimatisirt sich sehr schnell in Bezug auf Menschlichkeit, was für einen gewissen Grad von physischer Bildsamkeit der Rasse spricht. Aber die Neger, die unmittelbar von der Westküste kommen, sind im höchsten Grade thierähnlich. Der constante Plattfuß (und das Menschlichste am weißen Menschen ist der Fuß), die eigenthümliche Zehen- und Fingerbildung, wobei namentlich die bedeutende Länge des Daumens und der großen Zehe bei geringer Dicke, wie die schmalen, gewölbten, also krallenartigen Nägel auffallen, die schmale, fleischlose Wade, die langen Arme, die (ähnlich wie beim Affen) nur einfach gekrümmte Wirbelsäule, die starke Entwicklung des Gesichtsschädels, die prognath gestellten Schneidezähne, die geringe Capacität der Schädelhöhle, die breite Nase, die wulstigen Lippen, die hervorstehenden Kiefer, die Bartlosigkeit, das enge Becken, der hängende Bauch, der widrige Geruch der Ausdünstung, die kreischende fistulöse Stimme, dazu die niedere Stufe der Intelligenz, auf welcher der Neger steht, obwohl er seit Jahrtausenden mit den gebildetsten Völkern aller Zeiten verkehrte, sogar unter ihnen lebte, keine Nachahmungssucht, die so recht an die des Affen erinnert, sein Hang zum Aberglauben und seine Furchtsamkeit, die kindische Lust an glänzenden Dingen, am Feuer, seine wahrhaft bestialische Leidenschaftlichkeit in der Liebe oder wenn ihm plötzlich eine Freiheit wird, von der er nun einmal keinen Gebrauch zu machen weiß, wie endlich der Mangel jedes Antriebes zu einer selbstständigen Cultur, den die unabhängigen Negerstaaten erweisen — Alles dieses wären Merkmale, so wird versichert, welche auf das Lebhafteste für die Thierverwandtschaft sprechen.

Trotzdem ist wohl kaum anzunehmen, daß innerhalb der geschichtlichen Zeit aus einem Affen ein Neger geworden, denn es ist doch nicht zu leugnen, daß noch sehr wohl ausgesprochene Unterschiede den Neger von den athropoiden Affen trennen. Vor Allem ist hier die Capacität der Schädelhöhle hervorzuheben, welche die des Gorilla's (gegenwärtig als der menschenähnlichste Affe aufgeführt) um ein- bis anderthalb Mal übertrifft. Und wenn der Neger nicht mehr in die Wagschaale zu werfen hätte, um seine Menschlichkeit zu beweisen, als dieses mehr als doppelt so große Gehirn, so würde das schon ausreichen, um ihm für immer eine Stellung im Menschengeschlechte zu sichern. Denn auf derartige innere anatomische Unterschiede ist begreiflicherweise ein ungleich größerer Werth zu legen, als auf die äußeren Gesichtswinkel, Stellung der Augen zu einander (beim Affen stehen sie so dicht, daß die Nasenhöhle fast verschwindet; beim Neger stehen die Augen weit auseinander, die Nasenhöhle und Siebbeinhöhle sind viel entwickelter als beim Affen); — der fast absolute Stimmangel beim Affen, die Entwickelung der Augenbrauenbogen, welche gegenwärtig nur vom Neanderthalschädel unter den Menschenschädeln erreicht wird, die Schnauzenbildung (Kinnmangel), die mächtige Ausbildung der Eckzähne (der zahnlose Rand ist nicht ganz durchgreifend, da er auch beim Hottentotten angedeutet ist) und ganz besonders der Fußmangel beim Affen (Vierhänder), sind jene hervorstechendsten äußeren Attribute der äffischen Bestialität, die dem Neger entweder ganz fehlen, oder doch nur bei ihm angedeutet sind. Außerdem ist noch zu bemerken, daß jedes neugeborene menschliche Kind ohngefähr mit 500 Cubit-Centimeter Gehirnmasse geboren wird, — ein Gehirnquantum, welches nur bei dem menschenähnlichsten Affen nach vollendetem Wachsthum angetroffen wird —, und sich im ersten Lebensjahre schon weitere 500 Centimeter zulegt. Diese sprungweise Entwickelung des Gehirns fehlt dem Affen gleichfalls, denn bei ihm vermehrt sich innerhalb des Wachsthums das Gehirn in einem Jahre so viel wie im andern.

II.
Abriß der historischen Urgeschichte.
1.
Ueberficht der historischen Urgeschichte.

Die moderne Forschung suchte für das älteste weltgeschichtliche Volk der Erde — die alten Aegypter (Chamiten) — seine Stelle im Ganzen des erkennbaren Entwickelungsganges der historischen Bildungsmenschheit. Zu diesem Zwecke hat man zuerst die Länge des Zeitraumes ermessen, welchen die urkundliche Geschichte des ägyptischen Staates (die f. g. ägyptische Reichsgeschichte) durchläuft von Menes (c. 3500 vor Chr.) bis auf Alexander den Großen (330 vor Chr.). Dann aber hat man, von sicheren Thatsachen ausgehend, mehrere feste Puncte gefunden, für die Gleichzeitigkeiten dieser ägyptischen Denkmäler mit den Geschichten und Urkunden der asiatischen Völker. Von unten aufsteigend, konnte man selbst aus den heiligen Urkunden der Hebräer keine sicheren Berührungspuncte gewinnen, die über das Ende des 10. Jahrhunderts vor Chr. hinausgingen. Aber durch das Heranziehen der ägyptischen (Hieroglyphen-) Urkunden fand man die in jenen Büchern schwankende Zeit für die große Gestalt des jüdischen Gesetzgebers Moses,*) und es ergab sich, daß die Zeit des Auszuges der Israeliten aus Aegypten (auf 1320 vor Chr. historisch festgesetzt) mit dem Pharao zusammenfiel, dessen Namen (Menephta) der letzte f. g. Siriuskreis (eine astronomisch-chronologische in Aegypten übliche Bezeichnung für einen Zeitraum von 1460/1461 Jahren, nach deren Verlauf das astronomische und bürgerliche Jahr daselbst

---

*) als dessen Zahl die nach der Bibel so genannte „biblische Zeitrechnung", die aber keine bestimmte chronologische, sondern f. g. episch-cyklische (nach Menschenaltern gebildete) ist, 1500 vor Chr. angibt.

wieder zusammenfielen)*) des ägyptischen Reiches trägt. Durch eine weitere Vergleichung beider Urkunden unter sich glaubt man auch das Zeitalter Josephs wenigstens annäherungsweise bestimmen zu können, und dadurch die Epoche, in welcher Abraham als schauender Geist und Gesetzgeber aus der dunklen Nacht der hebräisch-semitischen Vorwelt als erste rein (welt-) geschichtliche, menschliche Persönlichkeit hervortritt: ohngefähr so lange vor Moses, als Christus nach Alexander dem Großen.

Jener Zeitraum von ohngefähr 3000 Jahren (der ägyptischen Reichsgeschichte: von Menes bis auf Alexander den Großen) mit seinen geschichtlichen Urkunden zeigte sich also weder als ein schrankenloser oder unbestimmbarer, noch als ein leerer: vielmehr erscheint er, bei näherer Betrachtung, mehr und mehr als ein in sich organisch zusammenhängender. Man darf also wohl annehmen, daß er im Allgemeinen in seinen Fugen stehe und die Gewähr seiner Geschichtlichkeit hinreichend in sich selbst trage. Aber man konnte mit guter Zuversicht hinzufügen: er ist der eigentliche Zeitmesser der ältesten (und allen) Geschichte überhaupt.

---

*) Die Bedeutung des Siriuskreises oder der Sothisperiode ist folgende: Die alten Aegypter maßen die Zeit nach einem Sonnenjahre von 360 Tagen, welche in zwölf Monate zu dreißig Tagen zerfielen. Man bemerkte frühzeitig, daß dieses Jahr dem Sonnenlaufe nicht wohl entspreche und fügte deshalb dessen 360 Tagen noch fünf Zusatztage hinzu. Da nun aber am ägyptischen Jahre trotz der fünf Zusatztage ein Vierteltag gegen das richtige astronomische Jahr fehlte, so mußte der Anfang des ersten alle vier Jahre um einen Tag dem wahren Jahresanfang zuvorkommen und die Jahreszeiten, deren die Aegypter drei zu je vier Monaten zählten, die Monate und die Feste successiv immer weiter vor die wahre Jahreszeit fallen. Dieses Vorrücken konnte den Priestern nicht entgehen; sie waren bereits im 14. Jahrhundert darüber im Klaren, daß eine Periode von 1461 ägyptischen Jahren verlaufen sein müsse, um das ägyptische Jahr wieder mit der astronomischen Zeit zusammenfallen zu lassen. In diesem Zeitraume von 1460 ägyptischen Jahren bildeten sich nämlich aus den überschießenden Vierteltagen des astronomischen Jahres 365 volle Tage, d. h. ein volles ägyptisches Jahr, nach dessen Ablauf der Anfang des folgenden ägyptischen Jahres wieder genau zusammenfiel mit dem Frühaufgange des Hundssterns, wie er von Aegypten aus gesehen wird, und dem Eintritt der Ueberschwemmung. Mit einer solchen Periode von 1461 Jahren war also das Jahr zu seinem wahren Anfang zurückgekehrt. (Fiel dann nach 1460 ägyptischen Jahren der Frühaufgang des Hundssterns — Sirius — wieder mit dem Anfange des bürgerlichen Jahres zusammen, so sollte nach der Anschauung der Priester mit dieser Herstellung der natürlichen Ordnung auch ein großer Kreislauf von Begebenheiten vollendet sein.)

Die ägyptische Zeitrechnung mit ihrer urkundlichen Welt von Denkmälern gab den Rahmen für die ältesten Zeitbestimmungen des geschichtlichen Asiens. Sie ergänzte und erhellte insbesondere manche der wichtigsten Ereignisse der jüdischen, assyrischen und babylonischen Geschichte.

Blickte man jedoch von diesen bisher gesicherten Ergebnissen auf das dem Universalhistoriker vorgestellte Ziel, so fand man, daß für die Grundlinien eines weltgeschichtlichen Gemäldes noch Bedeutendes fehlte. Oder sollte man keine Weltgeschichte haben können vor einer geregelten Chronologie, und keine annähernde Bestimmbarkeit jenseits einer Berechnung nach (einzelnen) Jahren?

Das Reich des Menes, mit welchem die geordnete Jahreszählung für die eigentliche s. g. Weltgeschichte beginnt, ruhte auf zwei nothwendigen und nachweislichen Schichten der staatlichen Vorzeit. Die ihm nächste ist der Zeitraum, welchen die Bildung eines Doppelreiches des oberen und des unteren (ägyptischen) Landes erforderte. Von den Fürsten des einen wie des anderen, also vor Menes, gab es noch Verzeichnisse (wie man annimmt), s. g. thinitischer Fürsten in Ober-Aegypten, und s. g. Fürsten des unteren Landes, an welche die eigentlich memphitischen Fürstenhäuser des Menesreiches unmittelbar sich anschlossen. Man konnte der chronologischen Sicherheit wegen diese als gleichzeitig fassen, und brauchte gar nicht auf einigen Jahrhunderten mehr oder weniger zu bestehen. Aber jedenfalls vertreten sie einen Zeitraum von ohngefähr sechsthalb Jahrtausenden: und der ist wahrlich nicht zu lang für eine so große Bildung. Jene Zeit des Doppelreiches war so tief in der ganzen ägyptischen Staatsordnung gegründet, daß die Aegypter selbst das spätere, einheitliche Aegypten immer nur als Doppelreich des Ober- und Unterlandes bezeichnen konnten, wie ja auch der biblische Ausdruck „Mizraim" nichts bedeutet, als die beiden Miṣr.

Bis auf die spätesten Zeiten nennen sich die Pharaonen „Herren des oberen und unteren Landes." Dieses Doppelreich selbst aber ruhte wiederum auf den 27 Landschaften (Nomen), deren Theilung zwischen dem oberen und unteren Lande ohne Zweifel nur sehr allmählich sich feststellen konnte. Wir finden, daß in der historischen Zeit 14 dem einen, 6 dem anderen zugehören: die übrigen

7 liegen in der Mitte und werden als die Sieben Landschaften (Heptanomis) zusammengefaßt.

Diese Landschaften sind nun nicht etwa von oben herab gemachte Reichsabtheilungen, sondern die naturwüchsigen Wurzeln, aus welchen das ägyptische Reich (des Menes) selbst emporstieg. Sie bilden die selbstständige Grundlage alles ägyptischen Staats- und Volkslebens, und müssen schon deßhalb uralte und lebenskräftige Keime der Selbstregierung und Freiheit enthalten haben. Sie widerstehen dem Despotismus der späteren Reichsregierung, welcher schon im s. g. Alten Reiche (vor dem Einfalle der Hyksos in Aegypten; vor c. 2100 vor Chr., nach der niedersten Zahlenannahme) zur unbedingten Herrschaft gelangte. Menes (der Gründer des ägyptischen Reiches) muß diesen Nomen bei der Reichsstiftung eine bedeutende Selbstständigkeit gelassen haben, denn sie genossen bei offenbarer Fortschreitung der königlichen Macht selbstherrlicher Theilnahme an den öffentlichen Angelegenheiten, wenigstens bis gegen das Ende des Alten Reichs. Das alte Labyrinth (dessen Erbauung durch Amenemha III. oder Möris, nach der niedersten Annahme, c. 2200 vor Chr. fällt) war der Tempel und das Grabesdenkmal dieser letzten Freiheiten Aegyptens. Aber auch im s. g. Neuen (ägyptischen) Reiche (von 1680 oder 1580 vor Chr. an gerechnet, nach Vertreibung des Hyksos aus Aegypten) hatte jedwede Landschaft ihre eigene Hauptstadt mit ihrem Heiligthum und ihren Gerechtsamen. Die Bildung und das Bestehen dieser Nomen also ist der erste Zeitraum, und stellt die unterste und älteste Schichte der ägyptischen Volksentwickelung vor Menes dar.

Inwiefern und nach welcher Methode war nun die Dauer dieser politischen Vorzeit etwa bestimmbar? Diese Frage durfte nicht abgewiesen werden, nachdem man ein schon in seinen Anfängen so fortgeschrittenes geschichtliches Bild des Menesreiches gewonnen hatte.

Stellte man sich aber an die äußerste Grenze, die Anfänge politischen Lebens der Aegypter, so trat dem Forscher eine neue Frage entgegen.

Alle Völkergeschichte gehört in den zweiten Theil der Weltgeschichte, in die neuere Geschichte unseres (Menschen-) Geschlechts. Sie ist die Tochter eines Stamm- und Familienlebens. Sollte man über diesen ersten Theil der geselligen Menschheitsgeschichte nicht auch etwas Geschichtliches erforschen können. Es war nothwendig und nachweisbar eine ursprüngliche, geheiligte Einheit in Sprache und Gottesverehrung, welche jene ägyptischen Landschaften unter einander verband. Es war diese Einheit, durch welche sich später die Doppelreiche, Ober- und Unter-Aegypten, bildeten, und zuletzt die Reichseinheit. Das Land Cham (Kham; Chemi = das Schwarze, physisch im Gegensatz zur hellgelben blendenden Wüste) war vor Allem aber deßwegen eine (ethische) Einheit, weil es vom Mittelmeer und der paläftinischen Wüste bis zur untersten Nil-Katarakte eine Sprache redete und dieselben Götter verehrte.

Man hat es (mit mehr oder minder annähernder Richtigkeit) versucht, eine Methode der geschichtlichen Behandlung dieser beiden ältesten Urkunden des Menschengeschlechts, Sprache und Religion (Mythologie), zu zeichnen und die Grundlinien einer methodischen Untersuchung der Sprachen Asien's und Europa's für die **historische Urgeschichte** der Menschheit zu entwerfen.*) Wie

---

*) Es lag nahe, von der Sprachforschung aus noch einen Schritt weiter zu gehen, um von da aus auch die Stammbaumverhältnisse der verschiedenen Arten des historischen Bildungs-Menschengeschlechts selbst zu erörtern. Da diese Frage von so hervorragendem allgemeinen Interesse ist und da namentlich die Frage von dem einheitlichen Ursprunge des Menschengeschlechts in den letzten Jahrzehnten so eifrig besprochen wurde, so möge hier ein Blick auf das Streiflicht gestattet sein, welches auf sie von der Sprachforschung aus geworfen wird. Doch muß dabei bemerkt werden, daß gerade hier das Urtheil sehr schwankend und unsicher wird, weil die darauf bezüglichen Erfahrungen der vergleichenden Sprachkunde mit denen der vergleichenden Anatomie und Ethnographie und Archäologie sich vielfach durchkreuzen und widersprechen. Je nachdem der einzelne Forscher diesem oder jenem Beweisgrunde ein höheres Gewicht beilegt, wird sein Urtheil sehr verschieden ausfallen. Hier mehr als anderswo wird die hypothetische Weltgeschichte (mit Rücksicht auf ihre Alterbestimmung wenigstens) noch sehr unbefriedigend ausfallen. Die vergleichende Sprachforschung, welche für die Erkenntniß der wahren Stammes-Verwandtschaft der jüngeren Zweige des menschlichen Stammbaumes (z. B. der verschiedenen Zweige des s. g. indogermanischen Stammes) von so hoher Bedeutung ist, ist leider in Beziehung auf die hochwichtige Untersuchung über den Ursprung der verschiedenen Menschen-Arten noch sehr wenig ausgebildet. Manche Forscher wollen aus den Thatsachen annehmen, daß die menschliche Ursprache sich erst entwickelte, nachdem bereits die Theilung der verschiedenen Menschen-Arten erfolgt war. Die Urmenschheit hätte noch gar keine eigentliche Sprache gehabt. — Schleicher nimmt für alle

das Volk, so ist auch die Sprache der Sinesen oder Chinesen älter als die der Aegypter. Aber so wie die chronologische Zeit und überhaupt die Bestimmbarkeit jenes zweiten Theiles, oder der neuen Weltgeschichte, mit Aegypten beginnt, so reichen auch die gleichzeitigen Urkunden der ägyptischen Sprache bis vielleicht tief in das vierte Jahrtausend vor unserer christlichen Zeitrechnung hinauf: ein beispielloser Vorzug der **ägyptischen** historischen Urzeit für die Zeitbestimmung nicht allein der ägyptischen Sprache, sondern der Sprachen der weltgeschichtlichen Bildungs-Menschheit überhaupt. Was man für Aegypten fand, war für die Geschichte der historischen Bildungs-Menschheit gefunden. Die chronologische Reihe der eigentlichen Weltgeschichte schreitet fort als Geschichte zweier Sprach- und Völkerstämme, des semitischen und iranischen. Diese beiden Bildungen, die semitische und die iranische, sind die großen weltgeschichtlichen Prachtäste des menschlichen Sprachbaumes, welcher allmählich den ganzen Erdkreis der alten Welt überschattet, und dessen letzter und kräftigster Schoß, die glorreichen **arischen** Völker, alle anderen überwachsen hat: so wie es arische Völker sind, welche das Rad der Weltgeschichte seitdem (seit Dejokes, Cyrus, Darius, Homer, Solon und Miltiades) umgeschwungen und die Erde umgestaltet haben. Man hat sich bemüht, Thatsachen nachzuweisen, welche die Blutverwandtschaft dieses iranischen Sprach- und Volksstammes, mit dem ägyptischen, als des westlichen Niederschlages der ältesten Bildung westasiatischen Lebens, darthun sollten. Auch glaubte man schon eine Methode begründet zu haben, die Sprache Cham's (d. h. die alte ägyptische) in lebendige Verbindung zu setzen mit Turan und mit jener ältesten Bildung, deren weltgeschichtlichen Niederschlag wir in der Sprache der sinesischen (oder chinesischen) Religionsbücher, und deren Verderbung wir im neueren Chinesischen vorfinden. Man glaubte

Sprachen einen formell gleichen Ursprung an. Er sagt: Als der Mensch von den Lautgebärden und Schallnachahmungen den Weg zu den Bedeutungslauten gefunden hatte, waren diese eben nur Bedeutungslaute, einfache Lautformen ohne alle grammatische Beziehung. Dem Lautmaterial nach aber, aus dem sie bestanden und der Bedeutung nach, wie sie ausdrückten, waren diese einfachsten Anfänge der Sprache bei verschiedenen Menschen verschieden; dafür zeugt die Verschiedenheit der Sprachen, die aus jenen Anfängen sich entwickelt haben. (Er setzt deswegen eine unzählige Menge von Ursprachen voraus, aber für alle statuirt er eine und dieselbe Form.)

Thatsachen andeuten zu können, welche eine solche doppelte Anknüpfung des Aegyptischen, einerseits an die unorganische weltgeschichtliche Ursprache (Ur-Chinesisch), andererseits an die semitisch-japhetische Entwickelung Asiens, nicht etwa nur in der Idee, sondern geschichtlich, blutverwandtschaftlich begründeten.

Mit dem hierdurch gewonnenen Ergebniß glaubte man dann auch ein ähnliches Verhältniß in der Mythologie zu bedingen. Man glaubte sich für einen Zusammenhang der urasiatischen und ägyptischen weltgeschichtlichen Bildungen entscheiden zu können: denn die mythologische Bildung setzt allerdings die sprachliche, wenigstens ihrer ersten Epoche nach, voraus, so wie die politische den Anfang der religiösen Bildung voraussetzt.

Aber für jene beiden Urkunden der historischen Urzeit nun kehrte immer die Frage nach ohngefährer Bestimmbarkeit der Zeit wieder.

Die ägyptische Forschung an sich schon forderte eine Neugestaltung der Weltgeschichte (d. h. der bisherigen Anordnung der Universalhistorie) und machte sie möglich. Jene ägyptischen Zeitbestimmungen greifen tief in die Ansicht von der historischen Urgeschichte ein und berühren nothwendig die Systeme der früheren Chronologie (s. g. mittelalterlichen oder rabbinischen: fälschlich „biblischen" genannten: wenn man damit irrthümlich den Offenbarungsglauben auf die Chronologie oder Geologie anwendete) und die Frage nach der Stellung unserer Zeit selbst zur weiteren Entwickelung der Menschheit (in ihrem großen Ganzen).

Durch die ägyptischen Forschungen sind die unwürdigen Schranken für immer niedergerissen, welche jüdischer Aberglaube und angeblich „christliche" Trägheit mitten auf Gottes freiem Felde der Weltgeschichte („magna opera Jehovae, exposita omnibus qui delectantur illis") aufgebaut. Die gewöhnlichen Vorstellungen von der Dauer des Menschengeschlechts (etwa 6000 Jahre) sind ebenso kindisch, als es noch vor etwa zwei Menschenalter die über die Zeit unseres Erdballs waren. Die Verhältnisse und Maße der Weltgeschichte sind bis fast auf die neueste Zeit, theils in Folge theologischer Vorurtheile, theils aus Mangel einer in die Wirklichkeit eindringenden Geschichtsforschung gerade so unrichtig aufgefaßt gewesen, als wenn Jemand aus den Schwanzwirbeln einer Eidechse den ganzen Organismus eines Ichthyosaurus der Urzeit herstellen und dieses Wahnbild noch obendrein in perspectivischer Verkürzung zeichnen wollte. Der bisherige übereinkömmliche Rahmen der Weltgeschichte (— 4163 vor Chr.: Erschaffung der Welt; 1656 Jahre nachher, also 2507 vor Chr.: Sündfluth; 2140 vor Chr.: Abraham; 1925 vor Chr.: Einwanderung Jacob's in Aegypten; 1495 vor Chr.: Auszug der Israeliten aus Aegypten*), d. h. 480 Jahre oder 12 Menschenalter vor dem salomonischen Tempelbau —) schließt den ersten Theil derselben natürlich ganz aus und entstellt den zweiten. Die ganze Grundlage dieser Zeitrechnung, das Urbild der Herstellung, ist falsch und eigentlich geradezu sinnlos.

Man hat über Mangel an Urkunden geklagt und nicht bedacht, daß die historischen Sprachen an sich die ältesten Urkunden des Menschengeschlechts sein könnten. Gefahr war zwar keine vorhanden, in's Schrankenlose auch mit vergleichender historischer Sprachforschung zu gerathen: denn der Anfang der historischen Bildungsmenschheit im Osten unseres Erdballs leuchtete den Sprachforschern ebenso hell entgegen, als aus den älteren (aus der bibl. Urkunde geschöpften) Vorstellungen. Das Menschengeschlecht überhaupt (im weitesten Sinne) ist von Gestern, verglichen mit den Millionen von Jahren, welche unsere Erde vor der Entstehung des Menschengeschlechts durchlaufen hat. Noch viel später aber ist das historische Bildungsmenschengeschlecht in Asien entstanden: mit dessen historischer Urgeschichte wir hier jetzt zu thun haben.

Bei der Betrachtung der Religionen der alten Welt drängen sich dem Beobachter so viele Aehnlichkeiten auf, daß der Gedanke ganz nahe liegt, diese Uebereinstimmungen der Völker, zum Theil weit getrennter, einander entfremdeter oder von jeher fremd gebliebener Völker, möchten wohl auf einen gemeinsamen Ursprung ihres Glaubens oder Aberglaubens, ihrer heiligen Gebräuche und Gesetze aus einer unbekannten Heimath und Vorzeit zurückweisen.

Durch die Ergebnisse der in unserem Zeitalter erweiterten und vervollkommneten Sprachkunde gewinnt diese Vermuthung einen noch höheren Grad der Wahrscheinlichkeit. Die Sprachen des

---

*) Nach Dionysius Petavius († 1625 zu Paris) sind die Zahlen folgende: 3983 Erschaffung der Welt; 2327 noachische Fluth; 1862 Tod Abraham's und 1660 Geburt des Moses; 1530 Auszug aus Aegypten.

Indo-Germanischen Stammes tragen unverkennbar das Gepräge einer ursprünglichen Verwandtschaft, wiewohl die über zwei Welttheile verbreiteten Völker entweder gar keinen Verkehr mit einander hatten, oder, wo sie in Berührung kamen, eine solche Stammverwandtschaft nicht ahnten.

Unsere im Verhältnisse zu dem Alter des Menschengeschlechts sehr junge Weltgeschichte bezeugt gleichwohl viele, zum Theil unglaublich scheinende Streifzüge und Wanderungen mehr oder weniger zahlreicher, meistens nomadischer Horden. Die meisten Völker aber, besonders die ackerbauenden, finden wir schon seit dem entferntesten Alterthum, das unserer Kunde erreichbar ist, in denselben Wohnsitzen angesiedelt, die nachher der Schauplatz ihrer Thätigkeit und eigenthümlichen Entwickelung waren. Die jenseit des Zeitraumes unserer historischen Ueberlieferung liegende Einwanderung war zum Theil schon wieder vergessen: nicht wenige historische Völker behaupteten, ihre Vorfahren seien vom Anbeginn Eingeborene des Landes gewesen. Allein die Sprachen stellen sich vielleicht dar als nähere oder entferntere Verzweigungen einer einzigen Muttersprache der gesammten Völkerfamilie, und beweisen, daß in einer fernen unbestimmbaren Vorzeit Auswanderungen über weite Landstriche hin aus einem gemeinsamen Ursitze unternommen worden sind.

Dies ist für den Beginn der Weltgeschichte, für die historische Urzeit, nicht etwa eine Hypothese, sondern eine zwar nicht bezeugte, aber sicher ausgemittelte Thatsache, welche bei historisch-urgeschichtlichen Forschungen auch nicht mehr länger verkannt wurde.

Nun lag für Manchen wiederum die Vermuthung nahe, daß die Ansiedler die Grundlagen ihrer Religion, so wie die ersten Anfänge der Künste und Wissenschaften, aus jenen Ursitzen des historischen Bildungsmenschengeschlechts in ihre neue Heimath schon zum Theil mitgebracht hätten; um so mehr, da mehrere dieser Völker: die Inder, die Perser, die Hellenen und die Italischen Völkerschaften, durch ausgezeichnete Anlagen, hohe Cultur und unternehmende Thatkraft eine frühzeitig empfangene Erziehung beurkunden.

Die Aegypter gehören freilich ihrer Sprache nach entschieden nicht zu der eben bezeichneten Familie. Sie stehen vereinzelt da zwischen den Eingebornen Libyens und Aethiopiens im Westen und Süden und ihren östlichen Nachbarn, den s. g. Semitischen Völkern, die, ganz verschieden geartet, ebenfalls sehr bedeutend in der Weltgeschichte auftreten.

Indessen ist dies kein unüberwindlicher Einwurf gegen eine aus so entfernten Weltgegenden erfolgte Einwirkung.

Diese Weltgeschichte, die ihr vorauf gehende historische Urgeschichte, kommt erst spät, so zu sagen „am Abende der Tage" zum Vorschein: verglichen mit der mehrere Hunderttausende von Jahren umfassenden vorhistorischen Urgeschichte des Menschen. Die Aufzüge der Geschichte sind nicht von Ewigkeit her wechselnde Schattenbilder spurlos verschwindender Geschlechter der Menschenkinder. Die eigentliche Weltgeschichte eilt, und je mehr sie ihrem — einem bestimmten, uns unbekannten — Ziele zueilt, besto complicirter wird sie, und je complicirter sie wird, besto stärker rauscht der Strom der Geschichte wieder voran.

Was sind die 20,000 oder — wenn wir diese Zeit verdoppeln wollen — 40,000 Jahre für die historische Urgeschichte, den Beginn ausgehender Völkergeschichte des Ur-Völkerlebens der historischen asiatischen Bildungs-Menschheit? Müssen wir aber nicht so weit, auf erstere Zahl mindestens, zurückgreifen, wenn wir fast vier Jahrtausende vor unserer christlichen Zeitrechnung ein mächtiges Reich im ägyptischen Nilthale finden, mit lange vorgebildeter organischer Gliederung, mit eigenthümlicher Schrift und mit nationaler Kunst und Wissenschaft. Muß man doch zugestehen, daß diese wiederum im stillen Nilthale nur während des Laufes von Jahrtausenden erblüht sein konnten (ohne Lehrmeister — muß man dabei bedenken — aus sich selbst entstehend: empirisch versuchend, in Allem und Jedem vorschreitend). Und wenn seine (Aegyptens) Sprache wiederum nur ein Niederschlag asiatischen Lebens ist (aus der historischen Urzeit), und zwar dort keineswegs von der ältesten Bildung, so wird man es bei einigem Nachdenken ganz begreiflich und noch dazu sehr bescheiden finden, wenn der Forscher allerwindestens etwa zwei Myriaden vor unserer Zeitrechnung in Anspruch nimmt für die historische Urgeschichte, ja wenn er glaubt, diesen Zeitraum vielleicht eher verdoppeln als abkürzen zu müssen, um die Anfänge der nur einmal im historischen Ursitze gewaltsam unterbrochenen Entwickelung unseres Geschlechts (als historischen Bildungs-Menschengeschlechts) zu erklären. Dieß ist der mächtige Unterbau, dessen Schichten zahllose Stämme im Schweiße ihres Angesichts, aber auch in seliger Ahndung des Zieles errichtet: dieß der Fruchtboden, auf welchen wir selbst eingepflanzt sind, und den durch Thaten würdig zu pflegen und zu mehren, die Bestimmung unseres Daseins ist.

Das alte Aegypten stellt, wenn man das Ganze der menschheitlichen historischen Urentwickelung in's Auge faßt, das wahre Mittelalter zwischen der historischen Urgeschichte und der eigentlich sogenannten Weltgeschichte dar. Der historische Bildungs-Menschengeist Urasien's erscheint uns in Aegyptens Urgeschichte sowohl sprachlich als mythologisch in einer Verpuppung, innerhalb welcher jedoch „der Geist bereits die Schwingen regt". Dieser Geist ist schon der höhere, „bewußte": der Geist der historischen Urgeschichte ist schon der Geist organisch-schaffender Persönlichkeit, welcher den schwankenden und in ewigem Flusse sich bewegenden Erscheinungen anfängt ein weltgeschichtliches Gepräge aufzudrücken.

Kraft dieses Gepräges gestaltet sich eine organische Bildung, welche das Alte bewahrend fortbildet und die Entwickelung des Stammes und Volkes zu einem Theile des weltgeschichtlichen Ganzen begründet. Von diesem schöpferischen Walten des zum vollen Bewußtsein erwachten Geistes gibt das ägyptische Leben in seiner Sprachbildung die ältesten Urkunden und füllt dadurch die schmerzlichste Lücke der Weltgeschichte aus.

Damit war also die Frage nach der Stelle Aegyptens in der weltgeschichtlichen Zeit aufgeworfen. Man versuchte die Frage zu beantworten: Was bedeutet diese Stellung in der Entwickelung des Menschengeistes? Welche Stelle nimmt des ältesten culturgeschichtlichen Volkes — dessen Anfänge weit in die historische Urzeit hinaufreichen und dessen Ende mit dem Schlusse einer weltgeschichtlichen, schon sehr späten Epoche zusammenfällt — Sprache, welche seine Mythologie in dem Ganzen der Menschengeschichte ein?

Ein erster Versuch, das Maß und den Gang der Weltgeschichte einmal im Großen und Ganzen nach einer wahrhaft universalgeschichtlichen Anschauung darzustellen, und die ganze

Entwickelung der Menschheit in ihren Hauptepochen darin zur übersichtlich geordneten Anschauung in der Aufzählung zu bringen, kann natürlich kein vollkommener und nur, in diesen Schranken, ein ganz kurzer Abriß sein: denn die gegenwärtige Darstellung in diesem Buche bedingt eine Beschränkung auf die äußersten Grundlinien. Der Verfasser kann nur hoffen, daß der erstmalige Versuch einer vollständigen organischen Weltgeschichte im Umrisse der Urgeschichte zu construiren nicht um des ihm auklebenden Mangels — einer vielleicht etwas allzugroßen Kürze — wegen verkannt werde, sondern daß er vielmehr allmählich die Bahn brechen helfe zum richtigen Verständnisse der Entwickelung und Bestimmung unseres Geschlechts und zum Verständnisse der späteren ausgeführten Weltgeschichte, als des Kosmos des Geistes.

Die Weltgeschichte soll dunkle Puncte und Lücken nicht verhüllen, sondern umgekehrt auf viele bisher nicht beachtete aufmerksam machen. Aber jene Dunkelheiten und Lücken können nicht im Wege stehen, um zu einer richtigen Anschauung des Ganzen zu gelangen und den Zusammenhang der göttlichen Entwickelung des Menschengeschlechts zu erkennen. So viel auch künftige Entdeckungen uns noch im Einzelnen neue Belehrung zuführen werden, so scheinen doch die bereits vorliegenden Thatsachen uns zu berechtigen, die Grundlinien der weltgeschichtlichen Entwickelung mit vorsichtiger, aber sicherer Hand zu ziehen.

Die hier gegebenen Andeutungen genügen, um die Basis der von uns hier in diesem Werke versuchten weltgeschichtlichen Darstellung zu rechtfertigen und zu veranschaulichen.

Die Weltgeschichte zerfällt in die zwei großen Hälften der (historischen) Urzeit und der Völkergeschichte. Die Urzeit bietet uns zwei Weltalter dar, die ein untheilbares Ganze bilden; das der Sprachenbildung und das der Mythenbildung. Das gesellschaftliche Leben bildet sich in dieser allgemeinen Urzeit aus dem Familienvereine zur Stammgenossenschaft. Sie enthält also bereits die Anfänge der staatlichen Bildung; aber die auf dem Grunde jener großen Urbildungen sich erhebende selbstständige Gestaltung und Entwickelung dieser Anfänge gehört in die zweite Hälfte der Weltgeschichte, der Völkergeschichte (— d. h. der bisher eigentlich sogenannten „Weltgeschichte") zu.

Mit ihrer historischen Sprache, wahrscheinlich auch mit den Anfängen der Schrift und Mythologie, treten also die weltgeschichtlichen Völker auf den Schauplatz der Geschichte. Diese Völkergeschichte, offenbar gemäß einem in die Menschheit gelegten organischen Gesetze, schreitet nach Stämmen vorwärts. Die Sprachwissenschaft gelangte zur Anerkennung zweier großen, unter sich verwandten Stämme organischer Sprachen: der Semiten und der Iranier. Die Vorstufe des Semitismus ist der **Chamismus**, die Vorstufe und gleichzeitige des Iranismus ist der **Turanismus**. Die Völkergeschichte sieht diese Stämme in drei Weltaltern zur Weltherrschaft gelangen.

Im ersten Weltalter der Völkergeschichte haben wir, Jahrtausende vor Menes, ein äthiopisches oder vor-baktrisches, jedenfalls ein turanisches Weltreich, das Reich Nimrod's, des „Kuschiten" oder Kossäers.

Der semitische Stamm in seiner chamitischen Vorbildung gelangte durch Menes zum Mittelmeere und zum Weltbewußtsein (ca. 3500 vor Chr.).

Der Chamismus kämpft an gegen die Reiche der geschichtlichen Semiten und geht unter mit ihnen durch das erste **iranische** Weltreich, das Reich Cyrus des Persers, bis der große Iranier, Alexander der Macedonier, den Lebensfaden Aegypten's für immer zerschneidet und auf dem Grabe der Pharaonen, des alten Aegyptenthumes, die hellenische Fahne Alexandriens aufpflanzt.

Die drei Weltalter der Völkergeschichte, welche Aegypten berühren, scheinen keiner einleitenden Vorerinnerungen zu bedürfen. Das erste derselben, das **turanische** Weltalter, berührte Aegypten, ehe dieses ein Reich war; das semitische Zeitalter wird von ihm selbst eingeleitet. Mit der Erhebung der Iranier stirbt es, um nie wieder aufzuleben.

Die staatlichen Anfänge Aegyptens stehen vereinzelt da zwischen dem alten und neuen. Ueberhaupt aber bieten die staatlichen Anfänge der alten Völker nur selten der weltgeschichtlichen Betrachtung Spuren einer fremden Abstammung oder auch einer wesentlichen Verwandtschaft mit den entsprechenden Einrichtungen anderer Völker oder Stämme. Das erklärt sich wohl nicht allein daraus, daß uns von jenen Anfängen nur vereinzelte oder ganz allgemein gehaltene Züge überliefert sind, die sich aus der Vergessenheit der Nachkommen und der Zerstörung späterer Jahrtausende gerettet haben. Der tiefere Grund dürfte vielmehr wohl darin liegen, daß die Anfänge der staatlichen Einrichtungen bereits das Besonderheitliche des fraglichen Volkes in den bunklen Jahrhunderten des Familien- und Stammlandes sehr stark ausprägen. Der Einfluß 'der Stammverwandtschaft verliert sich in das allgemein Menschheitliche.

Ganz anders ist es mit den weltgeschichtlich-sprachlichen und mythologischen Anfängen. Die Ueberlieferung derselben geht vom Hause zum Stamm über und von diesem zum Volke. Und so namentlich im Aegyptischen.

Man mußte hier nun zweien Fragen in's Angesicht sehen. Die erste war diese: Besteht eine Verwandtschaft zwischen der Sprache und Mythologie Aegyptens und Asiens? Die zweite: Wo hat man den Ausgangspunkt zu suchen, in Aegypten oder in Ur-Asien? Diese Fragen sind durch die Forschung thatsächlich entschieden, nämlich zu Gunsten Asiens: die ägyptische Sprache hängt blutverwandtschaftlich, durch geschichtliche Ueberlieferung von Mutter zu Kind, mit den asiatischen Sprachen und insbesondere mit der westlichen oder semitischen Gestaltung dieses noch nicht ganz getrennten Stammes zusammen. So haben wir durch das Alter und die einzige Urkundlichkeit der ägyptischen (hieroglyphischen) Sprachdenkmäler einen festen Punkt für die Chronologie der Sprachbildung Asiens, rückwärts und vorwärts.

Aber es ist ebenso unbedenklich auszusprechen: auch in der Mythologie ist die Annahme eines solchen welt-geschichtlichen Zusammenhanges der alten Welt nicht mehr in Abrede zu stellen, wenn man den vorliegenden Thatsachen Rechnung tragen will.

So sehr nun die Wahrnehmung dieses Zusammenhangs schon mißbraucht worden ist, die Thatsache bleibt unbestreitbar. Und zwar ist dieser Zusammenhang ein allgemeiner, durchgehender, ursprünglicher.

Um die ganze Tragweite dieser Thatsache zu beweisen, muß man dieselbe in folgende Sätze zusammenfassen:

1. Die griechische Mythologie hängt ebenso gut wie die urweltlichen Berichte der Bibel geschichtlich zusammen mit dem ältesten Gottesbewußtsein Aegyptens und Asiens.

2. Das Bewußtsein Aegyptens aber ist nichts als die Mumie des ursprünglichen mittelasiatischen. Die Mythologie der alten Aegypter ist der Niederschlag des ältesten mythologischen Glaubens der historischen Bildungs-Menschheit, westlich gefärbt in Obermesopotamien, und erstarrt im Nilthale, unter dem Einflusse des afrikanischen Himmels und unter der Macht des maßlosen, überwiegend solarischen Symbolismus (Sonnendienstes).

3. Jenes Urasien aber im Ganzen ist der Ausgangspunkt einer Stimmung des Geistes, von deren Wellen wir in unserer Zeit selbst, bewußt und unbewußt, getragen werden.

4. Was insbesondere die Griechen betrifft, so hat die Untersuchung die Thatsache geliefert: daß die Hellenen auf der einen Seite ihre Mythologie nicht erfunden haben; andererseits, daß sie nichts so gelassen, wie sie es gefunden, sondern daß sie Alles, theils bewußt, theils unbewußt, umgestaltet haben. Aber der Unterbau ihrer wunderherrlichen Dichtungen in allen ältesten Mythen sind Ueberlieferungen Asiens, Götter- und Naturgedanken des anbetenden und lebenbildenden Gottesbewußtseins. Der überlieferte Stoff ist ausgebildet als Stoff, „von einem anscheinend spielenden Götterkinde, in dessen Brust das Geheimniß der Seele und der Zauber der Schönheit schlummerte".

5. Als Wissenschaft und Philosophie empfing weder der Hellene, noch das Christenthum irgend etwas von den Asiaten oder gar von den Aegyptern.

6. Moses nahm nichts auf (in den mosaischen Cultus) von ägyptischen Gebräuchen oder Symbolen: das zu ermittelnde Gemeinsame liegt in Urasien. Die Bibel hat keine Mythologie. Es ist die große, schicksalsvolle und glückliche Entsagung des Jüdischen (— der Offenbarung des wahren Gottes —), daß es keine hat. Die Bibel enthält sich aller Verpersönlichung der göttlichen Ideen ebenso streng als der Vergötterung des Menschlichen.

4*

7. Das in Abraham, in Mose und in der biblischen Urgeschichte von der Schöpfung bis zur „Fluth" sich spiegelnde Volksbewußtsein, und der Ausdruck desselben, wurzeln in dem mythologischen Leben des ältesten Morgenlandes, Urasiens.

8. Die persönliche Geschichte der hebräischen Urväter beginnt mit Abraham. Aber in dem späteren Zeitraume haben sich mit dem Leben und Thun dieses größten und einflußreichsten aller Männer der ältesten Geschichte (Urzeit), und mit der Geschichte seines Sohnes und Enkels, Isaak's und Jacob's, manche alte Ueberlieferungen aus dem Mythenkreise derselben Stämme verwoben, von deren verwildertem Naturleben die Hebräer, um höherer Weltzwecke willen, zu ihrem und der Menschheit Besten, herausgeschnitten wurden. Die abgöttischen Gebräuche und Bilder des Volkes Israel vom Auszuge bis zur babylonischen Gefangenschaft hängen mit jenen Naturelementen des semitischen (heidnischen) Stammes und Landes zusammen: nicht mit Aegypten.

Was das Verhältniß der ägyptischen Mythenbildung zur urasiatischen betrifft, so folgt ein gewisser geschichtlicher Zusammenhang schon aus der Thatsache des sprachlichen. Wenn Urasien dem alten Aegypten die Sprache gab, so muß es ihm auch die Keime des Gottesbewußtseins (der Mythologie) in Sprache und deren Symbolik und Ideen gegeben haben.

Die ägyptische Götterbildung ruht also auf urasiatischen Gedanken und symbolisch ausgeprägten Ideen; und umgekehrt — nichts Asiatisches ist ägyptisch. Auch hat Aegypten als solches nicht den geringsten Einfluß auf die pelasgisch-hellenische Mythenbildung gehabt. Die Sagen der Alten über ägyptische Ansiedelungen in Griechenland will man so erklären, daß das Aegyptische in einer viel späteren, schon rein-geschichtlichen Zeit durch die Wellen der aus Unterägypten zurückgeworfenen (semitischen) Völkerfluth (der Hyksos) mittelbar auf Hellas gewirkt hätte.

Jedenfalls muß, was das alte Griechenland anbetrifft, der religiöse Einfluß jenes wunderbar thätigen Semitenvolkes, der Phönizier, geltend gemacht werden, welche nicht weniger eifrig in der Verbreitung ihrer religiösen Gebräuche gewesen zu sein scheinen, als in dem Vertriebe ihrer Waaren.

Dagegen ist aller geschichtliche directe Zusammenhang der hellenisch-italischen Mythenbildung mit den Ariern in Indien und sogar mit den asiatischen Ariern in Medien zu leugnen. Von dem Einflusse Indiens, also des Indischen im eigentlichen Sinne, welches von dem alten historischen Baktrisch-Medischen als solchen wohl unterschieden werden muß, kann überhaupt für den Geschichtsforscher der Anfänge, schon geographischer Gründe wegen, keine Rede sein. Indien ist eine verhältnißmäßig sehr junge Colonie aus dem alten Ur-Baktrien (d. h. die arischen Ursprünge Indiens gehen, was das Indusland anbetrifft, bis gegen 4000 vor Chr.; was das weitere Fortschreiten der Arier nach Osten, in Indien, anbetrifft: bis gegen 3000 vor Chr. hinauf).

Die neuere Forschung hat die Grundlinien einer Methode festgestellt, die Sprachbildung zu verwenden und für die Herstellung der alten Weltgeschichte der historischen Urzeit.

Gesetzt, wir wollten die Stelle der angelsächsischen Sprache in der allgemeinen germanischen Sprachbildung und dadurch ihren Platz in der Zeit und ihre Bedeutung in der inneren Entwickelung jenes Sprachstammes finden: wie würden wir hier zu verfahren haben?

Zuerst würde man offenbar zu ermitteln versuchen: von wo und wann zweigt diese Bildung ab von der Sprache des Heimathlandes? Dann aber: wann erscheint sie zuerst selbstständig, das heißt, einestheils verschieden von der alten heimathlichen, anderntheils von der in der Heimath selbst aus jener gemeinschaftlichen Mutter hervorgegangenen Landessprache, oder den Landessprachen?

Jedermann weiß, daß die angelsächsische Sprache durch die Auswanderung der Angeln und Jüten, Sachsen und Friesen abgezweigt ist, welche um die Mitte des 5. Jahrhunderts nach Chr. nach England übersiedelten und dort ein Reich gründeten. Hinsichtlich der zweiten Frage aber findet sich bekanntlich diese angelsächsische Sprache in jener doppelten Beziehung selbstständig gegen die Mitte des 8. Jahrhunderts nach Chr.

Eine gleiche Methode führt uns zu einem gleichen Ergebnisse hinsichtlich der isländischen Sprache. Diese ist ursprünglich nichts als die Sprache, welche man in Norwegen redete, als gegen das

Ende des 9. Jahrhunderts nach Chr. viele edle Normänner vor der Tyrannei des Harald Schönhaar nach der nordischen Insel flohen. Die Edda gibt uns die Urkunde jener alten normännischen Sprache, und die Schriften des 15. Jahrhunderts nach Chr. zeigen uns das Isländische, wie es jetzt noch geschrieben und gesprochen wird, verschieden von der Eddasprache sowohl als von den unterdessen aufgeschlossenen neuen skandinavischen Mundarten, doch jener gemeinschaftlichen Mutter viel näher als diese.

Endlich finden wir die romanischen Sprachen, das Italienische, Provenzalische, Französische, Spanische, Portugiesische, in benachbarten, an einander grenzenden Landschaften vom 5. Jahrhundert nach Chr. an, durch die Einwanderung und Herrschaft germanischer Stämme, binnen sechs Jahrhunderten zur Selbstständigkeit dergestalt entwickelt, daß jene Völker weder sich unter einander, noch das Lateinische verstehen: noch viel weniger aber können sie sich mit der gleichzeitig durch die Soldatencolonien der Römer in Dacien gebildeten wallachischen Sprache verständigen.

Da man nun so in allen diesen Untersuchungen ein gleiches Ergebniß erhielt, und zwar ein vernunftgemäßes, so mußte man in ihm ein organisches Bildungsgesetz erkennen, das wenigstens bei unmittelbar verwandten Sprachen seine Anwendung findet. Mit diesem Vorbehalte durfte man also bald folgende Formeln aussprechen:

1. Es entwickelt sich ohne gewaltsame Einwirkung eine Sprache aus der anderen: die neue muß aber insofern eine verschiedene heißen, als sie eben so unverständlich sein würde für die, welche die alte Sprache redeten, als für andere lebende Nebensprossen derselben.
2. Fremde Elemente bringen bei einer derartigen Sprachbildung in das Wörterbuch ein, als einzelne Wörter, nicht in die Grammatik.
3. An sich wird jede Formsprache in einer solchen Entwickelungsreihe ärmer an grammatischen Formen als die ältere war, obwohl sie reicher werden kann an Wörtern, durch Zusammensetzung oder Aufnahme fremder.

Nun haben sich aber dieselben Erscheinungen ergeben bei der wissenschaftlichen Vergleichung ganzer Sprachstämme. Die iranischen Sprachen (von den Indern, Medo-Persern, Kelten,

Gräco-Italioten, Slawo-Letten, Germanen bis Island) stimmen unter einander überein im grammatischen Bau und in den Wurzeln: ebenso die semitischen Sprachen (chaldäisch, assyrisch, syrisch-hebräisch, arabisch) unter sich.

Endlich ergeben die neuesten Untersuchungen, daß die nicht iranisch und nicht semitisch organischen Sprachen oder Formsysteme Asiens und Europas frühere Stufen sind: die turanischen des Iranischen, der Chamismus, oder das Aegyptische, des Semitischen.

In allen diesen Untersuchungen war offenbar als erster Grundsatz festzuhalten, daß die Uebereinstimmung nachgewiesen werden mußte in den ältesten Sprachbildungen des vorliegenden Stammes: also zwischen dem Gothischen und Isländischen für das Deutsche, dem Sanskrit und Zend (Baktrischen) für das Arisch-Indische, dem Alt-Slawonischen für das Slavische, und daß diese, vorzugsweise vor den neueren Formen, verglichen werden mußten mit denjenigen griechischen und lateinischen Formen, welche sich als die ältesten, ursprünglichsten erweisen lassen.

Schon bei dem Vergleiche der verschiedenen turanischen Sprachen zeigte sich jedoch die Nothwendigkeit einer Methode, die entferntere geschichtliche Verwandtschaft nachzuweisen durch Verwandtschaft des allgemeinen Typus der grammatischen Formen, bei sehr geringer Aehnlichkeit des zu ihrem Ausdrucke verwandten Stoffes. Man konnte eine zeitlang glauben, daß diese Aehnlichkeit des grammatischen Typus nur aus einer gewissen inneren organischen Analogie zu erklären sein dürfte. Aber diese Ansicht verliert ihre Berechtigung, sobald gemeinsamer Stoff unverkennbar vorhanden ist. Nun liegt bei jenen Sprachen zu viel solcher stofflicher Gemeinschaft vor, als daß man sie nur für ideal, nicht zugleich für geschichtlich verwandt, annehmen dürfte. Die Gleichheit der Pronominal-Stämme im Finnischen und Germanischen ist nicht anders zu erklären: weder durch Zufall, noch durch eingebildete Naturnothwendigkeit, noch durch unorganisches sporadisches Eindrängen von Fremdwörtern. Eines ist unmöglicher als das andere. Damit allein war schon der geschichtliche Zusammenhang der Turanier und Iranier thatsächlich bewiesen, und es fragte sich nur, wie weit der Kreis der Turanier (Altai-Sprachen) auszudehnen sei.

Diese Entdeckung nun ergänzte das System, auf welche das Aegyptische die Forscher geführt hatte. Das Aegyptische war entscheidend für die Nachweisung, daß die iranischen und semitischen Stämme in Formen und in Wurzeln so weit verwandt sind, daß auch hier ein gemeinschaftlicher Ursprung angenommen werden muß.

Die Entwickelungsreihe also ist, soweit die historischen organischen Sprachen Asiens und Europas betheiligt sind, eine weltgeschichtliche.

Aber was soll bei dieser Entwickelungsreihe aus der sinesischen (chinesischen) Sprache werden? Sie steht allen jenen gegenüber als Satzsprache den Wortsprachen oder (um ein Bild von der Natur herzunehmen) als die unorganische gegenüber den organischen. Jede Sylbe ist ein Wort und jedes Wort ist eine Vollwurzel, welche Rennwort oder Zeitwort sein kann, je nach ihrer Stellung im Satze: also ein ungetheilter Stamm. Hier kann folglich durchaus von keiner Verwandtschaft grammatischer Formen die Rede sein, denn es gibt im Sinesischen keine reinen Formwörter, und keine Grammatik außer der Syntax, d. h. dem Gesetze architektonischer Anordnung der einzelnen Worte.

Nun finden wir aber solche sinesische (chinesische) Wurzeln verbraucht in den benachbarten turanischen Sprachen, welche die Anfänge organischen Lebens, das heißt die Bildung des Wortes als organischen Redetheils, darstellen. Diese erste Stufe organischer Bildung wird offenbar diejenige sein müssen, wo zwar mehrere Wurzeln sich durch die Einheit des Tones (Accents) zusammenfügen zu der Einheit eines Wortes als eines Redetheiles; also zu Rennwort oder Zeitwort, oder wo dieser Ansatz ein bloßes Ankleben ist, sei es vorn oder hinten. Man hat deßhalb auch diese Sprachen und alle ihnen verwandten, Agglutinationssprachen (Ansatzsprachen) genannt. Das Grundgesetz hierbei ist, daß die Wurzel, welche durch jene Ansätze näher bestimmt werden soll, durch dieselben durchaus nicht betheiligt wird. Die semitischen Suffixe und Affixe betheiligen die Wurzel, und sie selbst haben als einzelne Worte keine selbstständige Bedeutung. Dort hingegen behalten sie ihren Vollwurzelsinn.

Hieraus ergab sich denn von selbst die Ordnung, in welcher jene drei Hauptsprachstämme in die weltgeschichtliche Reihe eintreten müssen.

Der unorganischen Vollwurzelsprache zunächst stehen die ältesten unter den turanischen Bildungen, also geschichtlich alle Sprachen dieses Stammes, insofern sie reine Ansatzsprachen geblieben sind. Denn dieses Princip setzt sich nothwendig dem Eingehen in das semitische System der Affixe oder das iranische der Endungssylben entgegen. Wird aber jenes Princip aufgegeben, so hört die Sprache eben dadurch auf turanisch zu sein, und kommt also hier nicht in Frage.

Die Vorstufe des Semitischen, der Chamismus (das Aegyptische), zeigt eine Entwickelung, welche dem geförderten Turanismus entspricht. Aber seine Wichtigkeit ist eine ganz besondere. Wir haben im Aegyptischen allein den urkundlichen Beweis der Ur-Einheit des Semitischen und Iranischen. Nur hier findet man einen festen, sehr hoch aufwärts liegenden chronologischen Punct, und eine fortlaufende Reihe von Urkunden, während dreier Jahrtausende.

Konnte es nun gelingen, aus der inneren Grundbeschaffenheit des Baues einer Sprache ihre Stelle in der Zeit zu bestimmen, im Verhältniß zu anderen wissenschaftlich erforschten Sprachen; so war dadurch der Grund gelegt für eine Epochenbestimmung der historischen Urzeit, der historischen Urgeschichte. Ließe sich aber eine solche bewerkstelligen, so konnte man hoffen, eine urkundliche Grundlage gewonnen zu haben für die weltgeschichtliche Entwickelung der urzeitlichen Menschheit, nicht blos in der Idee, sondern blutverwandtschaftlich und nach Epochen von größerer oder geringerer Bestimmbarkeit in der Zeit.

Und zwar würde daraus hervorgehen, daß das historische urasiatische Bildungs-Menschengeschlecht natürlich und geschichtlich Eines ist, und seine Sprache und alle daran hängende Ueberlieferung und Gesittung eine.

Ebenso aber auch, daß schon ganz allein das historische Bildungs-Menschengeschlecht (mit seiner historischen Urgeschichte) eine sehr viel größere Zeit gebraucht haben muß, um vom sinesischen Sprachbewußtsein zum iranischen zu gelangen, als die gewöhnliche rabbinische*) Ansicht zuzugeben willig ist: eine chrono-

---

*) Fälschlich „biblisch" genannte und insofern mit der Offenbarung identificirte: der gesunde Menschenverstand bringt es doch schon mit sich, wo nicht die

logische Ansicht, welche doch nur durch Gedankenlosigkeit und eine Verwirrung religiöser oder kirchlicher Vorstellungen entstanden ist und gehalten wird. Jede nachgewiesene Sprachschicht bedeutet eine Epoche: keine neue kann sich bilden, bis die alte abgestorben und Fruchtboden gewonnen ist. Das Naturgesetz — das doch wahrlich auch von Gott kommt und den ganzen Willen der Vorsehnug vollbringt: welches nicht für sich und durch sich selbst da ist — fordert sein Recht.

Endlich aber wurde in dieser Weise eine unerschütterliche Grundlage für die innere Weltgeschichte gegeben, das heißt für das Verständniß derselben als der organischen Entwickelung der Idee der Menschheit (im Gedanken Gottes).

Die Thatsachen begründeten unwidersprechlich die Vernünftigkeit und Wahrscheinlichkeit der Annahme, daß die ägyptische Sprache mit den weltgeschichtlichen Sprachen Asiens zusammenhängt und daß sie den Niederschlag eines im (urasiatischen) Stammlande als Durchgangspunkt in neuere Bildungen übergegangenen Sprachtypus darstellt.

Man wollte nun eine Bestimmung der Stelle jener Sprachbildung in der Zeit unternehmen, obwohl es feststeht, daß jenseits Menes alle sichere Chronologie fehlt. Aegypten ist erweislich die Brücke, um aus der streng-geschichtlichen Zeit in die vorgeschichtliche und urweltliche (— in die historische Urgeschichte —) zeitbestimmend einzubringen.

Die geschichtliche Zeit zählt nach Jahren, die Urwelt nach Epochen. Die erste Frage ist, die dem Jahre entsprechende Einheit für die historische Urwelt zu finden. Diese ist offenbar der Abstand eines Lebensalters oder Geschlechts der Menschen von dem nächsten, also, nach einem für die alte wie für die neue Welt im Großen und Ganzen für richtig befundene Berechnung, das Drittel eines Jahrhunderts.

Achtung und Ehrfurcht von dem wirklich Göttlichen, Transcendentalen und Supranaturalen, daß man die Offenbarung nicht mit der volksthümlich-ethnologischen Ueberlieferung der Israeliten als solcher (als Menschen) gewahrt identificirt, verwechselt und zusammenwirft.

Diese Einheit ist keine willkürliche. In der Sprache insbesondere ist Alles eine Ueberlieferung von Geschlecht zu Geschlecht: also auch der Fortschritt. Die Sprache schreitet fort, sobald die Bewegung organischen Lebens in sie kommt. Sie schreitet aber fort von Mutter zu Kind, vom Gemeindeältesten zum Jüngling, vom Priester zum Jünger. Und doch verwandelt sich die in den organischen Bildungsverlauf eingetretene Sprache, selbst unter den für die Erhaltung günstigsten Umständen, unversehens in den Händen der Mütter und Väter und Lehrer. Tausend Jahre liegen zwischen Karl dem Großen, dem ersten, und Franz dem Zweiten, dem letzten römisch-deutschen Kaiser. Beide gehören demselben deutschen Volksstamme an. Dieses Volk hatte schon Schriftthum unter dem großen Frankenkönige, und ist ungestört Herr seines Landes und seiner Bildung geblieben. Die fränkische Mundart war ganz besonders gepflegt und viele Jahrhunderte bereits herrschend geworden. Wahrscheinlich lernte jeder der beiden deutsch-römischen Kaiser das „Gebet des Herrn" von seiner Mutter, und diese beiden Mütter waren nur durch etwa 28 Geschlechter getrennt. Und doch hätten sie sich so wenig verstanden, als wir, ohne wissenschaftliche Vorbildung, die Sprache Otfried's verstehen. Ein großer Theil der grammatischen Formen der alten fränkischen Sprache ist abgestorben; die Lautgesetze sind bedeutend verändert; viele alte Wörter sind verschwunden oder unkenntlich geworden, neue an ihre Stelle getreten.

Eine solche Veränderung bereitet sich vor in dem einen Geschlechte, schreitet fort in dem zweiten und bricht durch im dritten. Der Vater wird mit den Worten sterben, die er als Knabe gelernt; der Sohn fühlt sich freier von dem Alten und geht fort mit dem Flusse der Neubildung, welche die Zeit ergriffen hat. Der Enkel empfängt in jenem Neuen schon etwas Ausgeprägtes. So muß es auch in der Urwelt gewesen sein, sobald (— als „die Zeit erfüllt war" —) einmal die Starrheit der reinen Wurzelsprache gebrochen war. So gelangt man zur zweiten Eintheil, dem Jahrhunderte.

Sollte man vielleicht etwas Allgemeines sagen können über die höheren Einheiten dieser urweltlichen Zeitrechnung?

Man fand, daß bei der Umbildung der germanischen und der Bildung der romanischen Sprachen ein halbes Jahrtausend oder fünfzehn Geschlechter hinreichen, aus einer dem Absterben sich zuneigenden alten Sprache eine neue zu bilden, die sich ihrer Formen als gesetzmäßiger Bildungen, und nicht mehr als Verderbung alter, bewußt ist. Aber wie wenig haben vierzehn Jahrhunderte oder mehr als vierzig Geschlechter in der Bretagne gethan! Die britische Bevölkerung, troß der eingedrungenen französischen Wörter und troß des Herabsinkens der Sprache überhaupt, kann sich doch mit einem Abkömmlinge ihrer im 5. Jahrhundert ausgewanderten Väter in Wales durch die leitenden Wörter sehr bald verständigen.

Sprachen, welche eine reiche Formenblüthe besitzen, haben mehr abzustreifen und erleiden mehr Veränderungen, als formenarme. Viel außerdem muß von der Kraft des einbringenden, zerstörenden Elementes abhängen. Der Franke vermochte nicht die romanische Bauernsprache der römischen Ansiedler und der gallischen Celten zu verdrängen: der Angelsachse verband sich frei mit den englischen Kymrifrauen und ließ auch die Männer unter sich wohnen, welche ruhig sich in die neuen Verhältnisse ergaben. Aber er lehrte sie alle reines Angelsächsisch und Friesisch sprechen, bis der harte Normanne, mit der lateinischen Geistlichkeit verbunden, die Wörter der von ihm angenommenen französischen Sprache als mächtige Keile seiner Gesittung und Regierung in das deutsche Herz hineintrieb. Man muß sich also hier aller näheren allgemeinen Bestimmungen enthalten.

Die erste allgemeine Möglichkeit einer Beantwortung der Frage der ohngefähren Zeitbestimmungen oder vielmehr Epochenbestimmungen (der historischen Urgeschichte) vermittelst der Gesetze der Sprachbildungen beruht auf zwei Annahmen: einmal, daß sich die weltbildende Sprache darstellen lasse als eine fortschreitende Reihe von Bildungen, deren jede spätere die früheren voraussetzt, und zweitens, daß diese Reihe eine nicht allein der Idee nach, sondern auch geschichtlich zusammenhängende sei.

Diese beiden Annahmen wurden durch eine methodische Behandlung der Sprache hinlänglich gerechtfertigt und begründet. Und daß namentlich das Aegyptische in diese Reihe gehöre, darf man als erwiesen annehmen.

Man ging davon aus, daß man im Aegyptischen einen festen chronologischen Punct gewonnen habe, und zwar den höchsten in der eigentlichen Weltgeschichte. Wir haben in ihm eine vollständig ausgebildete Sprache, welche man bereits gegen die Mitte des vierten Jahrtausends vor Chr. aufwärts aufweisen kann. Wir haben ferner Mittel, die unmittelbar vor Menes liegende Epoche der Anfänge der ägyptischen Reichsbildung annähernd bestimmen zu können. So gelangte die Forschung an die Grenze der Sprachbildung (wo die chronologische Rechnung nach oben aufhörte).

Wie nun ließ sich eine allgemeine Methode begründen, um von einem solchen festen Puncte aus rückwärts (in der historischen Urgeschichte) weiter aufzusteigen zu den Anfängen dieser historischen Sprachbildung? In dieser aufsteigenden Linie hatte man einen festen Punct: den Uebergang der unorganischen oder Wurzelsprache in die organische Wort- oder Formsprache. Mit anderen Worten: der große weltgeschichtliche Wendepunct ist hier die Entstehung von Redetheilen, als den organischen Bestandtheilen eines Satzes, während dort jedes Wort ein unentwickelter Satz ist. Die Wortsprachen allein haben Sätze, welche aus organischen Theilen zusammengefügt sind. Jede organische Sprachbildung muß einmal diesen Uebergang gemacht haben, und die Analyse der Sprachen Asiens und Europas beweist, daß, so weit als die weltbildende Menschheit betheiligt ist, alle organischen Sprachen aus einer und derselben Wurzelsprache hervorgegangen sind, deren Niederschlag uns im Sinesischen (oder Chinesischen) vorliegt.

Offenbar müssen, von gleichen Anfängen ausgehend, verschiedene, sich zu individuellem Leben gegensätzlich scheidende Stämme verschiedene Bildungspuncte erreichen, die einen weniger, die andern mehr vorgerückt. Die Sprachgeschichte beweist, daß dieses wirklich der Fall sei. Welche von den also sich bildenden Reihen kann der Zeitmesser der Weltgeschichte sein.

Offenbar nur die gerade, die kürzeste. Alle Abzweigungen sind Abwege, welche der wahren Zeitreihe parallel laufen, ohne in ihr zu zählen. Welche aber wird die gerade Reihe sein? Wohl diejenige, welche in gerader Linie auf unseren eigenen Sprachstamm führt, den iranischen.

Hierbei ging man zurück auf ein allgemeines Gesetz der Schöpfung, sowohl der natürlichen als der geistigen.

In der Natur hat zuvörderst alles organische Leben eine Grundlage im unorganischen Erdreich, welches sich allmählich als

Erbe, Gestein, Metall gebildet hat. Wie das Thierleben gegensätzlich vorgebildet ist im Pflanzenleben und dieses voraussetzt als Nahrungsstoff, so ruht das Pflanzenleben auf einer Bildungsreihe, welche man unorganisch nennt, weil sich in ihr keine Gliederung zeigt, keine Darstellung des Ganzen durch gewisse zu seinem Begriffe nothwendige Theile. Es gibt in ihr nur Stücke, größeste und kleinste: Atome, aber nicht Individuen. Das kleinste Stück eines Felsen ist ebenso gut ein Stein als der ganze Fels.

In der organischen Welt selbst aber sieht man, daß Alles auf die bewußte Persönlichkeit, auf den Menschen hingeht. Viele geringere Ansätze von Bildungen kommen erst in den oberen, im Menschen, zur Ausbildung, gleichsam zum Verständnisse ihrer selbst, und haben nur da ihre wahre Bedeutung, ihren vollen Sinn. Also das Organische entwickelt sich nicht aus dem Unorganischen, obwohl auf der Grundlage desselben. Der Mensch entsteht so wenig aus den niederen Thierbildungen, wie das Thier aus der Pflanze, oder die Pflanze aus dem Stein: vielmehr strebt Alles, was auf der Erde ist, und diese selbst, zum Menschen.

Ebenso nun, und nach demselben Gesetze, strebt die einmal in das organische Leben eingetretene Menschensprache von Anfang an zu jener durch die gegliederte Satzbildung vollendeten Form, welche sich hinsichtlich des Formenbaues im (indischen) Sanskrit und im Griechischen in einziger Vollkommenheit zeigt, hinsichtlich des Periodenbaues nur im Griechischen und Lateinischen. Allein wie in der Natur, so bilden sich auch hier viel parallel laufende Gegensätze aus, welche einzelne Puncte in ihrer Besonderlichkeit zur Basis machen und dann in diese gebannt bleiben.

Solcher Bildungswege nun gibt es gerade so viel, als es Sprachen und Sprachstämme vor dem Iranischen gibt. Der turanische Stamm ist noch weniger als der semitische zu jener Vollkommenheit gelangt, sondern hat zu früh sich auf einer einseitigen Basis festgesetzt. Auf diesen seinen eigenen Wegen hat jedoch der Semite sich kunstreich und tiefsinnig ergangen, und so bildet seine Sprache die höchste Episode, aber doch auch nur eine Episode, der Weltgeschichte: und (nebenbei gesagt) gerade so stellen sich später seine merkwürdigen Stämme in der großen staatlichen Entwickelung unseres Geschlechts dar, im Vergleich mit den iranischen.

Nun ist aber das Aegyptische ein sehr früher Punct in der Entwickelung der semitisch-iranischen Ursprache, welcher im asiatischen Urlande in der historischen Urzeit untergegangen, im Nilthale aber festgeworden ist und so sich für uns erhalten hat. Wenn man ihn an die ältesten turanischen Bildungen hält, wie z. B. an die Botiya-Sprache in Tibet, so findet man ihn entschieden weiter vorgerückt. Wenn, auf der andern Seite, man das Aegyptische mit den geschichtlich semitischen Sprachen vergleicht, so erscheint es unverkennbar als viel weniger ausgebildet, jedoch ihnen so nahe verwandt, daß es als deren unmittelbare Vorstufe betrachtet werden kann. Als Glieder der Gesammtentwickelung sind wiederum das Semitische und die vorgerücktesten turanischen Bildungen zwei unmittelbare Vorstufen des Iranischen, von zwei verschiedenen Polen aus, die sich geographisch als südwestliches und nordöstliches asiatisches Element darstellen.

So hätten wir als folgende Hauptreihe der weltgeschichtlichen sprachlichen Bildung:

A. Die unorganische Sprache, die Wurzelsprache, oder Wortstamm- oder Partikelsprache — der Sinismus (in China).
B. Die ältesten turanischen Bildungen, oder der Tibetanismus.
C. Die ältesten semitisch-iranischen Bildungen, oder der Khamismus.
D. Die letzte Vorstufe: die westliche oder der Semitismus; und die östliche, die vorgerückten turanischen Bildungen: der Finnismus.
E. Der Iranismus, oder die harmonische Bildung des Sprachorganismus.

Diese fünf geschichtlichen Erscheinungen stellen aber wirklich die großen Knotenpuncte einer einzigen weltgeschichtlichen Entwickelung dar. Die erste, die unorganische Sprache, ist die Wurzel, die allgemeine Grundlage, die Natur oder Substanz, welche vom Geiste verbraucht wird. Die übrigen sind der Stamm mit jenen vier Knotenpuncten.

A ist die unorganische, formlose Sprache, in welcher jede Sylbe ein Wort, jedes Wort ein Vollsinn, also ein Satz ist.

B ist das Aneinandersetzen solcher Vollworte zur Einheit eines

Wortes als Nebentheil, wobei der Kern (Nennwort, Zeitwort) unbetheiligt bleibt. Das Lebenszeichen ist also die Einheit des Worttones oder Accents.

C ist das Anfangen von Affixen und Suffixen, auch wohl schon von Endungen (reinen Formsylben) an die Wurzel. Diese wird dadurch betheiligt, indem ihr Vokal sich verkürzt.

D ist die weitere Ausbildung der Betheiligung der Wurzel, besonders in der Abwandlung des Eigenschaftsbegriffes der Zeitwörter, mit Vorwalten des nennwörtlichen Ausdruckes der Copula durch das persönliche Fürwort der dritten Person.

E ist der vollständige symmetrische Organismus als Werkzeug des bewußt schaffenden Geistes. Frei von den Fesseln untergeordneter und also einseitiger Bildung, steigt er zur vollkommensten syntaktischen Satzbildung auf, als der kunstgerechten Form des freien, bewußten Gedankens.

Man muß sich nun aber noch anschaulich machen, daß von jedem der Puncte diesseits A, also zwischen D und E, mehrere Abzweigungen abgehen können, und wirklich in großer Zahl als Sprachen und Mundarten abgegangen sind. Jede dieser abgeleiteten Bildungen nimmt sich also einen jener Knotenpuncte, also B oder C oder D, zur ausschließlichen, unbedingten Basis und gründet darauf eine Sonderbildung, welche in der Gesammtreihe nur als Abweg von dem nächsten Knotenpuncte der weltgeschichtlichen Entwickelung gelten kann. Indem nun dergleichen Sprachen eine noch in der Entwickelung durch Gegensätze befangene Bildung zur Basis nehmen, können sie nicht weiter in der Hauptlinie fortschreiten. Sie sind ein Auswuchs: wenn sie geschichtlich werden, können sie eine Episode im Gedichte der Menschheit bilden.

In die Wirklichkeit eingehend, findet man dann Veranlassung genug, diese Bildungen wieder in Unterabtheilungen zu spalten. So gelangen wir vielleicht aus einem Welttheil in einen andern und zu anscheinend ganz selbstständigen Bildungen. Aber der große, auf dem geraden Wege nach E hinstrebende Organismus schreitet dadurch nie nur einen Schritt von einem Hauptknotenpuncte zum andern fort.

Es ist zuzugeben, daß auf diese Weise die Aufgabe sich bedeutend vereinfacht. Man konnte zum Zweck der Zeitbestimmung der

Urgeschichte durch die Sprache alle übrigen einzelnen Sprachbildungen, welche außerhalb der geraden Reihe liegen, ganz auf sich beruhen lassen (— wie es der Naturforscher thut, wenn er die erkennbare Reihe und Zeitfolge der Wirbelthiere entwickelt bis zum Menschen und alle Seitenzweige und Abbiegungen wegläßt).*) Wenn man zu einer Zeitbestimmung für C gelangte, und von da zu D und A aufstieg, zu D und E abwärts, so stellte die dadurch annähernd gewonnene Linie die sich naturgemäß folgende Zeitreihe der Weltgeschichte so weit wenigstens dar, daß die äußersten Gegensätze ausgeschlossen bleiben als unmöglich, für das Mögliche aber trotzdem eben nur streng-chronologisch ziemlich unbestimmbare Grenzen sichtbar werden.

Die wahre weltgeschichtliche Reihe nun hat den frühesten nachweislichen Knotenpunct im alten Aegypten. Die Reihe nach oben geht zu dem Sinesischen und den ältesten turanischen Bildungen; nach unten zu den beiden großen weltgeschichtlichen Sprachstämmen, dem semitischen und iranischen, welche allein außer dem ägyptischen man geschichtlich verfolgen kann.

Alle rein geschichtlichen Stämme (Chinesen,**) iranische und indische Arier, Semiten und ihre Vorgänger, die Chamiten) haben nun, nach uralten Sagen und Traditionen einen ziemlich bestimmbaren gemeinsamen geographischen großen Ausgangspunct gehabt, welchen man ohngefähr als den jetzt zum Theile veröbeten Erdstrich bezeichnen kann, der von den nördlichen Abhängen des Hindukusch und seinen Fortsetzungen sich nach dem Taurus hinzieht. Die östliche Begrenzung bildet der Altai oder das Himmelsgebirge

---

*) Diese Reihe ist folgende: Röhrenherzen oder Leptocardier, Unpaarnasen oder Monorhinen; Urfische oder Slachier; Durchfische oder Dipneusten; Kiemenlurche oder Sozobranchien; Schwanzlurche oder Sozuren; Schnabelthiere oder Monotremen; Beutelthiere oder Marsupialen; Halbaffen oder Prosimien; Schwanzaffen oder Menocerten; Menschenaffen oder Anthropoiden.

**) Die älteste chinesische Ueberlieferung weist darauf hin, daß die Stammväter der Chinesen von den Bergen im Westen allmählich nach dem Tieflande herabstiegen und dort wilde Stämme (ungeschichtliche, vorhistorische) vorfanden, welche von ihnen bezwungen oder nach dem Süden gedrängt wurden. Die ersten Niederlassungen der Chinesen lagen demnach am Fuße des Hochgebirges, das bei den Chinesen Kuen-Lun heißt, durch einen Seitenast mit dem Himalaja zusammenhängt und unmittelbar von der tibetanischen Hochebene ausläuft, auf deren westlicher Abdachung man die Stammsitze der urhistorischen Turanier fand.

der Chinesen (Sinesen); die westliche der Ararat und der Kaukasus. Man kann nun allerdings diesen Landstrich mit dem sogenannten Paradiese, dem Garten der Lust, zusammenbringen, in dem nach den altjüdischen (also ur-semitischen) Traditionen (die hier mit den ur-iranischen aber ganz zusammentreffen) die berühmten Strompaare strömten: von Westen der obere Euphrat und Tigris, im Norden der Oxus und Jaxartes oder auch noch im Westen der Araxes und Phasis.

Eine große Katastrophe brachte durch Wirkung von Wasser und Feuer in diesem Erdstriche große Verwüstungen hervor, denen auch das Kaspische Meer und der Aral-See ihr Dasein verdankten. Damit war eine Veränderung der Witterungsverhältnisse verbunden, wodurch aus einem gemäßigten und fruchtbaren Lande ein theils unwirthlich kaltes, theils brennend heißes und unfruchtbares wurde. Diese Veränderung der Ursitze brachte nothwendig eine große Bestürzung und Bewegung der Völker hervor.

Was nun die ohngefähren Zeitbestimmungen der letzten Epochen dieser Katastrophen (die jedenfalls nicht auf einmal eingetreten zu sein brauchen) betrifft, so deuten zuvörderst die Nachrichten der Bibel auf ein sehr hohes Alter und trotzdem auf schon sehr fortgeschrittene Bildung jener **historischen** Urwelt, und ebenso erscheint die Katastrophe (in ihren letzten Ausläufern wenigstens) selbst als die früheste und älteste rein **geschichtliche** Erinnerung. Die Forschung hat jedoch gezeigt, daß man den Abstand jenes Ur-Anfangspunctes des jetzigen Lebens der **historischen Bildungs-Mensch-heit** von dem ältesten Eroberungszuge in Asien, dem Zuge Nimrod's (des Kuschiten oder auch Kossäers), und den Abstand beider von der ersten geschichtlichen Persönlichkeit der hebräisch-semitischen Erinnerungen, Abraham, nicht aus den bisher angewandten (allzusehr verkürzten) chronologischen Angaben berechnen kann.

Jene Katastrophe (in ihren letzten Ausläufern wenigstens), die wir nach der Bibel die „noachische Fluth" nennen, kann nun nach der Chronologie Aegyptens am allerwenigsten in das 3. Jahrtausend vor Chr. fallen, da wir ja mit den Anfängen des ägyptischen Menes-Reiches schon in das 4. Jahrtausend vor Chr. kommen; aber auch aufwärts kann die noachische Fluth nicht wohl vor etwa 15—12,000 vor Chr. liegen (ebensowenig abwärts nach 10,000—9000 vor Chr.). Denn um diese Zeit und nach dieser Zeit waren gewiß die Aegypter schon im Nilthale; sie aber wie die älteren historischen Turanier (Chinesen, Tibetaner) wissen nichts von „der Fluth," bei ihnen findet sich — wie nachgewiesen — die „Fluthsage" (das älteste Epos der Menschheit) nicht, wohl aber bei den jüngeren turanischen Stämmen (Finnen), ebenso bei den Semiten (Babyloniern und Hebräern) und den Ariern (indisch-iranischen bis zu den Litthauern). So wenig es jemals eine die ganze Erde auf einmal bedeckende Fluth gab, so wenig ist also die noachische Fluth als eine für die Sünden der ganzen Menschheit die Erde umfassende Ueberschwemmung zu nehmen: sondern sie betrifft nur Theile der westlichen Gegenden jenes Urlandes (Urasien), von dem alle weltgeschichtlichen Stämme ausgegangen sind: jene armenisch-iranischen Gegenden, wo besonders die Ursitze der Semiten und Iranier waren (bei denen sich in deutlichster Ausprägung die „Fluthsage" findet).

Für Aegypten, das älteste historische Culturvolk, gewann die Forschung nun folgenden Rahmen für die Urzeit:

I. Höchster Anfangspunct: 15,000 vor Chr.; spätester Anfangspunct: 9000 vor Chr.; Mittelzahl: 12,000 vor Chr.
Bildung des Chamismus in Stamm und Sprache.
Zeit der Bildung reiner Bilderschrift (Gedenkschrift).

II. Uebergangszeit: höchster Anfangspunct: 12,000 vor Chr.; spätester Anfangspunct: 8000 vor Chr.; Mittelzahl: 10,000 vor Chr.
Mythologische Bildung; Zeit der ideographischen ägyptischen Schrift zum Syllabarismus; Bildung des Osirismus.

III. Staatliche Anfänge: höchster Anfangspunct: 10,000 vor Chr.; spätester Anfangspunct: 6000 vor Chr.; Mittelzahl: 8000 vor Chr.
Nomenbildung, Gauverfassung; syllabisch-alphabetischer Phonetismus. Bildung der hieroglyphischen Schrift mit Syllabarium zum Alphabet.

IV. Doppelreich: Ober- und Unterägypten; Staatsbildung: Fortsetzung des Alphabetismus und Fortsetzung des Phonetismus: 8000–4000 vor Chr.

V. Reich des Menes: das Reich Aegypten: Reichsbildung: zwischen 4000 und 3000 vor Chr. = c. 3500 vor Chr.

Nach dem eben Angedeuteten würden sich aus den Spuren ägyptischer Ur-Entwickelung folgende annähernde Zeitbestimmungen als die möglichst niedrigsten und wahrscheinlichsten darstellen:

I. **Menes**: Anfang des ägyptischen Reichsbewußtseins: c. 3500 vor Chr.

II. **Das Doppelreich**: die Zeit des Doppelbewußtseins von Ober- und Unterägypten = Aegypten als Einheiten: c. 5000 vor Chr.

III. **Die Nomen** (Landschaften, Gau-Bezirke): die Zeit des rein landschaftlichen Bewußtseins oder der Bildung der 27 Nomen: zwischen 5000 und 7000 vor Chr.

IV. **Der Osirismus**: die Bildung der religiösen Anfänge des ägyptischen Lebens und der Bilderschrift: 7000 und 9000 vor Chr.

V. **Der Chamismus**: die Bildung des Aegyptischen — im Nillthale — aber als eines urasiatischen Niederschlages des ungeschiedenen Semitismus und Iranismus: zwischen 9000 und 15,000 vor Chr.

Daraus ergibt sich als möglichst später Anfangspunct des ägyptischen Lebens im Nillthale und der Einwanderung vom Euphratgebiete: 10,000 vor Chr.; diese möglichst niedrigste Zahl ist 6000 Jahre oder 180 Geschlechter vor Menes. Eine Verdoppelung dieser Zahlen würde wohl zu weit aufwärts führen. Allerdings könnte man eine Verdoppelung annehmbar finden für das ungeheure Maß von Entwickelung und geschichtlichem Niederschlage, welche vor Menes liegt. Es ist schon fast Alles starr, wenige Jahrhunderte nach Menes, nicht allein in der Sprache, sondern auch in der ganz und gar auf dem ägyptisch-afrikanischen Boden gewachsenen Schrift, welche selbst doch wiederum das allerjüngste Glied jener alten Bildung heißen muß.

Wenn man nun statt jener 6000 Jahre, vier Jahrtausende mehr, also 10,000 Jahre von der ersten Wanderung der Chamiten bis auf Menes rechnet, so gelangt man für die ägyptischen Anfänge auf etwa 14,000 vor Chr.

Die zerstörende „**Fluth**", d. h. Katastrophe Nord- oder Mittelasiens, kann nun nur nachher fallen: zwischen 15,000 und 9000 vor Chr. Denn die Aegypter, dieses Volk so treuen und langen

Gedächtnisses, wissen nichts von jenem ungeheuren Ereignisse, welches jedenfalls vor dem 10. Jahrtausende vor Chr. seinen klimatischen Mittelpunct hat, aber gewiß sich Jahrhunderte vorbereitete.

Daß nun jene Schichten wirklich sich in der ägyptischen Urgeschichte zeigen, und daß sie in der angegebenen Weise auf einander folgten, hat die Forschung begründet: die Schichten folgen nach dem feststehenden chronologischen Puncte des ägyptischen Reichsanfanges ganz naturgemäß aufwärts auf einander.

Was aber die Zeitbestimmung des Menes betrifft, so ist hier die Mittelzahl der höchsten und niedersten Annahmen 3895 (4000) und 3167 (3000) vor Chr. angenommen: die wahre Zahl für Menes liegt wohl (nach den Manethonischen Listen) dem Jahre 4000 vor Chr. näher als dem Jahre 3000 vor Chr.; aber wir bevorzugen absichtlich die möglichst niedrigste Annahme.

Für die zweite Annahme, die Dauer des Bestehens des Doppelreiches, hat die ägyptologische Forschung als Grundlage die Angaben Manetho's angenommen. Hiernach hätten wir ganz entschieden „menschliche Könige," d. h. Fürsten, von deren Regierung sich eine Ueberlieferung erhalten hatte, in vier Folgen:

Heilige Könige (priesterliche Fürsten)*) .	1855 Jahre.
Weltliche Fürsten, ohne nähere Bezeichnung	1817 „
Könige des unteren Aegyptens	1790 „
Könige des oberen Aegyptens	350 „
Zusammen vor Menes menschliche Fürsten	5812 Jahre.

Wenn man aber nun auch, um diese 5 bis 6 Jahrtausende abzukürzen, annimmt, daß die thinitischen Fürsten im Südreiche des oberen Aegyptens gleichzeitig waren mit denen im nördlichen oder unteren Aegypten, also in der Reihe verschwinden; ferner, daß die Zahl 1790 etwa eine aus der Zahl aller Regierungen gebildete Summe darstelle, also etwa nur 1¼ Jahrtausende in der Wirklichkeit bezeichne; ferner, daß die älteste Reihe noch in die

---

*) Das geschichtliche Aegypten war zuerst ein Wahlkönigthum; die Könige wurden aus den Priestern gewählt, wahrscheinlich auch von ihnen, jedoch mit Antheil des Volkes: Bytis, der erste dieser Priesterkönige, gehörte der Priesterschaft des Ammonstempels in Theben zu. Dieser erste Zeitraum dauerte (1255 oder nach anderer Annahme) 1855 Jahre.

Momenzeit gehöre und vielleicht in die Zeit der Bildung des Ofirismus hineinreiche: so werden auch bei diesen die Zeitdauer möglichst beschränkenden Annahmen c. 3000 Jahre sich für die Gesammtdauer der zweiten und dritten Epoche, als das allerminbeste Mögliche, ergeben.

Wenn die Sprache das in der Wirklichkeit der Dinge in einander Uebergehende durch Gattung und Art zu sondern und das Gesonderte durch Begriff und Wort festzuhalten sich bemüht, so strebt die Mythologie umgekehrt nach der Darstellung der Einheit des Geschiedenen. Sie will alle Sonderung und Beschränkung des Endlichen im Unendlichen zur Anschauung bringen. Durch ihr Streben wird aller Unterschied der einzelnen Dinge unter einander in den Hintergrund gedrängt: der Gegensatz des Endlichen und Unendlichen selbst soll vermittelt werden. Die Sonderung von Mann und Weib, von Ursache und Wirkung muß verschwinden, damit die (heidnische) All-Einheit zur Anschauung gelange. Göttliches und Menschliches vor Allem soll verbunden werden, Geist und Natur. Die (historische) Sprache ferner schreitet nothwendig fort durch Uebergänge: die Mythologie oft in Sprüngen und Gegensätzen, ja sie nimmt ganz neue Anfänge. Ein Gegensatz im Gottesbewußtsein ruft eine durchaus neue Sprache desselben hervor. Kronos, der seine Kinder verzehrt, ist das wahre Bild der heidnischen Mythologie. Eine neue Religion will ihre Vorgängerin bis auf die letzte Spur vertilgen. Aber auch bei natürlicher, organischer Entwickelung liegen die größten Gegensätze nahe. Was verehrt wird als mächtig, kann als feindliche Macht verabscheut werden: ein Gott sinkt zum Heros oder Dämon herunter, ja wird zum Gespenst oder Teufel, wenn das alte Gottesbewußtsein verdrängt ist.

Die Naturreligionen der gebildeten Völker des Alterthums drücken, sowohl in der Anbetung wie in der Lehre oder dem Mythus, die Idee von Gottheit und Welt durch Symbole aus. Die Mythologie ist die Lehre in geschichtlicher Form: ihre Metaphysik ist die Theogonie, oder die Lehre von den Anfängen. Die Theogonie oder die Lehre von den Anfängen ist nicht der Anfangspunct der Mythologie; aber sie ist eine Theorie derselben, ausgesonnen oder zusammengestellt, nachdem sich der Mythenkreis in einzelnen Gottheiten, Mythen und Feiern gebildet und nach Oertern und Stämmen verschieden gestaltet hatte.

Was die (mythologischen) Ideen oder Gedanken selbst betrifft, welche zur Anschauung gebracht werden sollen, so beziehen sie sich entweder auf das Weltall oder auf die Seele. Sie sind hervorgegangen entweder aus der Betrachtung des Weltalls und der darin sich zeigenden Erscheinungen, oder aus der Betrachtung der Menschheit und ihrer Geschicke. Jene bilden die gegenständliche Grundlage, also das physische Element; diese die persönliche, also das psychische Element. Das Bewußtsein der Einheit oder der inneren Beziehung beider auf einander wird vom mythologisirenden Geiste vorausgesetzt. Ebenso wird vorausgesetzt nicht allein die Bewältigung der Erscheinungen der Außenwelt durch die Sprache überhaupt, sondern auch die Bildung der organischen Sprache aus der Wortstammsprache. Die Bildung von Nenn- und Zeitwörtern mit den grammatischen Geschlechtsbezeichnungen der erstern und den Weisen und Zeiten der andern ist die Mythologie der Dinge. Die eigentliche Urwelt liegt also schon im Hintergrunde der mythologischen Bildung. Der unorganischen Sprache Zeitgenossin ist die betrachtende, aber nicht verpersönlichende, Anschauung des Weltalls in seiner (sinnlich aufgefaßten, gegensatzlosen und unterschiedslosen) Einheit. Der s. g. Himmel ist jenem Weltalter das Symbol des ewigen Gedankens der Schöpfung. Wie die Sprache die Religion der Dinge, so ist die Religion die Sprache Gottes zu dem Menschen. Die Mythologie aber mit ihren Göttergeschichten und erdichteten Persönlichkeiten ist die Poesie des Gottesbewußtseins in der Welt, wie die Geschlechtsbezeichnungen des Nennwortes und die Bezeichnungen der Zeiten und Weisen des Zeitworts in den organischen Sprachen die Mythologie des Erkennens der einzelnen Dinge sind.

Die Ideen der mythologischen Religion werden nicht als Gedanken dargestellt, sondern als Wesen, denen gewisse Urkräfte beiwohnen, physische und geistige: denn beide sind in dieser Betrachtungsweise unzertrennlich. Die mythologische Betrachtung ist das noch nicht geschiedene Ur-Epos und Ur-Drama der Menschheit. Etwas in Ewigkeit Seiendes, und doch auch in der Zeit Geschehenes, soll zur Darstellung dessen gebraucht werden, was in der Menschenseele lebt. Eine Geschichte wird erzählt, die in Wirklichteil ausläuft: und diese Wirklichkeit ist das Weltall und der Mensch, der sich in dasselbe gesetzt findet.

Also erzählt der erste Gesang dieses Epos die Schöpfung, die Anfänge der Welt und der Menschheit. Wenn nun der betrachtende Menschengeist auf dieser Stufe des Bewußtseins zu jenen Anfängen aufsteigt, so ist es ihm wesentlich ein Bedürfniß, eine innere Nothwendigkeit, welche mit dem ihm einwohnenden Kunsttriebe der Darstellung unmittelbar zusammenhängt, daß er die als waltend angenommenen Kräfte und Stoffe, oder Stoffe und Kräfte, als persönliche Wesen auffasse und darstelle. Der Stoff ist durch Kraft beseelt, die Kraft im Stoffe verkörpert; beide sind, wie Seele und Leib, innig verbunden zu einer Persönlichkeit: oder sie sind in einen Gegensatz gespalten, als mit einander vermählte oder verschwisterte Wesen: oder das eine wird als abstammend von dem andern gedacht, also in zwei Persönlichkeiten. So Luft und Wind, Aether und Feuer, Himmel und Erde, Land und See, Berg und Tiefe, deren jedes als persönliches Wesen dargestellt wird. So können auch Zeit und Raum, in welchen sie sich bewegen, als persönliche Kraft eines bewußten Willens aufgefaßt, so endlich alle jene geistigen Kräfte und Eigenschaften, welche aus der menschlichen Seele in das Göttliche übertragen werden. Oder, besser gesagt, es werden die in der Menschenseele als göttlich und ewig erkannten oder empfundenen Kräfte als Einzelwesen dargestellt. Da bieten sich denn zuerst dar die Liebe und Sehnsucht der Wesen, das Wohlwollen und die Güte des Gemüthes. Ebenso deren Gegentheil, also Haß und Abneigung, Feindseligkeit und Bosheit. Nur Kraft und Stärke werden, unbedingt oder in einer gewissen Beschränkung, jenen waltenden Wesen ohne Unterschied zugeschrieben. Daß jede Kraft ein Wesen sei, jedes Wesen eine Kraft einschließe, ist die Grundvoraussetzung der Mythologie.

Man betrachtet gewöhnlich alle jene Erscheinungen entweder von einem sogenannten religiösen Standpuncte, als wahre oder falsche Eingebung und Lehre von den göttlichen Dingen; oder von dem verneinenden Standpuncte, der dann entweder der rationalistische oder der materialistische ist.

Nach dem materialistischen ist alle Betrachtung des Unendlichen nur Mißverstand des Endlichen; die Seele selbst, folgerichtig betrachtet, nur die Einheit der Anregungen der Außenwelt durch ihr

Empfindungsvermögen. Die rationalistische Ansicht sieht in der Mythologie nur vergötterte und poetische Naturbetrachtung und Menschengeschichte. Diese Ansicht muß unbedenklich die seichteste und einfältigste genannt werden. Nach ihr müßte eigentlich nicht allein die Mythologie, sondern die Religion selbst ein Mißverständniß sein. Die Gottesverehrung aber wird von diesem System bei allen jenen Bildern und Symbolen vorausgesetzt, obwohl das Ursprüngliche ihrer Bezeichnung und Darstellung abgeleugnet wird.

Die historische Forschung hat aber gelehrt, daß alle jene Bildungen und Gestalten ebenso unmöglich sein würden, als die Sprache, wenn nicht dem Menschengeiste die Idee der Ursächlichkeit einwohnte, und zwar die der höchsten, unbedingten Ursache, des schaffenden bewußten Geistes. Aller Polytheismus ruht auf Monotheismus, die Abgötterei setzt Gottesbewußtsein voraus. Die Wurzel der Abgötterei ist der Unglaube an (Gott) den Geist als das Gute. Dieses Unglaubens Grund aber ist die Selbstsucht, welche die göttlichen Dinge an sich reißen und sich über sie setzen will. Denn diese Selbstsucht bringt ihn bei der Betrachtung der Welt und der Seele zu der Sonderung von Macht und Güte, vom Wahren und Guten, von Vernunft und Gewissen. Abgötterei wurzelt in Selbstvergötterung. Der wahre Monotheismus ruht so wenig auf einer unbedingten Sonderung von Gott und Welt, daß er vielmehr seine Wahrheit nur hat in der (unauflöslichen) Verbindung beider. Aber er ist unzertrennlich verknüpft mit einem doppelten Glauben: dem Glauben an die Einheit des Wahren und des Guten oder, mit Kant zu reden, der theoretischen und der praktischen Vernunft, und dem Glauben an die Menschheit, d. h. an die überwältigende Anziehungskraft der Gottheit als des höchsten und ewigen Gutes, und an das daraus mit Nothwendigkeit hervorgehende sittliche Streben der Menschheit nach dessen Verwirklichung.

Und hier zeigt sich die gefahrvolle Seite des Polytheismus. Die Religion (im gemeinen Sinne) wird gesondert von der Sittlichkeit, weil Gott von der Güte, Vernunft vom Gewissen getrennt gedacht ist.

Die einzige Gottähnlichkeit der heiligen Schrift (der Bibel) in Gesetz, Propheten und Evangelium, liegt ebensosehr darin, daß sie jene Einheit festhält, als darin daß sie dieselbe lehrt oder vielmehr davon ausgeht. Die innerliche Auffassung dieser Einheit (von Sittlichkeit und Religion) ist im alten Bunde (Alten Testament) beschränkt und verschleiert, weil es sich für die geistige Erziehung des jüdischen Volkes, und dadurch der Menschheit, um das Losreißen von der Macht der Natur über das Gewissen handelte. Der alte Bund hebt das Sittengesetz hervor als das Höchste, ohne jedoch die Liebe als Einheit des Weltgesetzes darzustellen. Die Verwirklichung des Sittengesetzes ist im alten Bunde durch das Vorwalten der Bräuche und Satzungen mit dem „Charakter der Aeußerlichkeit" behaftet. Diese Beschränkung wird erst aufgehoben durch das Christenthum (b. h. durch das Leben und die Lehre Jesu, des fleischgewordenen Wortes oder Sohnes Gottes).

Die Mythologie also, oder das Ur-Epos und Ur-Drama der Menschheit von den göttlichen Dingen und den Anfängen der menschlichen, ist ein Gedicht, gewoben aus uranfänglichen Anschauungen, aus urweltlichen Erinnerungen und aus eigenen Erlebnissen.

Da das Gottesbewußtsein nichts Gemachtes ist, sondern ein Ursprüngliches, so erfolgt jene Bildung mit der Nothwendigkeit eines Urtriebes, welcher zurückgedrängt, verdunkelt, gelähmt werden kann, aber nicht vertilgt.

So also auch die Theogonie. Ihre Wurzeln wird sie haben theils in dem unbewußten Gedanken der schaffenden Gottheit (vom heidnischen Standpuncte aus geredet), theils in den einzelnen Bildungen von Göttern, deren Verehrung und deren Preis in Mythen.

Hier ging nun die Forschung sogleich auf das Geschichtliche ein. Die Sprachwissenschaft ergab, daß die hellenische Menschheit mit den anderen iranischen Völkerschaften die Grundanschauung der Gottheit als des Aethers und des Schöpfers gemein hat, daneben jedoch phönizische Elemente in sich trägt. Was aber Aegypten betrifft, so beweist dieselbe Sprachwissenschaft, verglichen mit den ältesten Religionsurkunden und Denkmälern, daß sich unter den ägyptischen Götternamen semitische Wurzeln finden, nicht aber umgekehrt ägyptische unter den semitischen.*)

*) Bei der geschichtlichen Auffassung der ägyptischen Mythologie, d. h. dem Forschen nach ihren Epochen und ihrem Entstehen, vom rein ägyptischen Standpuncte, wurde man vielfach auf Asien zurückgewiesen, und zwar insbesondere auf Palästina und Phönizien. Dorthin weist insbesondere der ganz unägyptische und auch aus den Denkmälern als palästinisch nachweisliche Set. Der Osiris-

Diese Thatsachen glaubte nun die neuere Forschung bedeutend erweitern zu können. Man glaubte zeigen zu können, daß die Semiten den anderen Völkern die Theogonie gemacht, namentlich auch den Hellenen: dann aber auch, daß die Aegypter in der historischen Urzeit mit der Theogonie auch die ihr vorhergegangene Mythologie erhalten, wesentlich dieselbe, welche die Hellenen sich zurecht gemacht. Das Epos der Theogonie hat die Menschheit der historischen Urzeit, wie es jetzt urkundlich vorliegt, uranfänglich in Asien gedichtet (— in Urasien —), und die Ueberlieferung jedes gebildeten Volkes der alten Welt hat sich in irgend einem Verhältnisse dazu befunden. Auch die der Juden: diese allerdings in dem des entschiedenen theoretischen Gegensatzes. Das Hebräerthum hat sich bereits durch Abraham, den Stammfürsten, von der ganzen mythologischen Religion abgesondert. Moses versuchte aus den in Aegypten (seit etwa 1535—1320 vor Chr.) zum Volke herangewachsenen Abrahamiten eine Nation zu bilden durch die Einheit dieses Gottesbewußtseins, im Gegensatze zu der Naturreligion der ältesten Volksüberlieferung und der verwandten und benachbarten Stämme. Dieses gelang jedoch erst vollständig nach dem Untergange des Reiches, durch die Anordnungen Esra's und Nehemia's (im 5. Jahrhundert vor Chr.): von nun an hört alle Mythologie und Naturreligion auf. Die „Völker" aber, die s. g. Heiden, haben sie bewahrt und mehr oder weniger fortgebildet. Und zwar haben die Aegypter auf dem Grunde des ältesten Gottesbewußtseins des noch nicht ganz geschiedenen westlichen oder semitischen Morgenlandes eine afrikanisirende Sonderbildung errichtet, das Alte mehr verhüllend und herabziehend, als verinnerlichend und fortbildend. Die Völker West-Asiens und Klein-Asiens haben die Elemente der Naturschwärmereien, welche in der alten Religion lagen, fanatisch bis zum Wahnsinn oder zur Unsittlichkeit ausgebildet: der Hellene hat das Ueberlieferte ohne Schaden mißverstanden, weil er es aus einem tiefen Gottesbewußtsein heraus vermenschlichte. Zugleich hat er der religiösen Dich-

mythus aber steht bekanntlich ganz ausdrücklich mit Phönizien im Zusammenhang (daher kam oder dahin zog Isis). Man hat offenbar einen Zusammenhang gefunden in dem Gebilde der ägyptischen und der westasiatischen Mythologie, sowie man ihn bei dem urverwandtschaftlichen Verhältnisse der Sprachen erwarten mußte.

tung und dem Symbolismus eine gottgefälligere politische und geistige Wirklichkeit zur Seite gesetzt.

Die Forschung beschäftigte sich noch näher mit den drei mythologischen Bildungen: der kosmogonischen, der astralen und der psychischen. Die kosmogonische stellt die in den Anfängen wirksamen Kräfte und Stoffe dar, ohne auf die Natur, ihre physischen Erscheinungen und ihre Einzelheiten, näher einzugehen. Die astrale setzt nothwendig die kosmogonische Auffassung voraus: sie hat zum Mittelpuncte ihrer Betrachtung, und also der Gottesverehrung, die einzelnen Gestirne, insbesondere die mit der Erde und dem Leben der Menschen in unmittelbarer Verbindung stehenden, Sonne und Mond: dann aber auch die Wandelsterne und die hervorstechendsten oder mit dem jährlichen Sonnenlaufe in Zusammenhang gebrachten Sternzeichen. Die psychische Auffassung endlich hat ihren Grund so wenig in psychologischen Betrachtungen, als die astrale in astronomischen Systemen, oder die kosmogonische in physikalisch-chemischen Lehrsätzen. Alle drei vielmehr haben, nur auf sehr verschiedene Weise, ihren Grund in dem Urtriebe des nicht verdumpften Menschengeistes, das Gute und Wahre zu verehren, als das der Willkühr nicht Unterworfene, als ewiges Gesetz und gegenständliche Wahrheit und zwar wird beider Einheit vermittelt durch ihre anschauliche Verwirklichung im Schönen.

Die astrale Betrachtungsweise setzt daher nothwendig die Idee der Gottheit voraus, und kann insofern nimmer die ursprüngliche sein. Aber sie ist das ursprüngliche gegenständliche Symbol. Mit dem psychischen Elemente hängt dieses Symbol zusammen durch das ursprüngliche Streben der Menschenseele, sich selbst im Weltall zu finden und in der Gottheit zu erkennen. Alles, auch das Kosmogonische, ruht auf psychologischer Grundlage.

Das Astrale ist weder Anfang noch Ende des mythologischen Gedankens, obwohl beider Symbol. Es ist aber nöthig, genau zu bestimmen, was denn hierbei gegenständlich oder objectiv sei, und was psychisch oder subjectiv.

Es konnte niemals einem Volke und seinen geistigen Führern einfallen, einen Glauben an die Gottheit und eine Verehrung derselben zu gründen auf astronomische Erscheinungen, und eine Mythologie zu bilden aus verhüllten Thatsachen ihrer Beobachtung. Die Religion geht weder aus Priestertrug noch aus metaphischen

Syſtemen hervor, obwohl beide, oft verbündet, dabei mitwirken. Dem inneren Bedürfniſſe der Sache liegt nichts ferner als aſtronomiſche Theorien von dem Laufe der Sonne und des Mondes und der Geſtirne, von dem Wechſel der Tages- und der Jahreszeiten, von Sonnen- und Mondfinſterniſſen. Allerdings griffen die hierher gehörigen Beobachtungen tief in das Leben der hiſtoriſchen Urzeit ein: Geſittung und Fortſchritt zu ſtaatlichem Leben hängen unzertrennlich mit jenen Erſcheinungen und ihrem ungenügenden Verſtändniſſe zuſammen.

Aber nicht als Grund der Religion, ſondern als Symbol der ſchon vorausgeſetzten Religion. Der Grund dieſes Symbols iſt das Bewußtſein eines Kosmos als Weltalls, in welches der Menſch ſich geſetzt findet. Da iſt der ewig gleiche Gang der leuchtenden Geſtirne, insbeſondere der beiden, welche das Leben der Erde und des Menſchen ſo mächtig beherrſchen: da die Muttererde ſelbſt mit ihrem gewaltigen Geſtein und ihren Wunderpflanzen und ihrer regen Thierwelt, die dem Menſchen ſo fern und ſo nahe ſteht. Mit allem dieſem fühlt ſich der Menſch der Urwelt, welcher das Daſein ſich zu geſtalten hat, in lebendigem Wechſelverhältniſſe; er erkennt, oder ahnet wenigſtens, in ihnen ewige Geſetze, verwandt mit denen, welche er in ſich empfindet und in anderen beobachtet, als die Bedingungen des menſchlichen Daſeins.

Welches natürlichere Symbol alſo könnte die Idee finden, als jene großen kosmiſchen Erſcheinungen? Wo der mythologiſche Verlauf einmal begonnen hat, d. h. die epiſch-dramatiſche Auffaſſung der Geſchichte der Schöpfung, und namentlich alſo ihrer Anfänge, da wird auch dieſes Symbol ſich darbieten: und zwar ganz beſonders in jenen heiteren Himmelsſtrichen, welche die Wiege der hiſtoriſchen Ur-Bildung, die große Heimath der Völker der hiſtoriſchen Urgeſchichte waren und ſein mußten.

Waren nun einmal die Geſtirne als göttliche Weſen, alſo mehr oder weniger als übermenſchliche Perſönlichkeiten, d. h. als ideale Menſchen gedacht; ſo konnte und mußte, unter gewiſſen Verhältniſſen, auch ein Zuſtand eintreten, wo die religiöſe Betrachtung jener Geſtirn-Symbole den Menſchen überwältigte.

Jedes Symbol hat die Richtung, als unbedingt Eins mit der Idee angeſehen und verehrt zu werden, und dieſe Richtung wird bei dem aſtralen Elemente ganz beſonders mächtig hervortreten.

Das Gestirn wird Gott: wer es nicht anbetet, ist Gottesleugner. Ebenso wird der heilige Stier (z. B. in Aegypten) Gott; wer ihm zu opfern sich weigert, ist gottlos. Ebenso der menschlich gestaltete Moloch (bei den Semiten, besonders Phöniziern); wer ansteht, ihm sein liebstes Kind im Feuertode zu opfern, ist ein Atheist und natürlich des Todes würdig.

Man wird also alle Darstellungen, welche aus dem ursprünglichen Gottesbewußtsein durch Naturerscheinungen vermittelt sind nur als Ausartung ansehen können. Sie mögen die Folge einer in's Stoffliche und Aeußerliche herabgezogenen Richtung, oder die einer absichtlichen priesterlichen Verstrickung in astronomisch-astrologische Geheimnisse sein: nie können sie das Ursprüngliche darstellen.

Wenn man nun von der Betrachtung dieser dreifachen Sphäre der mythologischen Darstellung zurückkehrt zu der Unterscheidung der Mythologie, als Bildung der einzelnen Götter, und der Theogonie, als deren Einordnung in eine Lehre von den Anfängen Gottes, der Welt und der Menschen; so stehen jene beiden uralten Gegensätze vor uns, die Annahmen, daß die Gottheiten der Naturreligionen menschlich gedachte Kräfte seien, oder vergötterte Menschen. Die zweite, von dem Euhemeros (im alexandrischen Zeitalter) benannte Ansicht hat sich bis jetzt allenthalben, wo man ihr auf die Spur kommen konnte, als durchaus falsch erwiesen. Kosmogonische oder astrale Gottheiten können zu Dämonen und Heroen herabsinken; aber man findet nie auf dem Grunde einer verehrten Gottheit eine menschliche Persönlichkeit. Dieses sollte sich auch (wie man annimmt) in Aegypten bestätigen. Im Osirisdienste ist unverkennbar das psychische Element da: das Geschick der Menschenseele in der Zeitlichkeit wird in ihm idealisch dargestellt unter und mit den Symbolen des Kreislaufes der Sonne. Osiris ist die ideale Menschheit, nicht die menschliche Geschichtlichkeit.

Die hohe Stellung der vernünftigen, menschlichen Persönlichkeit (in der historischen Urgeschichte) tritt aber in's Licht, sobald man die Ausbildung der Mythen, ja die Entstehung der mythologischen Gottheiten selbst, in's Auge faßt. Sie ist ein in den Mythen nicht abzuleugnendes Element, sogar in dem allerspätesten Stadium der Entwickelung. Wer sollte denn die Mythologie geschaffen haben, wenn nicht bestimmte menschliche Persönlichkeiten (in der historischen Urzeit) als Organe der Gesammtheit des Stammes oder Volkes? Es ist Nichts damit gethan, wenn man die Mythologie aus dämonischer Besessenheit erklären will oder theosophisch durch plötzliche magische Eingebung. Sie ist auch nicht zu erklären aus dem seichten (d. h. rationalistischen) Geschwätze des Euhemeros und der skeptischen englisch-französischen Schule des 18. Jahrhunderts nach Chr., wonach Alles aus Priestertrug und hierarchischer Herrschsucht hervorgegangen wäre. Auch ist die Mythologie nicht durch mystische Voraussetzungen zu erklären, als wie wenn sie hervorgegangen, wie durch einen geheimen Zauber, aus einem gewissen unbestimmten Gesammtgefühle oder Volksbewußtsein. Gewiß ist nichts unwissenschaftlicher und ungeschichtlicher, als ein Gesetz der Entwickelung der religiösen Ideen im Großen und Ganzen zu leugnen, und anzunehmen, die uns vorliegende Mythologie sei hervorgegangen aus willkührlichen Erdichtungen Einzelner, vermischt mit Zufälligkeiten, übereinkömmlichen Gebräuchen und Mißverständnissen, erst allmählich sei sie so vernünftig oder wenigstens so zusammenhängend geworden, als man sie habe machen können. Die mystische Erklärung der historischen Mythologie aber ist gar keine Erklärung. Die (individuelle) Persönlichkeit, von der man schon geglaubt hat, sie sei Wenig oder Nichts gewesen in der historischen Urzeit, von der man geglaubt hat, weil sie nicht mit überlieferten Namen uns bekannt ist, sie habe nichts gegolten in der historischen Urzeit, hat — umgekehrt — nie Größeres gethan als in jenen urbildenden Weltaltern: der allgemeine (heidnische) Geist jener Urzeit, jener Urvölker hat die Ideen und Symbole der Seher aufgenommen, aber auch herabgezogen in's Fabelhafte, Abenteuerliche. Allerdings hätten jene Seher, Heilige und Heroen der Menschheit (in der historischen Urzeit) nie den Glauben der Völker erlangt, wenn sie nicht als mehr oder weniger bewußte Organe ihrer Stammgenossen gedacht, gesprochen und gehandelt hätten. Allein dieses ist kein Einwurf gegen die Annahme der Thatsache, daß die Kosmogonien, welche Gegenstand des Volksglaubens waren, ebenso sehr das Erzeugniß einzelner Männer gewesen, wie die, welche, gleich der Theogonie Hesiod's, schon in das Schriftthum gehören. Auch jene mögen schon Keime des Glaubens vorgefunden haben, allein diese Keime müssen wieder von einzelnen Geistern gepflanzt sein. Im mythologischen Weltalter dichtete man Theogonieen, wie später epische Gedichte. Die Theogonie ist ebenso das Epos jener ersten Zeit, wie das Epos der zweiten das Drama des dritten Zeitalters ist. Man schrieb speculative Systeme in Bildern, und grub sie ein in die Sitten und Gebräuche der Völker, wie man sie später in Bücher schrieb und in Schulen lehrte. Wie die epischen Gedichte Homer's — in der historischen späteren Zeit der Weltgeschichte — in den vorhandenen Stoff eingriffen, so die mythologischen: wie die Philosophen ihre Vorgänger benutzten, so die Mythologen (in der historischen Urzeit). Unser Zeitraum — die historische Urgeschichte —, in seiner eigentlichen Blüthe, ist vor-schriftthümlich, wenn gleich nach-sprachlich. Die Hervorbringungen desselben kamen nicht von Schriftstellern, sondern von Sehern und Gesetzgebern. Man gründete einen National-Glauben, wie später (in der historischen Zeit) ein Schulsystem: man schrieb nicht Abhandlungen, sondern Gebräuche, und höchstens sang man Hymnen für die Feste. Man stritt nicht mit dem Schreibrohr auf dialectischem Gebiete, sondern mit religiösen Einrichtungen und Feiern und Lehren auf dem Gebiete des werdenden (Cultur-) Lebens. Man predigte auch wohl mit dem Schwerte, wenn die Leidenschaften aufgeregt waren, insbesondere wenn allgemeine oder Klassen-Selbstsucht verletzt schien.

In der Verbindung des Chamitismus (des alten Aegyptischen) mit dem westasiatischen Ur-Semitismus liegen die Wurzeln der Erkenntniß der historischen Ur-Bildung des menschlichen Bildungs-Geschlechts in Sprache und Mythologie. Der Chamitismus ist die grundsätzliche Vorbildung des Semitismus. Der Hintergrund des Chamitismus oder Chamismus in der Sprache, der Hintergrund der ägyptischen Sprache, der Zustand, welchen sie überwindet, ist die reine Partikelsprache (— die ältere turanische Vorstufe): aber eine solche, welche bereits von dem Streben durchdrungen ist, sich zu polarisiren. Der ursprünglichste Gegensatz, welcher bei dem Fortschreiten der Partikelsprache zur Aussonderung der Redetheile hervortritt, ist der Gegensatz des Nennwortes und des Zeitwortes: beide zusammen stellen die wesentlichen Theile eines Satzes dar. Nennwort und Zeitwort sind also die beiden Pole, deren einem jede Partikel vorzugsweise zustrebt, ohne jedoch die Fähigkeit zu verlieren, in anderer Stellung auch das Gegensätzliche zu bedeuten: das Zeitwort dient oft auch als Nennwort, das Nennwort als zeitwörtlicher Stamm. Die an das eine oder andere sich anfügenden Formsylben (also ursprünglich Wörter) stellen sehr bald einen durchgehenden Unterschied des Nennwortes und Zeitwortes hervor. Gleichzeitig verlieren Sylbenwörter, welche nur als Partikeln gebraucht und empfunden werden, als Verhältnißwörter, ihren Vollsinn, und es treten alle Redetheile unserer neuen Sprachen hervor und nehmen die ihnen zukommende Stelle ein.

Die Fürwörter der ägyptischen Sprache zeigen den Uebergang aus dem Sinismus (älteste historische Ur-Sprach-Stufe) in den Chamismus, aus der Partikel-Sprache in die Sprache der Redetheile. Es gibt keine Sprache eines gebildeten (historischen) Volkes in der Weltgeschichte, welche diesen Uebergang so klar und geistreich und so folgenreich uns vor Augen stellte.

Faßt man die Thatsachen der ältesten ägyptischen Wortbildung und der (nachgewiesenen) allmähligen Entstehung der Vollstammwurzeln dieser Sprache zusammen; so finden wir zunächst, daß wir genöthigt sind, in der chamitischen Bildung, nach ihrer Ursprünglichkeit, eine sehr viel ältere Stufe zu erkennen, als die, auf welcher das Semitische steht. Ebenso bestätigt sich auch auf diesem dunkeln Gebiete urweltlicher, jedoch schon historischer, Schöpfungen die Annahme, daß beides, das Chamitische und das Semitische, nur verschiedene Bildungsstufen desselben westlichen Stammes der asiatischen (historischen) Urwelt darstellen. Die semitischen Asiaten sind keine fortgeschrittenen Afrikaner: denn die Gemeinsamkeit erstreckt sich auch auf die iranischen Wurzeln,*) ja auf Ansätze iranischer Formen.

Und zwar stellte sich dieses Verhältniß in allen einzelnen so dar, wie es den allgemeinen Gesetzen der Sprachentwickelung gemäß ist. Diese Gesetze aber sind nur die Anwendung der obersten logischen Wahrheiten auf die Sprache, als den ursprünglichsten, organischen und wortbildenden Ausdruck des Gedankens in seinen Beziehungen auf die Dinge.

Diejenigen Formen, welche zu allererst die Ausprägung der

---

*) Ruma (ägyptisch) — Mann; vergleiche rômi (sanskritisch) — romé (griechisch-lateinisch) — Stärke.

Sprache aus einer Sprache von Stämmen (Partikeln) zu einer Sprache von Redetheilen bedingen, sind die Fürwörter.

Insbesondere wiederholt sich die Bezeichnung des Ich und Du und Er, in Einzahl und Mehrzahl, in jedem Satze, also in jeder, auch der einfachsten, Rede. Sie verbindet sich mit dem Nennworte, und insbesondere dem Zeitworte, durch Anhängen oder Vorsetzen, und betheiligt denselben überhaupt. Mensch und Sprache erwachen gleichsam in den persönlichen Fürwörtern zum Bewußtsein des persönlich setzenden Geistes. Gemeinsamkeit in dieser großen Stempelung und Bildungsthat beurkundet also nicht allein nothwendig Lebensgemeinschaft überhaupt, sondern auch insbesondere in dieser uralten bewußten That. Nun aber findet sich zwischen dem Aegyptischen und Semitischen fast vollkommene Einheit der persönlichen Fürwörter. Sie ergeben sich als zusammengesetzte Vollstämme, deren Bedeutung im Semitischen fast durchweg keine Erklärung findet, im Aegyptischen sich aber in den meisten Fällen noch nachweisen läßt.

Diese erste That der bewußten Sprachbildung wird bei allen folgenden vorausgesetzt. So bei der Bildung jener Reihe von fürwörtlichen und beiwörtlichen Ausprägungen, durch die Auswahl einiger wenigen Stämme zur Bezeichnung der Selbstständigkeit und räumlichen Wirklichkeit der Nennwörter. Auch in dieser Reihe finden sich Anklänge: allein viel geringere. Der nach Aegypten gewanderte oder gedrängte Stamm war mithin bereits selbstthätig (— wie in der Vierbuchstabenbildung, die bei den Aegyptern nichts vom (asiatischen) Urlande (Urasien) Mitgebrachtes, sondern ein Schößling des ägyptischen Lebens, eine landschaftliche Zweitbildung ist).*) Diese Selbstthätigkeit tritt noch mehr hervor bei der Ausprägung von Nennwörtern zur Bezeichnung ihrer Verhältnisse nach Raum und Zeit, aus welchen dann Bezeichnungen von Ursächlichkeit und anderen geistigen Verhältnissen werden. Hierin finden wir die

---

*) Ganz den allgemeinen (nachgewiesenen) Bildungsgesetzen der Sprachen gemäß gehören in diese Classe die ägyptischen (neuen, d. h. erst im Nilthale, nach der Einwanderung aus Urasien entstandenen) Bezeichnungen von Thieren und Pflanzen. Der Stoff wird derselbe gewesen sein müssen, nämlich alle asiatische Eigenschaftswörter: allein die Zusammensetzung zur Bezeichnung des neuen oder unter neuen Verhältnissen angeschauten Gegenstandes und die weitere Geschichte dieses Wortes gehört einer verhältnißmäßig neuen Bildung an.

ägyptische Sprache ebenfalls noch im Auftauchen aus der Gleichheit aller Stämme als Vollwurzeln. Die selbstständige Bedeutung der für jene Verhältnisse angewandten Partikeln ist fast ohne Ausnahme erkenntlich. Und zwar sind jene Partikeln Vorwörter, wie sie im nordöstlichen Widerspiele des Chamitismus, dem Turanismus, zu Nachwörtern gebildet wurden.

Hier nun sowohl, als bei der Mehrzahl-Partikel und den zeitwörtlichen Abwandlungs-Stämmen finden wir Anklänge, stoffliche Grundverwandlschaft, und zwar vorzugsweise wieder im westlichen Urasien: aber die Ausprägung selbst beurkundet sich allenthalben als rein chamitisch, d. h. ägyptisch.

Wir haben also durchgängig eine organische, durchsichtige Entwickelung vor uns in der ganzen Formenlehre.

In eine ältere Zeit führt uns aber nothwendig die Vergleichung der Urstämme selbst. Wir können die uns mit Sicherheit im Altägyptischen bekannten Wörter etwa zu 600 annehmen, und von diesen werden uns höchstens 400 als wirkliche Stämme und Wurzeln übrig bleiben. Nehmen wir aber die koptischen Stämme hinzu, als einfache, ächt ägyptische Wörter, deren älteste Form uns jedoch noch nicht bekannt ist, so gelangen wir höchstens zum Doppelten, also 800 Wortformen*).

Die übrigen Wörter sind entweder Ausbildungen, Erweiterungen, Zusammensetzungen oder Eigennamen im weiteren Sinne, nämlich Bezeichnungen von Pflanzen, Thieren, Kleidungsstücken und Aehnlichem, deren begriffliche, also Eigenschaftsbezeichnung, uns nicht erkenntlich ist.

Hier sondert sich nun Ursprüngliches und Zweitbildung sehr scharf. Die zur Bildung der persönlichen Fürwörter verbrauchten Stämme lösen sich in einsylbige Stämme auf: wir sehen aber die meisten schon in einer Zusammensetzung. Als die älteste Form abgegriffen war, wurde die Verstärkung durch einen zweiten Stamm nothwendig, und diese zweite asiatische Form liegt uns vor.

(Bei der Abwandlung des Zeitwortes finden wir besonders

---

*) Man vergleiche mit dieser Zahl die der chinesischen Stammworte: sie beträgt nur 450. Fast unmöglich scheint es, daß ein Volk mit so geringem Vorrath an Zeichen Cultur entwickeln, geistige Schätze sammeln könne.

einen zweisylbigen Stamm sehr wirksam, also auch nicht mehr das Urälteste.)

Dasselbe sehen wir nun bei der Vergleichung jener Stämme. Mittelpunct des ganzen Bildungsganges ist die Ausbildung der noch vollen, lebenskräftigen, ungeschiedenen Partikel zum eigenschaftlichen Nenn=Zeitwort. Dieser (ägyptische) Lebenspunct ist nothwendig viel älter als der semitische, welcher die einsylbige Wurzel fast ganz beseitigt hat und in der Dreibuchstabigkeit ruht.

Die Zahl der ägyptischen Wörter, welche sich im Semitischen und, wenn gleich in geringerem Grade, im Iranischen nachweisen lassen, ist zuvörderst über alle Erwartung bedeutend: denn sie umfaßt die bei weitem größere Hälfte des hierbei in Betracht kommenden Sprachvorrathes *).

*) Mit den dreibuchstabigen Wurzeln tritt man in die geschichtliche semitische Stufe der Wortbildung ein. Die Zurückführung der Dreibuchstabenwurzeln auf zweibuchstabige ist möglich. Hierbei ist das Aegyptische zur Vergleichung mit dem Semitischen noch wichtiger als das Arische. Aber die arischen Sprachen haben in einigen Stämmen das Aelteste am treuesten bewahrt und dürfen also nicht übergegangen werden.

Die größere Hälfte aller uns erhaltenen alt= und neu=ägyptischen Wörter läßt sich nachweisen als geschichtlich, also blutverwandtschaftlich, mit dem Semitischen verbunden, und in den Urstämmen ebenso mit dem Arischen. Das Aegyptische bildet oft die Brücke zwischen beiden, welche bis jetzt fehlte. —

In rein ägyptischer Betrachtung gelangen wir zu der Anschauung dreier Stufen: des Ueberwundenen, des Erreichten, des Angestrebten.

Die erste Stufe der ägyptischen Wortbildung zeigt den Hintergrund, die reine Partikel= oder Stammebildung, was wir den „Sinismus" nennen. Diese Stufe ist aber nur der aus dem Beginne der historischen Urzeit des (Bildungs=) Menschengeschlechts hinüberreichende, der Ausgangspunct.

Die zweite Stufe bildet den eigentlichen, arthaftigen Mittelpunct der ägyptischen Bildung: die zweibuchstabige Wurzel mit ihren ausschlagenden Knospen zu ableitender Fortbildung.

Die dritte Stufe ist der Ansatz zum geschichtlichen Semitismus: aber auf rein ägyptischem (afrikanischem) Boden (Nilthal) gewachsen, und daher selten ganz übereinstimmend mit den verwandten dreibuchstabigen Wurzeln des Semitischen.

Hierher gehören auch Ansätze zur Ueberwindung dieses semitischen Typus, welcher als ausschließliche Grundlage der Sprachbildung drückend einseitig wird. Das Freiwerden von diesem Typus bewerkstelligte der Iranismus, indem er die Urstämme freier, weil nach einer geistigeren Grundanschauung, in zahllos fruchtbaren Wurzeln ausbildete. Aber Ansätze zeigt der Chamismus, gerade wie in der Natur die untersten Bildungen Ansätze zum Höchsten offenbaren.

Aber sie sind nicht weniger überraschend bedeutsam durch eine durchgehend innere Analogie, der Uebereinstimmung wie der Abweichung.

Die großen Grundpfeiler des sprachlichen Weltbewußtseins der alten Völker, ja unserer noch lebenden Sprachen, die einsylbigen Grund- und Hauptwörter jeder Sprache, finden sich fast sämmtlich als gemeinsames Gut, als Erbtheil der historischen Urwelt. Nicht, wie großentheils bei uns, als verachtete Vor- oder Formwörter, oder als übersehene Formsylben, noch auch, wie besonders bei den Semiten, in einer späteren kunstvollen, systematischen Umbildung, sondern in ihrer vollen Herrlichkeit und in ihrer ursprünglichen oder dem Ursprünglichen sehr nahen Einfachheit und kindlichen Nacktheit.

Die zusammengesetzten und bis zur Vierbuchstabigkeit und weiter ausgebildeten Wörter haben viel weniger Anhalt in jenen asiatischen: was ganz jenen organischen Gesetzen entspricht. Je mehr nämlich jene Wörter von rein ägyptischer Ausprägung haben, desto mehr wird in ihnen das Ausgeprägte selbst, die Stammwurzel, nothwendig betheiligt und verdunkelt sein müssen.

Wir kommen nun zum weltgeschichtlichen Ergebnisse:

Wenden wir das sprachgeschichtliche Ergebniß auf die allgemeine Geschichte der Menschheit an, so können wir den (ersten) Satz aufstellen:

Des Chamitismus ist für den westasiatischen Semitismus, was der Turanismus für den Iranismus ist: jener ist der westliche, dieser der östliche Pol der Ausprägung der Satzsprache zur Sprache der Nebentheile.

Wie der Semitismus eine viel geringere Ausdehnung hat, als der Iranismus, so ist der Chamitismus noch mehr in engere Grenzen eingeschlossen als der Turanismus. Japhet, der Mann des ungetheilten Ostasiens, wohnt in den Hütten Sem's, des westlichen. Und dieses gilt nicht allein in Asien, sondern auch in Afrika selbst. Europa aber bleibt dem Turanismus (in der ältesten Zeit) und den ihn allmählich (in der historischen Zeit) verdrängenden Völkern des arischen Stammes.

Mit anderen Worten: der westliche oder chamitisch-semitische Stamm ist und bleibt der sich abschließende. Er ist allerdings der Eingeengte; Japhet wohnt allenthalben in den Zelten Sem's.

Aber dieser eingeengte Stamm ist und bleibt auch der sich priesterlich absondernde, heiligende.

Dieses Alles liegt schon in der Sprache vorgebildet vor.

Blickt man jedoch näher auf die besonderheitliche Eigenthümlichkeit des Chamitismus und Semitismus, so weiß man
nicht, worüber man mehr erstaunen soll: ob über die Größe der
Verschiedenheit bei solcher ursprünglichen Stammverbindung, oder
über diesen ursprünglichen, geschichtlichen, blutsverwandtschaftlichen
Zusammenhang bei ungeheurer Verschiedenheit.

Der zweite Satz der neueren Forschung lautet folgendermaßen:

Der Chamitismus ist vom Semitismus ebenso arthaftig verschieden wie vom Iranismus und vom Turanismus.

Da nun diese beiden unbestrittenen Thatsachen bei einer und
derselben organischen Bildung feststehen, nämlich die Gemeinschaft
und Uebereinstimmung, und die Getrenntheit und Verschiedenheit,
so wird man durch die Vereinigung beider Betrachtungen auf den
dritten Satz geführt:

Es muß zwischen der ersten westlichen Bildung, deren Niederschlag wir im Chamismus vor uns haben, und der zweiten, der
semitischen, im schon geschichtlichen Asien, ein viel größerer Zeitraum liegen, als die gewöhnliche rabbinische (oder auch — obwohl
mißbräuchlich — „biblische" genannte) Zeitrechnung zuläßt.

Allerdings läuft die ägyptische Zweibildung gleichzeitig her
neben der in Asien sich ununterbrochen fortentwickelnden Sprachbildung, welche im Thaldäischen (Babylonisch-Assyrischen), im Ka-
nanitischen (Phönizischen), im Hebräischen und Arabischen uns
vorliegt. Allein in ihrem Ursprunge ist doch jene Bildungsstufe
durch eine so ungeheure Kluft getrennt vom geschichtlich Semitischen, daß wir uns in einer ganz neuen Welt befinden, wenn
wir von der Betrachtung des chamitischen Baues zu der des semitischen übergehen. Im Aegyptischen beginnt der bewußte, organisch-
bildende Geist gleichsam zum ersten Male und schüchtern die Flügel
zu schwingen: die Stammhaftigkeit der einzelnen Wörter widerstrebt
noch ganz der Formbildung und macht sich geltend durch starre
Unveränderlichkeit. Im Semitischen hingegen ist der Stamm
schon Wurzel, die Partikel schon Redetheil geworden: Nennwort
und Zeitwort sind aus einander getreten: die älteren Formen sind

bereits gänzlich unverständlich und dienen dem Geiste nur zur Bezeichnung der Verhältnisse der Dinge unter sich und mit seinem eigenen Thun.

Wie wir offenbar einen Zusammenhang bei dem urverwandtschaftlichen Verhältnisse der Sprachen vor uns haben, so auch einen in dem Gebilde der ägyptischen und westasiatischen Mythologie. Man wird bei der geschichtlichen Auffassung der ägyptischen Mythologie, d. h. dem Forschen nach ihren Epochen und ihrem Entstehen, vom rein ägyptischen Standpuncte, vielfach auf Asien zurückgewiesen, und zwar insbesondere auf Westasien: Palästina und Phönizien. Dorthin weist insbesondere der ganz unägyptische und auch aus den Denkmälern als palästinisch nachweisbare Set. Der Osirismythus aber steht bekanntlich ganz ausdrücklich mit Phönizien im Zusammenhang: daher kam oder dahin zog Isis. Auch haben die Siebenzahl und Achtzahl — das Wesen der ägyptischen Mythologie — nur ihre Erklärung in dem ältesten kosmogonischen Systeme und dem uralten Dienste der sieben Kinder des Ptah-Hephästos im semitischen Ur-Westasien (Urasien). „Isis" und „Osiris" haben ihre Wurzeln in (Ur-) Asien, aber lange vor der s. g. astralen (späteren) Phase (der dortigen Mythologie)*):
„Osiris" hat keine Wurzel im Aegyptischen, er ist aber der „Asar", „Ajar" oder „Abar" (der Starke, Gewaltige = der

---

*) Die weltgeschichtliche älteste Berührung der astronomischen Gleichzeitigkeiten mit der „astralen Phase" des Gottesbewußtseins kann nur in den mythologischen Beziehungen zur Elliptik gefunden werden. Nun ist der Stier (Tur) bekanntlich das astronomische Frühlingszeichen: aber die Sonne trat bald nach 2000 vor Chr. im Nachtgleichenpunct in den Widder. Die eigentliche Zeit für die Bestimmung des Stiers als Frühlingszeichen war also zwischen 3000 und 4000 vor Chr. Daß nun die Bezeichnung der Frühlingsnachtgleiche durch einen Stier, nach der durchgehenden Symbolik (All-) Asiens, bis zu den Griechen herab, einen mythologisch-astralen Sinn hatte (als Symbol der wiedererwachenden Zeugungskraft der Natur) ist allgemein bekannt. Es folgt daraus, daß die astrale Symbolik — der Chaldäer (die ihren ältesten astronomischen Mittelpunct für Aramäa in Babylon hatten) — nicht über das Jahr 3500 vor Chr. hinausgehen kann. Sie kann also nicht eingewirkt haben auf die erste Bildung der ägyptischen Religion, und wir haben die Gemeinsamkeit des heidnischen Gottesbewußtseins in Aegypten und Asien nicht in dem astralen Symbolismus zu suchen, sondern in der Phase, aus welcher dieser hervorging: nämlich in der

ſtarke Gott) in der uraſiatiſch-ſemitiſchen Mythologie. Jſis (Iles) iſt im Aegyptiſchen unverſtändlich, aber Has-thoreth (die Welt) iſt der uralte ſemitiſche Name der (Göttin der) Natur, des göttlichen Wellalls (aber ſeit 2500 oder 2000 vor Chr. iſt der Name Has-thoreth oder Aſtarte auch der Name des jener Göttin geweihten Polarſternes).

Uebereinſtimmend im Aegyptiſchen und Phöniziſchen = Sy-riſchen = Babyloniſchen ſind folgende Götternamen: Set (Seth, Suti, Sothis), Bahal (Bel, Bol, Baal, Belus; Bar), Ptah (Phtah) = Hephäſtos, Esmun (Soſis; Hermes), Tet (Thooth, Taautos, Thoyth = Hermes), Amon (Amun, Ame; Ammon), Nebo (Anubis, Anebu), Kon (Khon, Chon, Chonſu = Herakles), Ur (Her, Ho-rus = Urim), Aſar (Abar, Heſiri, Oſiris). Weiter folgende Namen von Göttinnen: Hanokah (Aiute), Teneth (Anait, Tanais, Anaitis, Neith, Athene), Haåthoreth (Hes, Jſis).

Der Einwand, daß man ja, nach ſolchen Thatſachen, doch ebenſo gut die Namen der aſiatiſch-urſemitiſchen Gottheiten aus dem Aegyptiſchen herleiten ſollte, iſt eigentlich an ſich ſchon ganz unwiſſenſchaftlich (bei dem gegenwärtigen Stande der Unterſuchung). Es iſt bewieſen, daß die Sprache Aegyptens, obwohl eine Vor-ſtufe des geſchichtlichen Semirismus darſtellend, doch ihre Wurzeln in Aſien hat, und nur der Niederſchlag einer dort im Fluſſe der Sprachbildung untergegangenen (ur-) aſiatiſchen Sprache iſt. Nun können zwar religiöſe Vorſtellungen und Gebräuche auch von einer ehemaligen Anſiedlung ſpäter in's Mutterland kommen, aber wahr-lich nicht Wörter zurückfließen.

Aber dazu kommt noch der Beweis, welcher aus dem Gehalte der Namen und ihrem Verhältniſſe zur Idee fließt. Die Sieben-zahl und ihr Verhältniß zur Achtzahl, bei den Götterreihen, liegt offenbar dem älteſten Religionsſyſtem der Aegypter zu Grunde: allein es findet ſich bei ihnen durchaus keine Erklärung dafür. Wohl aber bei den Phöniziern. Hier ſteht Ptah (der Eröffner), mit ſeinen ſieben kosmogoniſchen Kräften, als weſentliches Glied der Götterreihe da: Namen und Begriffe ergänzen ſich; die Worte

geiſtigen, einfach begrifflichen Anſchauung des erſcheinenden Himmelskosmos, als eines organiſchen Ganzen. (Auch dieſe Betrachtung beſtätigt, ſowohl der Zeit als der Ideeen Entwickelung nach, die — uralte — Stelle Aegyptens in der Culturgeſchichte der Menſchheit.)

sind alle noch durchsichtig ideal. „Platz" hat keinen Sinn mehr für den Aegypter, so wenig als „Sosis-Esmun". Die semitische Woche von sieben Tagen, als Zeit einer Mondphase, und die sieben großen Gestirne des Sonnensystems (oder vielmehr, nach den Vorstellungen der Alten, Erdsystems) treten dort klar hervor: in Aegypten sind sie verdrängt durch die Uebermacht des Sonnendienstes und des Symbolismus. Amon (der Gott der uralten Thebais) erschien gewiß mit Recht den Aegyptern (wie der gelehrte Manetho es erklärt) als der „verborgene", was er wirklich ägyptisch bedeutet. Diese Auslegung mußte sich ihm um so mehr empfehlen, als der kosmogonische Amon wirklich so gut wie verschwunden war im allgemeinen ägyptischen Pantheon und nur als Amun-Ra fortlebte. Aber was das Wort im Semitischen bedeutet, ist ungleich einfacher, bezeichnender, ursprünglicher: Amon, der Bildner.

Ueberhaupt aber — und das gilt für die ganze Frage von der unmittelbaren Einwirkung Aegyptens — der afrikanische Chamit war kein Mann des eindringenden und anregenden Verkehrs. Der Asiate, Semit wie Iranier, fühlte sich immer als der Höhere. Der Aegypter war außerdem weder Kaufmann noch Schiffer: er verabscheute das Meer, und ließ sich für sein schönes Getreide und die Erzeugnisse des inneren Afrika die kunstreichen Waaren und die südarabischen Gewürze von den Phöniziern und später den Joniern bringen, seitdem er aufgehört hatte, die Fremden zu opfern, wenn sie ihm an die Küste kamen.

Der eigentliche Grund des Verhältnisses liegt aber tiefer. Die Idee wirkt zeugend fort: das Symbol nicht. Die Aegypter erkannten und lehrten aber nur durch Symbol, weil sie die Idee als etwas Ueberliefertes überkommen hatten, und diese bei ihnen selbst im Symbolismus erstarrt war.

Wir gehen nun zur chaldäischen Urzeit über.

Die Chaldäer hatten nicht allein eine Erzählung von der Fluth und der Arche, sondern auch von den Epochen der vorfluthigen Urwelt (Urasiens).

Vor ihrer ersten Dynastie lag den Babyloniern jene Urzeit, in zehn große Epochen oder Regierungen getheilt, von Alorus bis

Xisuthrus. Man hat diese sehr vielfach mit den s. g. Zehn Geschlechtern der biblischen Erzväter von Adam bis Noah verglichen. Aber der ältesten hebräischen Ueberlieferung ist (nach der neuesten Forschung) diese Zehnzahl fremd. Auch ist die ganze Vergleichung in dieser Weise nicht haltbar. Jede dieser urbabylonischen Epochen und ihrer Unterabtheilungen hat aber offenbar gar keine geschichtlichen Zahlen, sondern enthält große astronomische Cyklen. Diese Zeitbeziehungen sind also ideal, und ebenso die Epochen selbst: gerade wie bei der ägyptischen Götterregierungen. Die bei einigen Epochen erwähnten Offenbarungen müssen sich also entweder auf die herrschenden Götter beziehen, oder sie sind eingemischte Bruchstücke ältester örtlicher Ueberlieferung, in mythologischer Form. Aber dergleichen etwaige Einmischungen dürfen uns nicht irre machen an dem Gesammtcharakter.

In der einen wie in der anderen Annahme liegt bei diesen Erzählungen ein großes Mißverständniß zu Grunde. Es werden Menschen vorausgesetzt, aber es geschieht nichts.

Die ganze Erzählung der Chaldäer von der Fluth läuft aber in örtliche babylonische Erinnerungen aus. Man erkennt, daß das Bestreben der priesterlichen Verzeichner, ihre heiligen Bücher schon vor der Fluth geschrieben werden zu lassen, nicht das geringste dabei war.

Aber überhaupt, welcher Unterschied zwischen der biblischen und der chaldäischen Darstellung! Welchen rein besonderheitlichen, örtlichen, ideenlosen Sagen- und Märchen-Charakter trägt diese Ueberlieferung in Allem, was ihr nicht gemein ist mit der hebräischen.

Wir haben für die geschichtliche Auffassung der Ueberlieferungen von den Anfängen des historischen Bildungsmenschengeschlechts, der historischen Urzeit, Folgendes festzuhalten:

1. Die vorfluthigen Epochen der babylonischen Ueberlieferungen unterscheiden sich wesentlich von den biblischen. Diese sind, von Kain = Kenan an, geschichtlicher Natur, wirkliche Bruchstücke der ältesten Geschichte unseres Geschlechts: „Landmarken in einem großen See, welcher untergegangene Städte auf seinem Grunde birgt."

2. Die babylonischen Ueberlieferungen von den neun oder drei vorfluthigen Epochen sind derselben Art wie die ägyptischen

Götterdynastien. Das Geschichtliche in beiden können Erinnerungen sein an große Naturkämpfe und Zerstörungen durch Feuer und Wasser, aus welchen sich das Menschengeschlecht (in Urasien) mühsam und mit großem Verluste emporgerungen habe.

3. Aber weder die babylonische, noch die ägyptische Ueberlieferung ruht, in der uns erkennbaren Gestalt, auf uralten, den alten Stämmen gemeinschaftlichen Ueberlieferungen. Die einen haben sich im Leben der Chaldäer gebildet — in dem Stamme Aram's —, die anderen im Nilthale: wenn gleich diese auf urasiatischem Grunde und Boden.

Wenn wir nun fragen, wie verhalten sich die Ueberlieferungen der Genesis über die Anfänge des Menschengeschlechts zu den Thatsachen, welche Sprache und Mythologie Aegyptens und (des vorsemitischen und semitischen) Urasiens uns darbieten: so hat uns jedenfalls schon die neuere Forschung gelehrt, daß das geistige Element, welches — schon ziemlich spät in der Gesammtweltgeschichte — mit Abraham in die Geschichte eintritt, einer ursemitischen Wurzel entsprossen ist. Auch Moses hat seinen Gottesdienst (Gottes als) des Geistes aus der Natur und Geschichte entwickelt und nicht Ideen oder Symbole von Cham (Aegypten) entlehnt. Zweitens hat sich, auf der anderen Seite, herausgestellt, daß der Naturdienst und der astrale Symbolismus Aegyptens und des semitischen Urasiens keineswegs das ursprüngliche Bewußtsein der vorabrahamischen, mythologischen Welt war. Diese chamitisch-semitische Mythologie ist der üppige Auswuchs desjenigen heidnischen Geistes, welcher sich in den Symbolismus ursprünglicher Ideen und Gebräuche und Erzählungen von geistigen (also nicht in Zeit und Raum gehörigen) Dingen hineingegeben. Sie hat einen noch leicht erkenntlichen Unterbau, den man nicht etwa hinterdrein errichtet, sondern aus dem sie selbst, nach den ewigen Gesetzen der Entwickelung, hervorgeflogen ist. Diese Gesetze sind dieselben, welche theils physiologisch, theils pathologisch, das ursprüngliche Christenthum zum romanischen Mittelalter umbildeten. Auch auf diesem Gebiete bewährt sich der Satz, daß die ägyptische Bildung das Mittelalter der ältesten Zeit darstellt.

Wenn Abraham der Anfänger der neuen Geschichte des Geistes ist, so ist die natürliche Wurzel, aus welcher heraus er und sein Stamm sich gebildet, älter (in Urasien, dem vorägyptischen und vorsemitischen) als selbst die Anfänge Aegyptens. Cham ist der Niederschlag eines späteren Bewußtseins, als desjenigen, welches Abraham wieder mit auf seine einfachste Form zurückführte.

Der Glaube aller christlichen Völker, daß die Bibel uns Wahrheit melde über die ersten Anfänge der Welt, und dann auch der historischen Bildungsmenschheit, ist nicht weniger, sondern umgekehrt viel mehr begründet, als die bisherige (gewöhnliche, unreflectirte) Auffassung der biblischen Erzählungen anzunehmen berechtigte.

Es handelt sich in der europäischen Wissenschaft jetzt darum, auch jene Ueberlieferung in den Kreis der Weltgeschichte zu ziehen, d. h. sie zu erforschen und ihr die historische Wahrheit zu entnehmen. Für diese herstellende weltgeschichtliche Untersuchung der historischen Urgeschichte gewährt uns Aegypten nicht weniger Stoff als Babylon. Ja, die Hieroglyphen geben uns mehr als die Keilinschriften, geschweige denn als die indischen (arischen) Veda's mit ihren theils jungen, theils fernen Erinnerungen.

Wir fragen: welches sind die Arten oder Gattungen der Grundbestandtheile der biblischen Genesis (und überhaupt des Pentateuchs)? Und darauf erhalten wir von dem ehrwürdigen Buche selbst folgende Antwort:

Erstlich haben wir, und zwar bis in die ältesten Zeiten hinauf, Geschlechtsregister, oder, wie der hebräische Ausdruck sagt: Geburtsregister.

Zweitens: Kurze Verzeichnungen, die bald Registern angereiht, bald unabhängig sind.

Drittens: Gesänge in Psalmform, zum Andenken großer Ereignisse.

Viertens: Ausführliche Erzählungen.

Sobald wir diese Elemente einzeln betrachten, finden wir, daß sie oft sich auf einander beziehen, Geschlechtsregister auf Geschlechtsregister, Psalm auf Psalm. Wenigstens lassen sie keinen Zweifel darüber, daß sie unabhängig sind von der zusammenhängenden Erzählung. Jene Register und Verzeichnungen und Psalmen sind nicht ursprünglich Theile dieser Erzählung, in welche wir sie ver-

webt finben, sondern sie hatten ein ursprünglich selbstständiges
Bestehen. Sie wurden deßhalb an verschiedenen Stellen einge-
rückt, wie es sich gerade paßte: denn sie fügen sich oft gar nicht
zusammen mit dem Vorhergehenden und Folgenden.

Die geschichtliche Erzählung fand sie also vor: d. h. sie gehören in das vordavidische Zeitalter; die nähere Bestimmung über
sie kann nur aus ihrer inneren Kritik hervorgehen.

Die Erzählung selbst nun zerfällt in zwei große Haupttheile.
Sie gibt theils eine Darstellung äußerer Begebenheiten, theils
schildert sie innere Erlebnisse der Männer des Geistes. Dies ist
das reale und das ideale Element aller alten Geschichte. Aus
beider Vereinigung geht die epische Darstellung hervor. Sie
setzt voraus, daß die äußere Geschichte in der Ueberlieferung sich
nach dem inneren Bildungstriebe und der Weltanschauung späterer
Geschlechter allmählich mit den idealen Elementen verband. Die
Starrheit der thatsächlichen äußeren Geschichte muß gebrochen
werden, damit die Idee deutlicher hervortrete und das Einzelne
beherrsche: nämlich die Idee des in der Vergangenheit liegenden
Geschickes, wie es sich dem betrachtenden Volksgeiste in seinen
edelsten Organen darstellt.

Es ist diese Verschmelzung, welche die erzählenden Theile der
Genesis, in unendlich verschiedenem Grade, uns zeigen, sowohl
Grundschrift als Ergänzer. Doch herrscht offenbar das ideale
Element vor in dem Ergänzer, eben wie das weiter forschende.
Der Ergänzer verkündet, als der Väter Ueberlieferung, die tief-
sten Wahrheiten und gibt uns zugleich viele der ältesten Ur-
kunden.

In beiden also haben wir jene drei verschiedenen Elemente:
und weßhalb sollten nicht auch in die epische Darstellung selbst sich
einzelne frühere Erzählungen verwebt finden? Die Grundschrift
kann ja auf einer früheren episch-geschichtlichen Darstellung ruhen.
Es muß nur festgehalten werden, daß sie im Allgemeinen, wie sie
jetzt vor uns liegt, die Grundschrift ist, welche der Ergänzer zu
vervollständigen unternahm.

Je mehr Lagerungen wir auf diesem Wege entdecken, desto
mehr beglaubigen wir das heilige Buch. Denn wenn die lügen-
hafte oder kindische, um nicht zu sagen gottlose, Ansicht einer
mechanischen Eingebung der heiligen Bücher an einen Gottesmann

— also hier z. B. Moses — als Verfasser aufgegeben wird, so ruht der Glaube auf der Annahme, daß jeder Verfasser uns nicht von ihm Erfundenes berichtet, sondern was er erfahren, was er wußte: daß er ein treues Gefäß der Ueberlieferung gewesen, die ihn erreichte, und daß jeder seiner Nachfolger diesen nationalen und menschheitlichen Schatz mit ehrfürchtiger Treue bewahrt hat. Das (scheinbar) Sinnlose wird dergestalt vernünftig und Gegenstand eines sittlichen Glaubens und einer ernsthaften Betrachtung der Gebildeten.

In dieser Erkenntniß nun hat uns die Tiefe des Gedankens eben so sehr gefördert als die Tiefe der Wissenschaft und der Forschung. Wenn die Ergründung der Gesetze des Geistes uns in der sinnbildlichen Darstellung ewige Ideen zu erkennen gelehrt, so hat die Ergründung der Geschichte der Natur uns in den Resten kindlicher Ueberlieferung nicht geahnte Wahrheit und Wirklichkeit nachgewiesen. Endlich aber haben auf dem eigensten Gebiete selbst die Entdeckungen, namentlich des ägyptischen Alterthums, sodann auch des assyrisch-babylonischen, vor Allem aber die Gründung der weltgeschichtlichen Sprachwissenschaft, uns zu der Annahme eines viel tieferen, urgeschichtlichen Hintergrundes geführt, als die Kritik anfangs glaubte einräumen zu dürfen. Das Alter der Schreibkunst geht weit über Moses hinaus: die Anfänge der Schreibkunst sind nicht einmal die Erfindung des uns bekannten Asiens, sondern eines geschichtlich in Asien untergegangenen, in Aegypten aber als Niederschlag uns erhaltenen Bewußtseins Urasiens.

Wenn wir nun in den vorsluthigen biblischen Ur-Berichten die mehr oder weniger klar durchscheinenden Bedeutungen übersehen, so finden wir in den s. g. Urvätern der zwiefach geschiedenen Menschengeschlechter, der wandernden Hirten und der Ackerbauer und Städter, den Gottesmann Hanokh zwischen gewaltthätigen und städtegründenden Ackerbauern. Aus diesem allen folgt zweierlei: einmal, daß wir die Liste, um sie zu verstehen, in zwei spalten müssen, deren jede mit rein idealen Größen beginnt; zweitens, daß wir die in der Elohim-Urkunde den einzelnen Namen, von Adam an und dann von Set und so weiter, beigeschriebenen Zahlen nicht im buchstäblichen Sinne als Alter eines Menschen zu betrachten haben. Eine solche Annahme steht im Widerspruche mit allen Gesetzen des menschlichen Organismus und ist ebenso widersinnig, als wirkliche historische Chronologie in jenen chaldäischen astronomischen Cyklen von einigen hunderttausend Jahren zu finden. Aber ebenso gewiß ist es, daß jene Zahlen nicht willkürlich ersonnen sind.

Die Ergebnisse der Untersuchungen neuerer Forschungen lassen sich in folgenden Sätzen zusammenfassen:

I. Die Herrschaften der Götter bei Aegyptern, Semiten und Hellenen stimmen zusammen, nicht allein in der leitenden Grundidee, sondern auch in vielem Einzelnen, nach Idee und sogar Bezeichnung.

II. Sie gehören ganz den idealen Vorstellungen an über die Entstehung der Welt und der Gottesverehrung.

III. Die biblische Darstellung ist die einzige, welche das ideale Element in seiner Reinheit erhalten hat, und ebenso den menschlichen Charakter des Geschichtlichen bewährt.

IV. Das Ideale geht von der Einheit des Gottesbewußtseins aus, zu welchem Abraham seinen Haushalt zurückführte, auf aramäischen Grunderinnerungen, als Natur-Element.

V. Das Geschichtliche meint nicht Menschen, sondern die Zeitalter und Grundsätze, welche als Erinnerung sich in die neue Welt der kanfasischen Menschen gerettet hatten.

VI. Die gewöhnliche (rabbinische) Ansicht ist ebenso kritisch historisch-unhaltbar, als philosophisch (ja religiös) sinnlos. Die Ueberlieferung muß also im Geiste gefaßt werden, auf jenem Grunde des wohlverstandenen Buchstabens, welchen die Forschung und Wissenschaft seit nun bald hundert Jahren bewußt gelegt und vorbereitet hat.

Hiernach haben wir also in dem biblischen Berichte von den Urvätern vor der Fluth:

Kahin, den Schmied (Mörder seines Bruders Hebel, des Vergänglichen, des Hirten), Städtegründer;

Hanoth, den Eingeweihten (Weihenden, Gottschauer, Sonnenjahr);

Hirad, den Städter;

Mehujael, den Gottgeschlagenen;

Methusael, den Mann Gottes;

Lameth, den Gewaltigen, Starken;

statt eines sinnlosen Stammbaumes unmöglicher Menschen eine

der höchsten Beachtung werthe und der Würde der heiligen Schriften angemessene Darstellung ältester Erinnerungen der ausgewanderten Semiten, wie sie sich in Mesopotamien gebildet hatten, und nach langem Zeitraume aufgezeichnet wurde. Das Mißverständniß ist das der späteren Zeit. Aber auch hier ist die Ueberlieferung so, daß wir der Wahrheit auf die Spur zu kommen vermögen aus den enträthselten und neben einander gestellten Urkunden.

Diese geschichtlichen Erinnerungen von der historischen Urwelt des nördlichen Heimathlandes der wirklichen Gesittungsmenschheit knüpfen sich an die ebenfalls zwar geschichtlich gefaßte aber vollkommen ideale Darstellung des Anfanges der Menschheit als solcher, wobei ihr eigentlicher Zweck (Gottähnlichkeit) gleich als ihre ursprüngliche anfängliche Bestimmung gesetzt wird.

Wie dort, so ist hier die mythologische (d. h. heidnische) Vermischung von Ideen und Geschichte ausgeschlossen. Einzig steht der Werth der biblischen Auffassung da, im Gegensatze gegen die Verirrungen des Pantheismus oder Fatalismus oder Dualismus oder Materialismus.

Mit der Annahme, daß, wenn jener (biblischen) Ueberlieferung geschichtliche Wahrheit einwohnt, ihr Sinn nicht gewesen sein kann, einzelnen Menschen eine Lebensdauer von sechs, sieben, acht, neun Jahrhunderten beizulegen, kann die Einführung der biblischen Erzählungen in die übrigen weltgeschichtlichen Ueberlieferungen und Berichte als gesichert angesehen werden, und kann zugleich die einzige und ewige Bedeutung des rein idealen Theiles der biblischen Ueberlieferung vollständig erkannt werden. Der (gläubige) Denker wird in der kindlichen Darstellung die höchste geistige = religiöse Wahrheit erkennen und der Geschichtsforscher wird den Spielraum besitzen, dessen er bedarf. Denn mit der bisherigen Zeitrechnung kann ehrlicherweise Niemand auskommen, welcher mit Hülfe der Pyramiden und anderer gleichzeitiger Denkmäler schon ziemlich nahe beim Jahre 4000 vor Chr. angelangt ist, bei dem Anfange eines späten historischen Gesammtreiches in Aegypten, welches auf langer staatlicher Vorbildung und auf einer bereits im Starrwerden begriffenen geordneten Sprache und Schrift ruht: und zwar einer Sprache und Schrift, welche auch in ihren Anfängen weder die älteste, noch die der ältesten nächste ist.

Aber wir bedürfen für das Verständniß der biblischen Berichte von den nachfluthigen historischen Anfängen der eigentlichen Bildungsmenschheit und der auf Abraham (den Vater der wahren Religion) hinführenden Register noch ganz anderer Vorbereitungen, als die, welche uns den Schlüssel für das Verständniß der eigentlichen Urwelt an die Hand geben. Die biblische Schöpfungsgeschichte und die Angaben der Epochen der Urmenschheit stehen einzig da in den Ueberlieferungen, und bieten bis auf die Fluth keine Berührung dar mit den nicht-semitischen Berichten, welche wir besitzen.

Ganz anders verhält es sich mit den biblischen Ueberlieferungen von den nachfluthigen Anfängen. Sie greifen tief in das geschichtliche Leben der ältesten asiatischen Stämme und Reiche ein, und haben viele, ihnen gleichlaufende Berichte neben sich. Die semitischen Reiche berührten sich — in eigentlich historischer Zeit — folgenreich mit den arischen (iranischen) im Jahre 2458 vor Chr., in welchem ein medischer König Babylon einnahm und die s. g. zweite (d. h. erste wirklich historische) (babylonische) Dynastie (daselbst) gründete. Von dieser Eroberung stammt der chaldäische Magismus, wenigstens die Form, in welcher wir ihm geschichtlich begegnen.

Aber wir haben ja Aegyptens Sprache zum Zeugen, daß viele Jahrtausende früher eine Lebensgemeinschaft zwischen den geschichtlichen Ur-Semiten und Ur-Ariern bestand, welche nicht ohne Spuren in dem Leben und der Ueberlieferung beider geblieben sein kann. Wenn im Chamitischen sich die Keime der arischen und semitischen Sprachbildung als zweier ursprünglich blutsverwandtschaftlich zusammenhängender Entwickelungsreihen darstellen; so muß es auch bei den arischen Völkern ähnliche Ueberlieferungen gegeben haben von den historischen Anfängen (der historischen Urgeschichte). Sollten diese gänzlich untergegangen sein? Sind die uns erhaltenen etwa eine Widerlegung der Annahme einer großen und langdauernden historischen Urgeschichte und eine Bestätigung der früheren (s. g. rabbinischen, fälschlich „biblisch" genannten) Zeitrechnung, für welche jetzt noch, und das sogar im Namen des Christenthums, Geltung gefordert wird?

Die entsprechenden arischen Ueberlieferungen sind nicht untergegangen, auch sie fordern Glauben; aber sie stehen in unvereinbarem Widerspruche mit der allzu abgekürzten bisherigen Zeitrechnung. Ja, sie bestätigen und ergänzen vielmehr die Annahme einer länger dauernden historischen Urgeschichte.

Wir wollen uns also zu den arischen Anfängen wenden und zwar zunächst zu den iranisch-arischen, dann zu den indisch-arischen, dann zu den pelasgisch-hellenischen.

Die angedeuteten drei Ueberlieferungen sind gänzlich von einander unabhängig. Sollten sie in jenen Puncten nun eine Uebereinstimmung zeigen, welche weder zufällig sein, noch aus der allgemeinen Natur des menschlichen Geistes erklärt werden kann, und sollten ihre gleichmäßigen Angaben die durch die neuere Forschung gefundenen Epochen der historischen Urgeschichte bestätigen, welche die ägyptische Wissenschaft, und nicht sie allein, fordert, so würden wir nicht bloß wiederum eine nähere Begrenzung für Aegyptens Stelle in der Weltgeschichte überhaupt, besonders aber in der historischen Urgeschichte gefunden haben, sondern zugleich den uns sonsten mangelnden geschichtlichen Haltepunct für die ganze historische Urgeschichte überhaupt. Wir hätten alsdann auch eine neue Bestätigung der biblischen (d. h. uralten semitisch-asiatischen) Ueberlieferungen von dem örtlichen Anfange und Ausgangspuncte des historischen Bildungs-Menschengeschlechts, welches aber in der Bibel (und als göttliches Menschengeschlecht mit vollem Rechte) als die Menschheit überhaupt hingestellt wird (mit Bezug auf seinen göttlichen Ursprung, gegen welchen — als gegen das wieder zu erstrebende Ziel — der dermalige Zustand als Fall, Gesunkenheit oder Folge des Falles*) dargestellt wird). Wir hätten, mit Benutzung der arischen Ueberlieferungen (welche die semitischen ergänzen), einen unmittelbaren Beweis in den Händen für den ununterbrochenen, organischen Zusammenhang der Entwickelung des historischen Bildungs-Menschengeschlechts (Semiten

---

*) Während nach der jetzigen durch die Entdeckungen gefundenen und erwiesenen physiologisch-natürlichen Abstammung des Menschengeschlechts (als solchen, in einem untergegangenen Theile Südasiens) der jetzige Zustand noch sogar (so trostlos er in moralisch-religiöser Beziehung ist) als ein großer Fortschritt erscheint gegen die Thierheit: doch fasst auch hier, nach Annahme dieser Ansicht, der Gegensatz von Sollen und Wollen, von Geist und materiellem Sinne, von Göttlichem und Menschlichem, Eiblichem und Thierischen so stark als nur möglich.

und Ariern) in den Jahrtausenden, welche theils dem alten ägyptischen Leben im Nilthale gleichzeitig sind und dem ägyptischen Reiche unmittelbar noch vorhergehen. Doch offenbar dürfen wir uns auch mit dem Heranziehen der iranischen Urkunden nicht beruhigen, wollen wir Aegyptens, des ältesten Culturvolkes, Stelle in der Weltgeschichte und damit die historische Urgeschichte also überhaupt vollständig sichern. Die Turanier zwar haben außer ihrer Sprache keine Denkmäler und kein Schriftthum, welche hier in Betracht kommen könnten. Aber die Sinesen (Chinesen), das älteste historische Volk der Erde (schlechtweg), mit einem Sprachsystem, welches allen historischen organischen Sprachen und der gesammten Mythenbildung der Menschheit gegenüber steht als nothwendige Vorstufe, besitzen auch in ihren geschichtlichen Ueberlieferungen Nachrichten von der historischen Urzeit, welche in jener Beziehung geprüft werden müssen.

Die neuere Forschung auf dem Gebiete des Zend hat festen Fuß gewonnen. Es ist erwiesen, daß Zoroaster's König Gustasp nicht König Darius, des Hystaspes Sohn sei. Der Mittelpunct der alten Herrschaft der Arier war Baktrien. Baktrisch hat die neuere Forschung geradezu die Sprache der Zend-Bücher genannt. Die richtige Ansicht des Verhältnisses der Inder zum nördlichen Ostasien ist seit den dreißiger Jahren dieses Jahrhunderts durch A. W. Schlegel und Carl Ritter gefunden. Man fing an die durchgehende Sage der Inder vom heiligen Berge Meru mit der uns bekannten Geographie des Hochlandes vom östlichen Nordasien in Verbindung zu setzen.

Man gelangte durch diese Untersuchung zu zwei neuen Haltepuncten. Man hatte erstlich eine weitere Begründung gewonnen für die Richtigkeit der Thatsache, daß 2458 vor Chr. ein Medischer König Babylon eroberte und daß die von ihm gegründete Dynastie etwas über 200 Jahre regierte.

Medien ist aber noch lange nicht der Ursitz der historischen Iranier, sondern Baktrien. Man wurde schon dadurch genöthigt, sich nach einem viel höheren Alterthum für den historischen Ausgang (aus dem Ursitze) der Iranier umzusehen, und man hat bei dem Suchen nach dessen Bestimmung einen bedeutenden Stützpunct erlangt. Und zwar in jener berühmten Urkunde, welche die heiligen Schriften der Feueranbeter Irans eröffnet. Man ist in der Ueberzeugung bestärkt worden, daß der Kern dieser Urkunde uralt sei und nichts Geringeres enthalte, als die Erinnerung der Züge der alten Arier nach Judien hin, das heißt die Reihenfolge der Stiftung von vierzehn Reichen, deren letztes und südlichstes das Fünfstromland (Pendschab) war. In dieser Urkunde hat man die Geschichte der allmählichen Ausbreitung der Arier erkannt. Es spricht für sie zuvörderst, daß das erste Land ausdrücklich als das Land der ersten Auswanderung genannt wird, als das Urland. Daß das letzte Land, das Pendschab, nun ebenso gewiß das südlichste ist, wie jenes Urland das nordöstliche, bestätigt diese Annahme. Es ist nun durch die neuere Forschung bewiesen, daß die breizehn Zwischenländer (vom Urlande — Sogdiana = Sughbha, Samarkand; Mouru, Maru, Marw = Merv, Margiana; Bakhdi = Baktrien, Nisaya = Nord-Parthien; Haroyu = Aria; Vekereta = Sedscheftan; Urwa = Kabul; Khnenta = Kandahar; Haraqaiti = Arachosia; Hetumat = Landschaft des Hilmend; Ragha = Nordmedien; Kathra = Khorasan; Varena = Ghilan) bis Hapta-Hindu (= Pendschab) geographisch eine natürliche Reihenfolge bilden; zweitens, daß die nordwestliche Ausbiegung sich politisch erkläre; drittens, daß die Länder wirklich arische Eroberung und Ansiedelung zeigen, und viertens, daß die in der altiranischen Urkunde angegebenen günstigen und ungünstigen Eigenschaften jenen Oertlichkeiten entsprechen. In jener Eröffnung des heiligen Gesetzbuches der Parsen haben wir also ebenso gewiß eine geschichtliche Ueberlieferung der Arier von ihren Wanderungen, Zügen und Eroberungen, als wir in der Genesis (1. Buche Mosis) eine geschichtliche Erzählung der Ausbreitung der mesopotamisch-kananitischen Völkerstämme (Semiten = Aramäer = Araber) besitzen. Die alte iranische Darstellung hat zwei große Abtheilungen: die Einwanderung aus dem östlichen oder nordöstlichen (historischen) Urlande (dem arischen Paradiese) nach Baktrien in Folge einer (Zerstörung des arischen Paradieses durch Naturkräfte) Naturkatastrophe und klimatischen Veränderung, und die spätere Ausbreitung der arischen Herrschaft im östlichen Mittelasien, welche mit der Einnahme des (indischen) Pendschab endigt. Die Väter der Arier (und also unsere eigenen, die wir dieselbe Sprache reden) wohnten also ursprünglich in dem reinen Ur-Iran, in dem (arischen Paradiese) dem Lande der Anmuth, und sie verließen es nur in Folge einer Naturumwälzung, welche das Klima (in Kälte, wie sie jetzt in diesen Gegenden von Pamer ist) veränderte. Vielleicht waren auch damit vulkanische Ausbrüche verbunden, welche zwar nur einen untergeordneten Theil an der großen Umwälzung gehabt haben können, aber einen bleibenden Eindruck gemacht haben. Das Quellenland des Oxus und Jaxartes ist also der östlichste und nordöstlichste Punct, von welchem wir auszugehen haben bei der Bestimmung der Geschichte der Ur-Arier, gerade wie das Quellenland des Euphrat und Tigris den Ursitz der semitischen Stämme bildet. Wohin auch die Inder die Sitze ihrer nördlichen Urväter, der Uttara-Kuru, gesetzt haben mögen, wir dürfen die arischen Ursitze nirgends anders hinsetzen als an die Abhänge des Belur-Dagh, in das Hochland Pamer, vom 40. bis 37. Grade nördlicher Breite und 86. bis 90. Grade Länge. An diesem Westabhange des Belur-Dagh und des Mus-Dagh (des Tian-schang, Himmelsberges, der Chinesen) ist auch der Haro-berezaiti (Albordsch) zu suchen, welcher im Zendavesta als der Urberg und Urquell der Gewässer angerufen wird. Schon Lassen hat bemerkt, daß noch heutigen Tages die altansässigen Bewohner jener Landschaft, und überhaupt in Kaschgar, Jarkend, Khoten, Turfan und den umliegenden Hochländern, die persisch redenden Tabschils sind, sämmtlich Ackerbauer. Die Turkmanen nahmen entweder erst später, nachdrängend, hier ihren Sitz, oder sind die von den Ariern vorgefundenen Ureinwohner. Als eine große Naturumwälzung diesen Himmelsstrich veränderte, zogen die Arier aus: nicht jedoch dem Laufe des Oxus folgend: denn sonst würden sie nicht in Sogd zuerst eingetroffen sein, sondern in Baktrien. Ihr Zug ging also nördlicher. Was nun das gegenwärtige Klima dieses Urlandes (Pamer) betrifft, so ist es gerade, wie unsere altiranische Urkunde es als nach der Naturveränderung eingetreten beschreibt: nur zwei Monate Wärme.

Die Ruhestätten der Arier, von Sogdiana bis zum indischen Sutledsch, können, wenn sie wirklich in natürlicher Folge sich finden, geschichtlich nichts Geringeres bedeuten, als die Eroberung von vierzehn (vorarischen-turanischen) Ländern und die Gründung eben so vieler Reiche im ganzen östlichen Mittel-Asien und im eigentlichen Indien, im Lande des Indus und seiner Zuflüsse. Dieses setzt aber voraus nicht allein die Einwanderung, sondern die Eroberung, die Vertreibung oder Unterjochung der alten Einwohner, und die Bildung einer herrschenden arischen Bevölkerung (gegen die urturanische). In Indien wissen wir es durch ausdrückliche Zeugnisse, daß die dort einwandernden Arier (turanische, zum Theil schwarze) Ureinwohner vorfanden und durch die Sprachforschung haben wir die Gewißheit, daß diese turanischen (und zwar ältesten) Stammes waren. Dasselbe muß also noch viel mehr bei den Zwischenländern angenommen werden, wo die Hauptsitze der Turanier (Scythen, Turkmanen) waren. Für den längeren Aufenthalt der Iranier aber bürgt, daß man noch heutiges Tages allenthalben den Grundstock der ansässigen Bevölkerung arisch findet. In dieser Ausbreitung selbst nun erkennt man die südliche als die Hauptrichtung: aber am südlichen Ufer des Kaspischen Meeres findet man eine Gruppe, den Kern des arischen Mediens: von Persis ist in dieser historischen Urzeit noch gar nicht die Rede (ein neuer Beweis für das Unhaltbare der Annahme, daß diese Urkunde und die zoroastrische Lehre und Gustasp persischen, d. h. westiranischen Ursprungs seien).

Das erste Land nach Verlassen des paradiesischen arischen Urlandes (Painer) war also (nach der Urkunde) Sogbiana (Samarkand): „Gau, worin Sughbha liegt." Sughbha ist das Land vorzugsweise, der Gau: nämlich als die Heimath des Feuerdienstes. Der Name wird später Sugdia geschrieben, gewöhnlich Sogbiana, unter dem 38. Grade, wo Maralauda (Samarkand) liegt, ein noch immerhin paradiesisches Land, vom Flusse Sogd befruchtet: so daß „Sogb" und „Paradies" bei den Späteren noch gleichbedeutend sind. (Sogb heißt in der alliranischen Urkunde wegen dieses seines immerhin noch paradiesischen Charakters „das zweitbeste der Länder").

Der Zug der Arier geht nun südwestlich. Die zweite Niederlassung ist in Mouru (Maru, Marw, Merv, Margiana). Dieses ist Margiana (vom Flusse Margus), jetzt Margh-ab (Margus-Wasser), Margusch in den Keilinschriften: eine fruchtbare Landschaft Khorasan's mitten zwischen Wüsten. (Dieses Land heißt in den Urkunden das „dritte beste Land").

Die dritte Niederlassung ist in Balkhi (Baktrien). Es wird

als das vierte beste Land bezeichnet als „das glückliche Baktrien mit dem hohen Banner." Balkhi ist sicher Baktra und das Land der Baktrier. Die „hohen Fahnen" bedeuten das Reichsbanner und weisen also auf die Zeit, wo Baktrien Reichssitz war. (Von Medien ist noch nicht die Rede, welches doch schon um die Mitte des 3. Jahrtausends vor Chr. Babylon eroberte: ein Beweis, in welch hohes Alter diese historische Urgeschichte der arischen Eroberung der turanischen Urländer hinaufgeht).

Die vierte Niederlassung ist in Nisaya (Nord-Parthien). Es ist als das „fünfte beste Land" bezeichnet. Dieses Nisaya des Ptolemäus ist berühmt später durch treffliche Pferdezucht; es wird gewöhnlich Nisa genannt, die berühmte Landschaft Nord-Parthicus, welche an Hyrkanien und Margiana grenzt. Die Stadt Nisaea liegt am oberen Ochus. (Hierher fällt das erste arische Schisma, der Abfall vom reinen Feuerdienste).

Die fünfte Niederlassung ist in Haroyu (Aria). Es wird als „das sechste beste Land" bezeichnet. Haroyu ist das in jüngster Zeit wieder viel besprochene Herat, in den Keilinschriften Hariva. Der Name hat nichts zu thun mit dem der Arier, sondern kommt vom Flusse, welcher jetzt „Heri," der Wasserreiche, heißt. Die griechische Landschaft Aria umfaßt den größten Theil von Sebschestan und ein Stück von Süd-Khorasan.

Die sechste Niederlassung ist in Vekereta (Sebschestan). „Vekereta, in welchem Duzhaka liegt." Das Land ist die Heimath des Rustem. Duschak ist die Hauptstadt von Sebschestan. Südöstlich davon ist das Land der Parikani, bei den Alten Theil des Sakenlandes (Sebschestan, Sakasene). Jetzt großentheils eine Wüste, war es einst ein bebautes Land. Auch hier ist vielleicht ein Schisma angedeutet, welches alsdann das zweite geschichtliche ur-iranische sein würde.

Die siebente Niederlassung ist in Urva (Kabul). Urva ist als Kabul nachgewiesen.

Die achte Niederlassung ist in Khnenta (Kandahar). „Khnenta, wo Vehrkana liegt." Unter diesem Lande ist Kandahar zu verstehen. Vehrkana kann nicht Hyrkanien sein (wie sonst auch angenommen wird), sondern es ist die jetzt Urghandab genannte Stadt, welche in Kandahar liegt. Hier war der Sitz eines unarischen, turanischen Lasters (der Knabenschänderei).

Die neunte Niederlassung ist in Haraqaiti (Arachosia). Haraqaiti, die „glückliche" zubenannt; es ist Harauwatis der Keilinschriften, Arachosia der Alten. (Hier fand wieder ein Abfall vom wahren Glauben statt).

Die zehnte Niederlassung ist in Hetumat (Landschaft des Hilmend). „Hetumat, das reiche, glänzende" (wie die Urkunde sagt), ist das Thal des jetzigen Hilmend, des Etymander der Alten.

Die elfte Niederlassung ist in Rhaga (Nordmedien). „Rhaga mit den drei Stämmen" ist ohne Zweifel das Rhagae des Strabo und Ptolemäus, die größte Stadt Mediens, südlich von Teheran. Dieser nordöstliche Theil Mediens schließt die Kaspischen Pässe ein. Der Besitz dieser Pässe deckte die übrigen Arier, und gab zugleich den Schlüssel für das ganze Medien und damit für Persien. Die Landschaft heißt auch Choana (Dwan). Auch hier wird wieder ein Schisma berichtet (in der altiranischen Urkunde): also jedenfalls wieder ein Stück alter arischer historischer Urgeschichte.

Die zwölfte Niederlassung ist in Kathra (in Khorasan). Die neuere Forschung nimmt (statt der Landschaft Kihrem) hier die Stadt Karth in Khorasan an. Hier fingen Abtrünnige an die Todten zu verbrennen: was alles eine in Sogd und Baktrien organisirte hierarchische Macht voraussetzt, obwohl keine Priesterkaste.

Die dreizehnte Niederlassung ist in Varena (Ghilan).

Die vierzehnte Niederlassung ist in Hapta-Hindu (Pendschab). Es ist das Land der sieben Hindu (d. h. das Land zwischen Indus und Sutledsch). Schon in den Veden wird das Fünfstromland auch das Land der sieben Indus (d. h. der sieben Flüsse) genannt. Auch die von den Griechen überlieferten Namen geben sieben. Nämlich der Indus und der Sutledsch entstehen*) jeder aus der Vereinigung zweier Arme, welche in ihrem früheren Laufe als selbstständige Flüsse zählen. Es ist aber nicht allein unnöthig,

---

*) Die Uebersicht, nach jener Anschauung, ist folgende:

1. Kophen (Kabul) }
2. Indus, oberer } . . . . I. Indus.
3. Hydaspes (Bidaspes) . . . . II. Hydaspes.
4. Akesines (Asikni) . . . . III. Akesines.
5. Hyarotis (Hydraotis, Iravati, Perusni) . . . . IV. Hydraotis.
6. Vipasa (Hyphasis) . . . . }
7. Saranges (oberer Satadru — Sutledsch, Ghara) . . } V. Hyphasis.

an die Ausdehnung des Landes bis zur Sarasvati zu denken; sondern eine solche Annahme würde ganz ungeschichtlich sein. Es ist jetzt durch die Veden sicher, daß die Arier erst sehr spät den Sutledsch überschritten und in dem jetzigen Indien sich ansiedelten. Erst die vierzehnte Ansiedelung nach der Auswanderung aus dem Urlande im Norden führte über den Hindukusch und über den Indus: die vorhergehenden Sitze bilden eine ununterbrochene Reihe urbarer Länder der Arier („der Freien", oder „der Ackerer"). Das letzte Glied jener früheren Niederlassungen ist das Afghanenland, am westlichen Abhange des Hindukusch. Abwärts liegt nur, nach Westen, eine zur Sicherung jener Besitzungen nothwendige Ansiedlung: die beiden Landschaften von Ghilan und Masanderan, mit den Kaspischen Pässen. Diese zusammenhängende nordwestlichere Niederlassung (Ghilan und Masanderan) bildet also auch eine zusammenhängende Gruppe.

Nehmen wir nun beide Gruppen zusammen, so fehlt kein fruchtbares Land des östlichen Mittelasiens, dessen sich unsere arischen Vorväter nicht bemächtigt hätten: mit Ausnahme des südlichen Mediens und des ganzen Farsistan oder Persis. Da nun die Geschichte den arischen Stamm in ganz Medien ausschließlich zeigt, in Persien aber als den herrschenden; so folgt aus jenem Umstande, daß Ghilan und Masanderan der Kern dieser später so wichtigen und berühmten arischen Besitzungen waren. Persien (also das viel spätere Westiran) zum Stammlande Zoroaster's und seiner Lehre zu machen, ist also von allen Annahmen die unglücklichste.

In allen diesen Landschaften haben wir nun, wie schon bemerkt, in der Geschichte und bis zum heutigen Tage, unzweideutige Spuren der iranischen Sprache, als der Landessprache. Die Namen der Urkunde geben sich ferner durch Vergleichung mit dem Sanskrit als regelrechte alte Bildungen zu erkennen, wenn gleich abgeschwächter, als die in Indien bewahrten altbaktrischen. Durch die achämenidischen Inschriften kennen wir endlich mehrere derselben als spätere geschichtliche und geographische Benennungen.

Unter solchen Umständen ist es doch unmöglich, in dieser (altiranischen) Urkunde eine spätere Erdichtung oder das Bruchstück eines geographischen Lehrbuchs zu sehen. Schon das Abspringen von dem südlichen Fortschritte zum Bilden einer zusammenhängenden nordöstlichen Gruppe am Kaspischen Meere wäre bei einer solchen Erdichtung unerklärlich. Die neuere Forschung hat mit größter Zuversicht ausgesprochen, daß wir hier eine (nur durch leicht auszusondernde prosaische und zum Theil ganz sinnlose geographische Einschiebungen verfälschte) alle Urkunde der Züge der Iranier vom Urlande nach Indien vor uns haben.

Je mehr man in's Einzelne eingeht, desto unbegründeter erscheint ein Anzweifeln dieser historischen Bedeutung unserer Urkunde. Was sollte die Formel, daß Ormuzd nach einander die und die Landschaft schuf, Ahriman sie aber verderbte, anders bedeuten, als daß der Gott der Iranier ihnen allmählich diese Sitze anwies, welche Segensstätten heißen konnten den Wüsten und Steppen Turans gegenüber, aber doch auch nicht, wie die selige Heimath, das reine Urland, ohne Mängel und Nachtheile waren? (Allerdings faßte es der spätere Bearbeiter als eine geographische Belehrung. Da hierfür nun manche Länder fehlten, so fügte er, mit offenbarem Verlassen der scharf geographischen Fassung aller vorhergehenden ächten Angaben, folgende geistlose Worte hinzu: „Als die sechszehnte beste der Gegenden und Länder schuf ich, der ich Ahura mazda bin, die, welche ohne Schutzwehr an den Grenzen des Meeres wohnen. Darauf schuf ihm entgegen Angromainjus, der Todreiche, den Schnee, der Deva Werk, und Stöße, die das Land erschüttern. — Es gibt auch noch andere Gegenden und Länder, glückliche, berühmte, hohe, gedeihliche, glänzende.")

So hat also unser ackerbauender und geistig vorstrebender Heldenstamm, seit der persischen Herrschaft (durch Cyrus; im 6. Jahrhundert vor Chr.) ununterbrochen der Herr der Welt und das mächtigste Treibrad der Gesittung, in früher Erinnerung der Eroberung (Mittel-) Asiens bis zum Induslande eine Urkunde seiner Wanderungen und seiner Verbreitung abgefaßt, welche uns von den Schülern des Religionsstifters des arischen Ostens aufbewahrt worden ist. Sie steht den biblischen Angaben von den Zügen der abrahamischen Stammväter würdig zur Seite, und nimmt für die Geschichte der Weltherrschaft den ersten Rang ein.

Nachdem so die Gründe für die Aechtheit und allgemeine Bedeutung dieser Ueberlieferung angedeutet worden, kommen wir zurück zum Hauptpuncte unserer Untersuchung: dem Ausgangspuncte, oder dem Urlande, und der Veranlassung jener Züge durch eine große Naturveränderung. Vom zweiten Segensorte an findet man theils natürliche Nachtheile, welche, auch ohne große Erdveränderungen, die strebenden arischen Stämme zur Auswanderung treiben konnten, theils Andeutungen vom Zurückweichen vor einfallenden turanischen Horden. Die Beschreibung weist auf das Hochland Nordasiens hin, das Laub des Altai und des sinesischen Himmelsgebirges. Geschichtlich ist diese Ueberlieferung gewiß. Wie wäre sie sonst entstanden? Man würde einfach erzählt haben, die Väter hätten ein wärmeres Land gesucht. Dichterische, idealische Vortrefflichkeit wird dem Lande nicht zugeschrieben. Dazu kommt aber die Bestätigung, welche diese Ueberlieferung durch die älteste indische erhält. Sollte die biblische nicht die der westlichen historischen Urvölker (Hamiten-Semiten) darstellen, diese die der östlichen historischen Stämme des Urlandes? Beide Beschreibungen ergänzen sich. Die so große klimatische Veränderung in jenen nördlichen Ländern wird in der Bibel vorzugsweise (obwohl nicht ausschließlich) dem Wasser zugeschrieben, hier wird plötzliches Frieren des Stromes angegeben, also Hebungen und Veränderung des Niederschlags angedeutet. Das Klima — zehn Monate Kälte — ist das jetzige von West-Tibet, Pamer und Belur, und paßt auf die Altailänder und die Landschaft östlich vom Kuenlung, das Paradiesland der Chinesen. Wir haben also Angabe der Wirkungen, nicht der Ursachen, und zwar einzelne Thatsachen aus einem großen Ganzen, und nur eine von vielen Erscheinungen, welche bei dieser geschichtlichen Erdumwälzung eintraten. Daß dabei eine Fluth, wie die noachische, mit den von unten aufsteigenden Wassern, also große Senkungen und Binnenseebildungen, wie die des Kaspischen Meeres, nicht ausgeschlossen werden, versteht sich von selbst, nach Allem, was wir von der Geschichte der Erde erforschen können, aber wir haben auch ein, wenn gleich sehr abgeschwächtes, Zeugniß der indischen Veden, daß die Fluth mit zu den ur-iranischen Erinnerungen gehört.

Die chronologische Forschung über das alte Indien darf nicht abgesondert betrachtet werden von der Geschichte der iranischen Arier und des übrigen Mittel-Asiens. Es ist wahr, daß die

Sanskrit-Inder von allen arischen Völkern am wenigsten Sinn für das Geschichtliche haben: Alles verflüchtet sich bei ihnen in das Ideale, Sinnbildliche, und nimmt phantastische Formen an. Allein was für ein Recht haben wir, dieses auf die vedischen Inder auszudehnen, zwischen deren Bewußtsein und Schriftthum und dem der übrigen indischen Literatur sich ein ausgesprochener Gegensatz findet, so daß beide wie durch einen tiefen Abgrund getrennt sind? Jene (vedischen) Inder sind nichts als iranische Arier, welche den Indus überschritten, nach Sprache, Sitten und Gottesverehrung.

Daß die iranischen Arier die historische Urzeit nicht vergessen hatten, zeigen die wenigen, aber desto kostbareren Reste ihrer Ueberlieferung. Die ältesten Erinnerungen, welche man dort fand, fehlen nun auch bei den Indern nicht. So ist das Gedächtniß an die große Katastrophe des historischen Urlandes (Urasiens) bei ihnen keineswegs erloschen: ebensowenig die Erinnerung an die weltgeschichtliche Wanderung der arischen Väter von der nördlichen Heimath.

Der Norden, mit dem Berge Meru, ist auch der Inder heiliges Urland. Pamer ist nichts als das Land am Meru (Upameru). Ja sie müssen darüber eine irgendwie räumlich begrenzte geographische Ueberlieferung gehabt haben. Des Ptolemäus Ottorokorrha sind offenbar, wie auch allgemein angenommen wird, die indischen Uttara-Kuru, d. h. die nördlichen Kuru. Er weist ihnen in seiner Geographie einen Landstrich im höchsten nördlichen Mittelasien an, nach Längen- und Breitengraden. Seine Quelle konnten aber nur die Inder sein. Auch Hekatäus in seiner Geschichte kannte sie: und seine Nachrichten müssen von den Persern stammen: es kann nach den Andeutungen der zoroastrischen Urkunde nicht auffallen, daß beide Nachrichten stimmen.

Also es findet sich wirklich vollkommene Uebereinstimmung der indischen und iranischen Ueberlieferung. Der Zug nach Sogd war nicht von Norden nach Süden gegangen, sondern mehr von Osten nach Westen. Das Paradies von Baktrien liegt entschieden nordöstlich, und das wußten ihre nach Indien gezogenen Nachkommen. Niemand mag also sagen, daß den (iranischen) arischen Indern die Kunde von einem solchen nordöstlichen Urlande durch Alexander den Großen gekommen.

Die Ueberlieferung von der Fluth in jenem historischen Urlanbe (Urafien) konnte ben iranifchen Ariern nicht fehlen, wie wir gefehen haben. Aber bei ben arifchen Inbern findet man fie ausbrücklich genannt. Diefe Ueberlieferung ber arifchen Inber ift als ächt und uralt nachgewiefen gegen bie Anficht, als fei fie burch femitifchen Einfluß in bas indifche Schriftthum gekommen. Man findet fie in ber vebifchen Betrachtung (Brahmana), welche ben zweiten Theil bes f. g. Jagurveba bildet. Sie erfcheint ba allerbings fchon in faft mährchenhaftem Gewande, aber boch mit manchen eigenthümlichen Zügen, welche in bem Purana und im Epos bes Mahabharata fehlen. Es verfteht fich, baß ber ben Manu (ben Stammvater bes Menfchengefchlechts) vor ber Fluth rettenbe Fifch (ber brahmanifchen Ueberlieferung) ber (fpätere) Gott Vifchnu ift: ihn nennt auch ausbrücklich bas Purana, welches biefelbe Gefchichte mit Abweichungen erzählt. Im Epos tritt fchon ber erft fpät von ben Ariern umwohnte Ganges in bie Erzählung ein: aber auch hier (im Mahabharata) fetzt Manu (ber Stammvater bes Menfchengefchlechts) über bie Fluth bis zum Himavat (Imaus, Himalaja) hin: auf feinem Gipfel findet er Rettung, und bie Gefchöpfe, beren Keime er mit fich in's Schiff genommen hatte, blühen bort auf. In ben Veben würbe bie Ueberlieferung anbers lauten, wenn in ihnen etwas bavon vorkäme: benn bamals war ja bie Lehre vom Gotte Vifchnu noch gar nicht ba.

Alfo von Norbens Bergen her kommt bie erfte Bewegung ber Menfchen: was man boch wohl nicht mit ber gefchichtlichen Einwanberung ber Arier in Inbien verwechfeln barf, bie nachweislich von Weften her ftattfanb, burch Kabul (Bolan-Paß) und über Kaubahar (Keyber-Paß): bie beiden Eroberungen und Anfiebelungen, welche ber Ueberfchreitung bes Inbus vorhergingen.

Uebrigens finden fich fogar Anknüpfungspuncte an biefelbe Ueberlieferung in ben Hymnen bes Rigveba. Das Gefagte aber genügt, um zu zeigen, baß bas gefchichtliche Gebächtniß ber Arier, felbft über bie Anfänge nicht fo ganz in Dichtung und Allegorie untergegangen war, wie man wohl öfter glaubte annehmen zu bürfen.

Unfere arifchen Epochen werben fich nun, im Großen und Ganzen, fo zu ben ägyptifchen Zeiten ftellen:

I. Auswanberung von Sogb nach Baktrien und weiter, nach Trennung von ben übrigen, weftlich ziehenben Ariern: jenfeits 5000 vor Chr.: alfo vor-menifche Zeit.

II. Einwanderung in das Indusland, gegen 4000 vor Chr.

III. Festsetzung der uriranischen Religion (= Urzoroastrismus); ungefähr Meneszeit, oder ein halbes Jahrtausend später.

Was aber den Zusammenhang der arischen Zeiten mit den ägyptischen betrifft, so ist durchaus keiner anzunehmen. Nicht allein steht Aegypten in keiner Verbindung mit der ganzen urarischen Bewegung, sondern die alten Arier haben auch vor 2458 vor Chr. keinen Einfluß auf die semitische Religions- und Staatenbildung gehabt. Ferner steht aber die iranische Entwickelung in Iran nach der Einwanderung iranischer Arier in Indien durchaus in keiner Berührung mit der indischen. In der Mitte des 4. Jahrtausends fand keine Religionstrennung (Schisma) der iranischen und indischen Arier statt, worauf etwa Indien seine eigenen Wege in der mythologischen Auffassung ging: so daß vielleicht dies in einer gewissen Verbindung mit denen der iranischen Wanderung nach dem Pendschab stünde.

Die s. g. vedische Sprache ist die festgehaltene baktrische: die Zendsprache ist die Fortbildung dieser altbaktrischen Sprache in Baktrien und Medien, und wir kennen sie in zwei Epochen: als Sprache der Zendbücher und als Sprache der Keilinschriften von Cyrus und Darius I. bis auf Artaxerxes II. Memnon. Das indische Sanskrit endlich ist die prosaische Abschwächung der altbaktrischen Sprache, welche in ihrer poetischen Form uns in den Hymnen des Rigveda vorliegt. Diese Hymnen wurden mündlich überliefert: das eigentliche Schriftthum beginnt erst mit dem Sanskrit, und zwar nachdem es gelehrte Sprache geworden. Beide Sprachen, die vedische und das Sanskrit, waren zuerst lebende Volkssprachen, und das Sanskrit wurde heilige Sprache erst mit dem Anfange des vierten Zeitalters, oder gegen das Jahr 1000 vor Chr.

In diesem allmählich gewonnenen Rahmen werden sich die Epochen der arisch-indischen Entwickelung folgendermaßen gestalten in nachstehender weltgeschichtlichen Uebersicht:

I. Die arische Entwickelung in Iran:

 A. Die Zeit der arischen Auswanderung aus dem Nordosten des Urlandes: Zeitalter des Endes der großen plutonischen Erdumwälzungen und klimatischer Veränderung: Bildung des **arischen** Sprachstammes in seiner allgemeinsten Bedeutung: 10,000—8000 vor Chr.

B. Die Zeit der allmählichen Sonderung der **arischen** Stämme (Germanen, Slaven, Pelasger): 8000—5000 vor Chr.

C. Die Zeit der allmählichen Ausbreitung des **iranisch-arischen** Stammes in Mittelasien: 5000—4000 vor Chr.

D. Die arisch-iranische Einwanderung in das Indusland: 4000 vor Chr.

E. Feststellung der ur-iranischen Religion (= Urzoroastrismus).

II. Die arische Entwickelung in **Indien**:

A. Das Leben der **Arier** im Fünfstromlande: 4000—3000 vor Chr.

(Dieses Zeitalter endigt mit dem Ueberschreiten des Sutledsch und dem Zug nach der Sarasvati: und einer religiösen Spaltung in zwei entgegengesetzte Richtungen. Die eine, welche nur Agni verehrt und Indra verwirft, also auf die uriranische Religion zurückgeht, hält sich in der alten Stätte des Fünfstromlandes. Die andere, welche nach dem Brahmanismus hingeht, wird im Lande der Sarasvati, dem neuen Indien, herrschend. Gegen 3300—3200 vor Chr. Hierauf folgt das s. g. erste Zwischenreich: Verfall der arischen Macht im Induslande durch Krieg mit den Reichen an der Sarasvati: 3100—3000 vor Chr.)

B. Nun folgt das zweite arisch-indische Zeitalter: 3000—1000 vor Chr.)

(Bildung der Brahmareligion vom Lande der Sarasvati nach dem Duab hin.)

(Bildung des Reiches der Puru; Ausbreitung nach Osten. Ausgebreitetes Kastenwesen. Reich der Bharata im Lande der Mitte oder im mittleren Hindustan.)

(Das zweite indische Zeitalter endigte mit dem zweiten Zwischenreiche: 2200—1900 vor Chr.)

C. Drittes Zeitalter: 1900—987 vor Chr.
(Neubildung großer Reiche bis nach dem Behar oder Bengalen hin: Erstarrung des Brahmanismus.) (Ohmacht der Pantschala und der Kuru. Macht der Pandava. Blutiger Kampf der Kaurava und Pandava, oder der Kuru und der Pandu.) (Das dritte Zeitalter endigte mit dem dritten Zwischenreiche.)

D. Nun folgt das vierte Zeitalter mit der Bildung des neuen Magabhareiches bis auf Tschandragupta: 986—312 vor Chr., welcher fast das ganze s. g. Aryavaria oder „indische Arierland" erobert hatte. (Sein Reich erstreckte sich vom Indus bis zu den Mündungen des Ganges.)

Das weltgeschichtliche Ergebniß der Forschung über die arischen Anfänge wäre nun Folgendes:

Die ältesten Urkunden und Ueberlieferungen der baktrischen und der von ihr abgeleiteten Vorzeit des Fünfstrom- oder Induslandes stimmen überein. Nämlich die Urkunde von den Wanderungen der Arier, von der Einwanderung nach Baktrien aus dem Urlande bis zur Einwanderung nach dem Fünfstromlande östlich vom Indus: dann die ältesten Ueberlieferungen der Zendbücher und endlich die geschichtlichen Hymnen des Rigveda.

Wenn die iranische (urzoroastrische) Religion im 25. Jahrhunderte vor Chr. schon als „medische" erschien, und auf dem Wege zur zweiten weitern Sprachstufe, verglichen mit der vedischen; so kann die Festsetzung der iranischen Religion (des Urzoroastrismus) nicht später als 3000 vor Chr. gesetzt werden. Man wird sie auch nicht höher als 4000 vor Chr. setzen dürfen, wenn die Einwanderung in Indien nicht früher als in diesen Zeitraum fallen kann, und also die Auswanderung südlich von Baktrien wohl nicht höher als 5000 vor Chr. zu setzen sein wird. Aber auch nicht später. Denn zwischen dieser Auswanderung und dem Ueberschreiten des Indus liegt nicht etwa nur eine Eroberung der Zwischenländer: nein, es werden allmählich zwölf große Länder bevölkert und auch Reiche gegründet auf dem Wege nach Indien, mit einer vorgeschobenen Niederlassung am Kaspischen Meere, welche den Grund legte zum späteren medischen Reiche, und dadurch zu dem von Medien aus gestifteten arischen Reiche Persien. Dieser ganze Theil von Asien wurde so gründlich arisch gemacht durch Vertreibung oder Vertilgung der turanischen (vielleicht auch zum Theil dunkelfarbigen) Ureinwohner, daß er bis auf unsere Tage arisch geblieben ist, wenigstens im Kerne, als älteste Bevölkerung.

Dieses paßt auf's befriedigendste in den Rahmen der Weltgeschichte, welchen die Thatsachen der Sprachen uns nöthigen bis allermindestens 20,000 Jahre vor Chr. auszuspannen (als „historischer Urgeschichte"), und welchen die ägyptische Forschung uns in den Stand gesetzt hat, von unten aufsteigend, bis zu den ältesten Pyramiden und bis zu Menes, d. h. bis zur Einheit des Reiches mit fester Schrift, also fast bis gegen 4000 vor Chr. hinaufzuführen.

Vor dem Jahre 4000 oder 5000 vor Chr. nun liegen folgende Epochen des arischen Lebens, von unten aufsteigend:

Erstlich die Epoche des gemeinschaftlichen Lebens der Arier im weitesten Sinne, also der Iranier, der Griechen, der Italer, Germanen, Slaven, Kelten. Auch die ältesten dieser Reihe, die Kelten, setzen schon die vollzogene Sonderung des semitischen und arischen Elementes voraus, die vollständige westliche und östliche Polarisirung.

Zweitens die Epoche dieser Sonderung selbst und die Auswanderung aus dem Urlande.

Wenn man nun gute Gründe hätte, diese Auswanderung gegen 9000 bis 10,000 vor Chr. zu setzen, so hat man für die kolossalste aller Sprachbildungen, die arische, bis zu ihrer vollen Blüthe — und das ist die aus Baktrien mitgebrachte vedische Sprache — einen genügenden Spielraum (aber auch nicht mehr).

Damit ist nach dieser Seite hin der Rahmen gefunden für die Stelle des ältesten Culturstaates, des chamitischen Aegypten, von unten.

Aber die Forschung über die arischen Anfänge ist nicht minder wichtig und entscheidend hinsichtlich der Aufgabe, die innere Stellung Aegyptens in der Weltgeschichte und damit die älteste Epoche der asiatischen Bildung seit der großen Katastrophe Nordasiens zu bestimmen.

Die beiden großen bildenden Menschheitsstämme, die Semiten

und die Iranier, tragen an sich und mit sich die unzerstörbaren Beweise ihrer ursprünglichen Gemeinschaft, in Sprache und Religion, und in den mit beiden verwebten Erinnerungen aus der vorfluthigen Urwelt (Urasien) und von der Bildung der Urwelt (Urasiens).

Jeder dieser beiden Stämme fängt gerade von dem Puncte an, sich selbstständig zu entwickeln und dadurch die Menschheit auf eine höhere Stufe zu heben, wo die ägyptische (chamitische) Gesittung sich im Nilthale festsetzt, wenn man sie als Theil der allgemeinen Menschenbildung betrachtet.

Wie der Zustand der Ungeschiedenheit beider sich im Nilthale niedergeschlagen und erhalten hat, so bildet Babylon den Vereinigungspunct der geschiebenen arischen und semitischen Religions- und Denksysteme.

Der Magismus z. B. hat am kräftigsten von Chaldäa aus auf die Menschheit gewirkt: aber er ist arischen Ursprungs; denn „Mag" (der Magier, Mächtige) hat weder im Hebräischen noch im Chaldäischen einen nachweislichen Stamm. Der Grund dieser chaldäischen Wirkung ist theils die mehr westliche Lage, theils auch das Uebergewicht der chaldäischen Sternkunde und Astrologie über die der arischen Völker sowohl als der alten Aegypter.

Wir gelangen nun zu den Erinnerungen und Dichtungen der Griechen (Hellenen) von den Anfängen (der historischen Urzeit).

Die Sprache von Hellas steht in keinem unmittelbaren geschichtlichen Zusammenhange so wenig mit der ägyptischen als mit der phönizischen: auch die Schrift ist von Aegypten ganz unabhängig, und wie die aller anderen arischen Völker von den Phöniziern, den Erfindern oder Vollendern des semitischen Alphabets, entlehnt.

Aber die ägyptische Sprache ist der edelste und älteste afrikanische Niederschlag einer Sprache, welche in der fernsten historischen Vorzeit (in der historischen Urgeschichte) einst dem westlichen und östlichen Mittelasien gemein war, dann aber mit gewaltiger Kraft sich polarisirte und westlich ausgeprägt ward als semitischer, östlich als arischer Sprachstamm. Also steht die hellenische Sprache, und ebenso die baktrische, indische und deutsche auf demselben Urgrunde einer gemeinschaftlichen urhistorischen menschlichen Rede, deren Einheit in ältester Form, uns im Aegyptischen urkundlich dargestellt ist.

Die Wurzel des früh in pelasgischer Form, an Armeniens Grenze, im arischen Phrygien, erwachten Lebens, welches in und um Jonien zuerst als Stern der Menschheit aufging, ist rein arisch und nachfluthig. Jene Gemeinsamkeit des häuslichen Lebens, der Viehzucht und des Ackerbaues, von welcher die hellenische Sprache so gut zeugt wie die der Germanen, geht nur auf das getrennte Sprachbewußtsein zurück, dessen erste Veranlassung die große Katastrophe des historischen Urlandes war. Nachdem die hellenischen Stämme in Europa eingezogen waren, theils über Thrazien, theils zur See, verschwand dem Hellenen bald alle Erinnerung, bis auf Mythus und dunkle Erinnerungen, welche er nicht mehr verstand.

Die Aegypter, als ein vor der Ueberfluthung des mittleren nördlichen Hochasiens ausgewandertes Volk, wissen nichts von dieser großen Unterbrechung des menschlichen Lebens im historischen Gesittungs-Urlande. Was die Hellenen davon wissen, kann also nicht von Aegypten kommen.

Daß nun in der uralten hellenischen Ueberlieferung von Deukalion's Fluth eine Sage oder eine Erinnerung an jenes weltgeschichtliche Ereigniß der historischen Urzeit sich erhalten habe, und daß wir hier weder einen in seinem Kerne idealen Mythus, noch ein Ereigniß des Lebens der thrakischen Hellenen vor uns haben, kann nicht wohl bestritten werden (von einer genaueren Untersuchung). Die Münzen von Apamea mit der Arche (von unbezweifelter Aechtheit) und die Erzählungen vom Könige Jloniums, Annakos, der die Fluth vorhersagte, bezeugen das Bestehen der noachischen Sage nicht allein in Syrien, sondern auch in Kleinasien. In Kleinasien haben wir auch den ältesten Olympos, den Genossen des Parnassos, auf welchem die thessalische Sage Deukalion nach neuntägigem Umherirren in der Arche landen läßt. Der mysische Olympos ist der höchste Gipfel Westasiens, wie der Parnassos der bedeutendste Berg Thessaliens. Jener Sohn des Prometheus, König von Phthia, baute also auf des Vaters Rath die Arche, als Zeus beschlossen hatte, das Menschengeschlecht zu vertilgen. Nach dem Aussteigen aus dem Schiffe verrichtete er mit seiner Frau, Pyrrha (der Röthlichen; dieselbe Bedeutung wie „Adam"), das Dankopfer, und wurde Stammvater des neuen (historischen) Menschengeschlechts (des ackerbauenden). Eine ganz gleiche Sage wird sich in Kleinasien an die ikonische Fluthsage geknüpft und am Olympos, wie früher an den östlicher liegenden Bergen Hochasiens (Himalaja; Ararat) örtlich gemacht haben. Beide Ueberlieferungen, die kleinasiatische und die thessalische, haben ihre gemeinschaftliche Wurzel in Phrygien, des hellenischen Stammes Ursitze. Die Uebereinstimmung mit der noachischen (v. h. semitischen, babylonisch-hebräischen) Ueberlieferung ist in allen wesentlichen Zügen zu groß, um verkannt zu werden: wie diese gibt die deukalionische Fluth sich als eine allgemeine. Die Wurzel aber ist nicht für semitisch, sondern für arisch oder für urzeitlich zu halten: aus Indien wissen wir, daß sie ja auch dem östlichen Südasien nicht fremd war. (Deshalb ist auch jede semitische Deutung des Namens Deukalion zu verwerfen, als von vornherein unzulässig).

Wie wir hier auf geschichtlichem Boden stehen mit den thessalisch-kleinasiatischen Fluthsagen, so aber mit den uns bekannten hellenischen Ueberlieferungen von den Weltaltern ganz auf idealem Grund und Boden. Dort haben wir eine historische Ur-Ueberlieferung des mittelasiatischen historischen Bildungs-Menschengeschlechts, vielfach verknüpft, einestheils mit den „Schöpfungsmythen", anderntheils mit der historischen Urgeschichte des besonderen Stammes in seiner letzten Heimath. Hier haben wir das Werk späterer Dichtung, vom Standpuncte der weltphilosophischen Betrachtung, aus dem Bewußtsein einer trüben Zeit, mit Rückblick auf die Sagen von der Vergangenheit, und nicht ohne Hoffnung auf eine bessere Zeit, wo die Strafe des alten Uebermuths und Frevels gesühnt sein wird. Das ist der allgemeine Charakter der hesiodischen Dichtung, aus welcher die böse Zeit des 9. Jahrhunderts vor Chr. hervorleuchtet. Das von Hesiod Gehoffte erfolgte im achten durch die Reformen Lykurg's und die großartige Erhebung des hellenischen Bürgerthums von dem Anfange der Olympiaden bis zu Solon's weltgeschichtlicher Gesetzgebung.

Ganz analog mit dem Sprachbewußtsein dürfte sich das Verhältniß von Hellas zu Aegypten finden auf dem Gebiete des Gottesbewußtseins. Alle Wurzeln des Bewußtseins von den Naturgöttern sind arisch. Der Name des Zeus, als des Aethers, hängt mit dem des baktrischen Deva zusammen. Dieser Zusammenhang ist ein wesentlicher Theil von jenen unvertilgbaren Spuren der ältesten Lebensgemeinschaft der arischen Stämme in Nordasien und Baktrien. Aber doch ist das ganze Wundergebilde der hellenischen Mythologie, dieses Vorspiels der späteren Poesie und Philosophie, das Werk des selbstständigen Genius dieses wunderbaren Volkes. Auch hier sind asiatische Wurzeln, und zwar nicht blos pelasgische, sondern auch semitische, nämlich phönizische: aber der Baum selbst in allen Aesten und Zweigen ist hellenisch. Diese menschliche Fortbildung und Gestaltung der kosmogonischen Ideen bei den Hellenen ist aber bei weitem das Herrlichste und Bedeutendste auf diesem Gebiete. Erstlich im Glauben und der Gottesverehrung der Hellenen selbst: dann aber auch in dem ewigen Werthe der Schönheit und Anmuth der Dichtung: endlich in der philosophischen Bedeutung. Die Griechen „empfingen entartetes Naturbewußtsein und bildeten Geist." Man überlieferte ihnen in Brauch und Mythe Sinnbilder von Sternen und von Sonnenlauf und Mondeswechsel: sie nahmen die Symbole auf, aber machten sie dem Geiste dienstbar, indem sie die (in den asiatischen Mythen) unvollkommen angestrebte menschliche Persönlichkeit zum Durchbruche und zur Vollendung brachten.

Ganz anders verhält es sich mit der Frage nach dem Zusammenhange der hellenischen Mythologie mit der asiatischen, wenn man die Anfänge dieser ganzen Bildung betrachtet. Zunächst sind alle Vermuthungen von unmittelbarem breitem ägyptischem Einflusse als beseitigt anzusehen, seitdem aus den Hieroglypheninschriften zum reichlicheren bekannt ist, was es mit Namen und Wesen der ägyptischen Gottheiten für eine Bewandniß hat. Die Aegypter selbst ohnedem kamen nirgends hin, außer auf Raub- und Kriegszügen, nach Europa entschieden gar nicht: die Hellenen müßten sich also ihre Götter bei ihnen geholt haben und dieses konnte nur durch einzelne Individuen in der heroischen Zeit (wie z. B. durch Orpheus im 14. Jahrhundert vor Chr. unter Ramses II.) geschehen. Allein die Ueberlieferung spricht von Ansiedlern, von Ankömmlingen aus Aegypten, wie von Phönizien. Doch ist im Einzelnen (außer z. B. dem uralten Amun = Ammon) nicht viel Aegyptisches nachzuweisen und alle Thatsachen beweisen, daß die Wurzeln des ägyptischen Pantheons in Asien stecken. Aber sie thun ebenfalls

bar, daß das Meiste dessen, was sich als Fremdes, Herüber-
genommenes, in den hellenischen Götter- und Heroenmythen zeigt
und bewährt, Eigenthum der Asiaten ist, nicht der Aegypter.
Diese Ansicht erhält eine neue Stütze durch das jetzt bewiesene
uralte Dasein der Joner schon vor der jonischen Wanderung in
Kleinasien. Diese alten Joner traten frühe im Welthandel in die
Fußstapfen der Phönizier. In Aegypten selbst zwar faßten sie
jedoch schwerlich festen Fuß vor dem Anfange des 8. Jahrhunderts
vor Chr.; kurz vor dem Pharao Zet.
Jene Ueberlieferung von ägyptischem Einflusse will man nun
auch so erklären. Die Wellen der großen Völkerbewegung, welche
in geschichtlicher Zeit (im 17. und 16. Jahrhundert vor Chr.)
durch das mehrfache Zurückfluthen semitischer Stämme aus Unterägypten nach den Inseln des Mittelmeeres getrieben wurden,
schlugen auch an die Gestade von Hellas. Aber „schwerlich anders
als mittelbar," wie auch mitunter angenommen wird. Die Vermittler sollen zuerst die Pelasger (Kleinasiens), dann die eben-
erwähnten Joner gewesen sein. Für „Pelasger" aber werden
nicht nur die semitischen Kolonisten selbst genommen (= Pelischtim,*)
oder Philistäer; Vorläufer der historischen Phönizier, der Sidonier
u. A.), sondern auch die arischen Alt-Griechen, als Vorstufe des
Hellenismus und zwar des Jonismus. So werden sie auch als
ein arischer Volksstamm genommen, welcher von den im 16. Jahrhundert vor Chr. schließlich ganz aus Aegypten zurückgedrängten
und nach Kreta und andern Inseln des Aegäischen Meeres ge-
triebenen Semiten zur Auswanderung genöthigt wurde. Vorher
nun möchten sie dort von phönizischen Bräuchen und Ueberlieferungen Manches angenommen haben; aber Vieles hätten sie aus
dem phrygischen Urlande mitgebracht. Die wirksamste und letzte
Vermittelung aber für das europäische Griechenland würde man
in diesem Sinne nun den alten Jonern zuschreiben können. Ge-
heime Symbole und heilige Bräuche erhielten das fremde Element
in einzelnen Mythen und Diensten. Insbesondere gehört dahin
die Erzählung von Kadmos, und der Dienst der Kabiren von
Samothrake.

Es ist unmöglich, den schönen Mythus von Kadmos und Har-

---

*) Peirschelb, Paläftiner; Pelasger.

monia mit ihrem sternbesäeten Gewande, und beider Vermählung und Herrschaft, zu lesen, ohne den (asiatisch-semitischen) kosmogonischen Grund dieses anscheinenden Heroenmythus anzuerkennen.

Aber es ist nicht anders mit dem Kadmilos = Kadmon = El: und ebenso mit Melikertes = Melkarth. Nicht allein die Namen sind dieselben asiatisch-semitischen (phönizischen), und die griechische Bezeichnung ist nur aus der phönizischen natürlich zu erklären: sondern auch der Inhalt ist phönizisch.

Die sieben Kabiren waren phönizisch, wie ihre Namen; ihr Dienst war in frühester Form von Phönizien nach Aegypten gekommen, wie später nach den griechischen Inseln, aber schon dem Hellenischen näher durch die Pelasger.

Phönizisch-ägyptisch ist ebenso die einzige Lösung des seltsamen griechischen Mythus von den zwei Brüdern, welche den dritten Bruder tödten. Die beiden Brüder sind die Wintersonne und die heiße Sirius-Sonne, der Brand der Hundstage. Die beiden Mörder des Adonis = Dionysos können nur jene beiden Feinde des Segens der Erde sein, welchen Dionysos schafft. In den ägyptischen Mythen ist die Sirius-Sonne das Feindliche, aber in Phönizien ist der Winter die Zeit des Absterbens des Adonis.

Dabei darf man jedoch ebensowenig vergessen, daß diese Mythen sich auf einem eigenen, genau umschränkten Gebiete bewegen. Denn der weitverbreitete und bedeutungsvolle griechische Apolloname und Mythus klingt nicht an den phönizischen an, wenn gleich auch diesem ächt pelasgisch-hellenischen Gotte (dem Apollo) nicht allein das astrale, sondern auch das kosmogonische (asiatische) Element anklebt, wie es aus dem seltsamen Mythus von der Sühne über den erschlagenen Python klar hervorgeht.

Solche (asiatische) Wurzeln gehen am Ende auf das „Weltei" zurück, dieses uralte asiatische babylonische und dann ägyptische (und sogar auch indische) Symbol der ersten schaffenden Einwirkung der Gottheit auf den untergeordneten Stoff.

Die hellenischen urhistorischen Anfänge hängen nun nach alledem mit Aegypten weder in Sprache noch in Religion zusammen, aber das Aegyptische und das Hellenische haben in der Tiefe gemeinschaftliche Wurzeln, nämlich in Urasien. Vermittler dieses gemeinsamen Elementes für die europäischen Griechen waren späterhin theils die asiatischen Pelasger, theils die Phönizier, endlich die hellenifirten Pelasger, die Joner. Diefe Vermittelung fällt aber, vom weltgefchichtlichen Standpuncte, fchon in die neuere Zeit, in die Völkergefchichte: mit Ausnahme jener aus Urafien nach Kleinafien und nach Thrakien mitgebrachten Elemente.

Die Frage ift nun, ob und inwiefern die hellenifchen und italifchen Anfänge jenfeit der Sprache mit den arifchen Stämmen in Afien zufammenhängen. Wenn irgendwelche, gewiß diefe: denn die Lebensgemeinfchaft, welche auch für die germanifchen, flavifchen und keltifchen Stämme mit den arifchen befteht, ift zwar ebenfo gewiß gefchichtlich, aber fie geht nicht fo weit. Es ift nun wohl richtig ausgefprochen, daß alle früheren Verfuche, hellenifche oder italifche Götter oder Heroen von Indien abzuleiten, von Anfang bis zu Ende eine reine Täufchung fein mußten. Alles Gemeinfchaftliche muß aber baktrifch (ur-iranifch) fein: das eigentlich „Indifche" kann nur dadurch zur Vergleichung kommen, daß es das alte Baktrifche bewahrt. Die brahmanifchen (fpäteren) indifchen Götter find aber nicht die vedifchen, fondern eine fpätere Sonderbildung, und es kann alfo von ihnen gar nicht die Rede fein, wenn es fich um arifche Einflüffe handelt. Die regierenden Götter diefer Periode, von Brahma bis Schiwa, find, ohne Ausnahme, felbft in Indien neu und den alten Hymnen ganz unbekannt. Es würden alfo nur die vedifchen Götternamen und Heroen übrig bleiben. Dionyfos ift fo wenig baktrifchen oder indifchen Urfprungs als feine Myfterien und die der Demeter (oder Erdmutter). Dyaus ift daffelbe Wort, vedifch, wie „Zeus", und bedeutet daffelbe (Aether); aber Diespiter ift nicht in diefer Zufammenziehung zu den Römern gekommen, obwohl feine beiden Beftandtheile uralt arifch find.

Denn — das muß man als objectiven Grundfatz fefthalten — „keine Bildung in Natur und Gefchichte hat neben einer vollkommen genügenden Urfächlichkeit noch eine anderweitige, davon verfchiedene." Wenn griechifche Philofophie von Thales und Pythagoras an ganz aus ihren örtlichen und perfönlichen, inneren und äußeren Urfachen erklärt werden kann (— und das kann fie —); fo muß es unwiffenfchaftlich heißen, dafür baktrifche oder indifche oder gar ägyptifche Wurzeln zu fuchen oder zu erdichten. So ift es aber auch mit aller Mythologie jenfeit der Verehrung der reinen Naturerfcheinungen. Die Lebensgemeinfchaft der Arier vor der Trennung, und insbesondere vor der Auswanderung der geschichtlichen, individualisirten, Hellenen und Germanen nach Kleinasien und Europa hin, hörte auf; bei einem Puncte des Gottesbewußtseins, wo es noch keine anderen Götter gab als die Verpersönlichung der großen Naturerscheinungen, wie Licht, Feuer, Aether, Wolken und Sturmwinde, als göttlicher Kräfte. Damals konnte es so wenig einen Dionysos geben als einen Prometheus oder Theseus: und ebenso wenig einen Sigurd als Helden oder einen Baldur als Göttersohn. Und doch kann für alles dieses eine gemeinsame Wurzel sich im All-Baltrischen nachweisen lassen.

Bei Erörterung dieses Punctes haben wir drei Stufen zu unterscheiden. Die beiden ersten und fernsten Stufen sind rein sprachliche, der Wortkeim der Mythologie; die dritte liegt schon im Gebiete der Mythopöie, oder Mythenbildung.

Die organische Formsprache ist schon an sich eine Vorbildung der Mythologie. Die Ausprägung eines Wortes zum Nennwort muß, dem Wesen nach, als eine mythologische That angesehen werden, wie der Ausdruck der Subjekt und Prädikat verbindenden Kopula, insbesondere die Bildung des Substantiv-Verbums, dem Reime nach, eine philosophische That heißen muß. Dieses ist die erste Stufe. Die zweite Stufe kommt schon näher als unmittelbarer Keim geschichtlicher Mythen. Die Uebertragung von Eigenschaftswörtern auf eine nur gedachte Persönlichkeit ist geradezu Mythologie. Geistige Nennwörter, wie: „der Leuchtende", „der Donnernde", sind eine That des Gottesbewußtseins im Gewande der Sprache; sie wird im Sprachbewußtsein vollzogen, ehe das Gottesbewußtsein sich selbstständig ausbildet. Diese Vorbereitung der Mythologie durch die Sprache geht viel tiefer, als man beim ersten Auffassen glauben möchte: sie ist sehr konkret und eine ebenso geschichtlich beurkundete Ausprägung wie die persönlichen Gottheiten; aber sie ist doch immer noch eine rein sprachlich-poetische; sie steht noch nicht auf dem Gebiete des gesonderten Gottesbewußtseins: sie ist noch nicht Geschichte, d. h. mythische.

Die letzte Stufe aber gehört diesem Bewußtsein an. Sie ist der durchsichtige Naturmythus. Die ausgeschmückte, geschichtlich ausgebildete Darstellung von dem „Aufgehen" der Sonne, von ihrem „Untergange" durch die Nacht, von ihrem „Vertreiben" der Morgenröthe, vom Blitze, der die Regenwolken spaltet, kann vor

der Trennung schon gäng und gäbe gewesen sein, als reine Volks-
poesie des Naturgefühls. Es frägt sich nur, ob dieses wirklich
der Fall sei; und wie man dieses nachzuweisen im Stande ist. Und
hier eröffnete sich der Untersuchung ein ebenso neues als vielver-
sprechendes Gebiet. So wurde z. B. ausgeführt, daß die berühmte
indische Erzählung vom Könige Pururavas und seiner göttlichen
Gemahlin Urvasi in ihren ersten Keimen nichts sei als die der
Griechen von Eos und Tithonos, und daß die vedische Erzählung
von der „Dahana" (die Tagung), welche nach dem Rigveda zur
Sonne kommt und stirbt, so wie diese anfängt zu athmen, dasselbe
Wort sei mit „Daphne", welche von Apollo (Helios) verfolgt
wird und umkommt. Hier würden wir die Fortbildung des Sprach-
bildes zur griechischen Legende haben. Der Name wird Bezeichnung des Lorbeerbaums, was er früher gar nicht war, noch sein
konnte. So wäre Urvasi ursprünglich ein Beiwort der Usas-
Eos (Aurora), als die Weitsichausdehnende, und Pururavas
wäre Polydeukes, d. h. der Vielleuchtende. Hier hatte die
indische Poesie selbst bereits das Naturbild der Sprache zur
Legende, zum Mythus gebildet. Es wurde auch die Vermuthung
aufgestellt, daß der Name des Orpheus, des Gemahles der von
der Schlange (Nacht) gebissenen Eurydike (Aurora), zu erklären
sein möchte durch das vedische Ribhu, Arbhu, ein Beiwort des
Indra und Name der Sonne, und ebenso vielleicht Eros selbst
ursprünglich nur ein Beiwort der Sonne gewesen sei: der Evische
mit eintretendem R-Laut, wie Aurora sich zu Usas, Eos, verhält. Aber der sanskritische Liebesgott heißt Kama, Verlangen,
und hier erst tritt die Persönlichkeit ein. In den Veden ist der
Charitenname vielleicht vorgebildet durch die sieben schwesterlichen
Mähren, welche den Wagen des Sonnengottes ziehen: Indra
heißt „die Liebe der Menschen", wie Eros Allen die Sonne des
Lebens ist. Aber dürfen die drei griechischen Chariten deßhalb
von den Indern (d. h. Baktriern) entlehnt heißen? Diese Frage
muß unbedenklich verneint werden.

Nur mit sehr großer Beschränkung kann man eine Vergleichung
der hellenischen mythologischen Namen und Geschichte mit den
vedischen, also alt-baktrischen, gerechtfertigt finden. In dieser Beschränkung aber hat sie große Wahrheit. Nicht die Göttergestalten
finden sich, aber das erste Aufdämmern der ihnen zu Grunde

liegenden Ideen im Bewußtſein der Sprachbildung und die erſte
märchenartige Ausbildung, wobei aber die leicht verhüllte Natur-
erſcheinung durch Wort und Darſtellung allenthalben durchſcheint
für den, welcher den Schlüſſel hat. Viel dunkler iſt dieſes Sinnbild bei den Hellenen. Denn die Griechen kannten ſo wenig den
Logos (d. h. den urſprünglichen Gedanken) ihrer Mythen als das
Etymon (den wahren Urſprung) ihrer Wörter.

Die nähere Lebensgemeinſchaft der ariſchen Stämme iſt vollkommen nachweisbar auf dem mythologiſchen Gebiete wie auf dem
ſprachlichen: das heißt alſo, mit alleinigem Ausſchluß der auf
einen geringen Theil beſchränkten und auch in einer ferner liegenden Weltphaſe den Ariern vereinten Semiten, haben alle gebildeten und leitenden Stämme der Welt einen gemeinſamen Anfang
der Mythologie. Die Gemeinſamkeit bewährt ſich nicht allein in
der Auffaſſung und Bezeichnung der Urverhältniſſe des geſelligen
Lebens, und in den Gegenſtänden der Viehzucht und des Ackerbaues, und was daran hängt, ſondern auch in der Auffaſſung des
Verhältniſſes des Menſchen zu Gott in der Natur und Menſchheit. Wir haben dieſe Gewähr für die Beziehungen zwiſchen
Baktrern, Hellenen und Italern urkundlich vor uns, und zwar
in allen jenen drei Stufen: erſtlich in der Poeſie der Nennwort-
bildung, zweitens in der Auffaſſung der Naturerſcheinungen als
ewiger Kräfte, drittens in der bildlichen Verbindung dieſer Erſcheinungen nach ihrem urſächlichen Zuſammenhange zu einer
ſcheinbar menſchlichen Geſchichte.

Daß wir hierfür auch bei den zuerſt aus der ariſchen Lebensgemeinſchaft ausgeſchiedenen Kelten Nachweiſe finden, hat die Forſchung bereits angedeutet. Wenn wir für die Slaven, in Beziehung auf die dritte Stufe, nicht ſo viele Nachweiſe beſitzen, ſo iſt
zu bedenken, daß die Forſchung hier noch in den Anfängen und
das ſlaviſche Schriftthum überhaupt ein ſpätes iſt. Was die
Kelten haben, kann den Slaven ſo wenig fehlen als den Germanen, die ſich, nach Ausweis ihrer Sprachen, erſt viel ſpäter von
den Ariern getrennt haben. Was die Germanen betrifft, ſo hat
offenbar ihre geiſtig ſtrebende Natur ſie, die Hellenen des Nordens,
dahin geführt, mit Ausnahme des durch den Gottesdienſt feſt-
gewordenen, ſehr bald die Hüllen und Märchen wegzuwerfen, mit
denen ſie nichts anzufangen wußten. Aber die Fluthſage blieb

als Deukalionssage; und auch die Litthauer wissen, daß ihre Stämme entstanden sind aus Steinen, welche das erste Paar rückwärts warf nach der Fluth.

Aber auch der Turanier hat noch viele Erinnerungen von den Anfängen: das wunderbare und wunderbar aus dem Munde ungekannter Geschlechter aufgefangene finnische (also jüngere turanische) Epos Kalewala genügt, um dieses zu beweisen. Ebenso findet sich die Prometheussage im Kaukasus, wie es scheint, auch bei turanischen Stämmen, und nicht bloß bei den iranischen Osseten. Jedenfalls haben wir also Wurzeln, welche auf die Lebensgemeinschaft der Japhetiden hinweisen, vor der Trennung der Iranier und Turanier.

Endlich findet man, wie in Sprache, so auch in den Gottheiten Aegyptens zahlreiche Spuren urältesten asiatischen Gottesbewußtseins aus der Zeit der Lebensgemeinschaft der so früh geschiedenen Ur-Semiten mit den Ur-Ariern.

Was nun die philosophische Erklärung der angedeuteten merkwürdigen Erscheinung, der Naturanschauung im arischen Gottesbewußtsein und in seiner sprachlich-dichterischen Vorstufe betrifft, so wird zuvörderst festzuhalten sein, daß alles Gefühl des Geistigen in der Natur nichts ist als Abglanz menschlicher Gefühle und Verhältnisse. Liebe und Haß lernt der Mensch nicht aus der Natur, sondern legt sie ebenso gut in die Natur hinein aus seinem eigenen Leben, wie die Verhältnisse von Gatte und Gattin, von Vater und Mutter und Kind, von Bruder und Schwester. Alles dieses gehört zum rein Anthropologischen oder Subjectiven der Religionsbildung: wobei natürlich nicht vergessen werden darf, daß das Leben der Natur sich in feindlichen Gegensätzen bewegt, und daß die Wahlverwandtschaft in der Chemie ein ebenso poetisch als wissenschaftlich bezeichnender Ausdruck ist.

Aber noch viel wichtiger ist, daß man sich in's Klare setze über die eigentliche Bedeutung dessen, was man, nach dem gewöhnlichen Ausdrucke, „Naturreligion" und „Naturmythus" nennt. Es ist durchaus undenkbar, eine poetisch räthselhafte Naturauffassung von Sonne und Mond, Regen und Winter, zum Ausgangspuncte einer Religion zu machen. Also kann die poetische Naturphänomenologie, welche man auf dem Grunde unserer Mythologie als erste Schicht findet, nichts sein, als Sinnbild der Grundidee aller

Religionen, des Gottesbewußtseins oder des Glaubens an eine zum Besseren, zum Heil führende sittliche Weltordnung. Die scheinbare Lösung des Räthsels liegt in der Naturerscheinung: aber die wahre besteht darin, daß der Geist diese Erscheinung selbst nur als Symbol auffaßt für das, was er in sich trägt, nämlich das Gottesbewußtsein. Die Mythenbildung kann ebenso wenig erklärt werden aus den Naturerscheinungen, welche das Leben bedingen, als die Sprachbildung aus dem Geschrei der Thiere, welche den Menschen umgeben, oder aus den Tönen des Windes.

Man darf sich aber nicht begnügen, das Angedeutete als Idee nachzuweisen, sondern man muß es als weltgeschichtliche Thatsache aussprechen. Zu erinnern ist an die große Thatsache der Naturkämpfe, welche das bereits bedeutend entwickelte Leben der Menschen in Urasien gewaltsam störten und unterbrachen; so darf man, nach dem bisher Mitgetheilten, das Bewußtsein der ausgewanderten Stämme wohl im Wesentlichen rein geschichtlich darzustellen hoffen, wenn man es etwa in folgender Weise faßt: „Die arischen Stämme waren ausgezogen aus der zerstörten historischen Urheimath (in Urasien) in ihr neues Iran, im Glauben an die gesicherte Fortdauer der natürlichen und sittlichen Weltordnung. So wenig als Sturm und Regen und Kälte den Jahressegen vertilgen können, welchen die heitere Lichtgottheit sendet; so wenig wird die Ordnung des gemeinsamen menschlichen Lebens, am Herde, im Hause, in der Gemeinde, im Stamme der gleichredenden Genossen, wieder gestört werden in der Zukunft, so lange die Menschen nicht die Segensgottheit durch Frevel reizen." Dieser Gedanke steht im Hintergrunde alles ächten arischen Gottesbewußtseins, wie der Regenbogen nach der Fluth am wieder erheiterten Himmelsgewölbe in dem schönen weltgeschichtlichen Bilde der semitischen Erinnerung. Man findet ihn in der Edda wie in den Veda-Hymnen. Aber er steht auch klar ausgesprochen in vielen Stellen dieser Hymnen: als der siegreiche Kampf des lichten warmen Aethers über Dunkelheit und Kälte. Dies ist das himmlischirdische Bild des siegreichen Kampfes des guten rettenden Gottes gegen das Böse, welches der Mensch in und um sich findet. Ein Kampf ist es, aber ein göttlicher, ein zum Siege führender. Jeder Stamm kämpfte den göttlichen Kampf mit, in seiner Weise. Die

Germanen warfen die priesterlichen Formen weg, oder hielten sie
sich fern: die Pelasger behandelten sie bereits geistig: aber die
reinen Hellenen kämpften sich durch zur geistigen Freiheit, und
machten die alten Naturgottheiten zu Idealen der Menschheit.
Dagegen entwickelte sich in Indien die Naturreligion mit aller
Stärke: später schlug sie in Brahmanismus um, und gründete
durch Brahma das geistige Element, mit Zurückdrängung des
Ethischen, auf das pantheistisch-mythische Sinnen.

———

Es ist schon mehrfach ausgesprochen worden, daß das Verhältniß der (Sinesen) Chinesen zu den Aegyptern, also der älteren welthistorischen Turanier zu den Chamiten, in mehreren Beziehungen ein weltgeschichtlich wichtiges sei. Ihre Sprache ist der
äußerste Punct jenseit (aufwärts) der ägyptisch-chamitischen Sprachbildung, welche, im Vergleich mit ihr, das Mittelalter der historischen Bildungs-Menschheit, den turanisch-chamitischen Zustand
darstellt. Als ein vorfluthig ausgewandertes, noch viel älteres
Volk als die Aegypter, besitzen die Sinesen (Chinesen) so wenig
als die Aegypter eine Erinnerung an die große Katastrophe,
welche man gewöhnlich die „noachische Fluth" nach dem aus der
Bibel hergenommenen Ausdrucke nennt. Ihre Chronologie endlich
ist in mehrfacher Beziehung mit der Lösung des Problems der
alten Geschichtsanfänge verbunden. Man mußte erklären, wie es
kommt, daß sie später beginnt als die ägyptische, und zwar bedeutend später; man hat versuchen müssen, anderwärts als in der
uns erhaltenen strengen Chronologie die Belege zu suchen für die
Wirklichkeit des ungeheuren Alters des sinesischen (chinesischen)
Volkes, welches die unfehlbare Sprachurkunde uns zwingt für ihre
Anfänge anzunehmen.

Fassen wir zunächst die Hauptepochen der chinesischen Geschichte
zusammen:

Erste Epoche: Die Zeit vor Yao.

(Confucius schließt diese Zeit von seiner Behandlung aus,
mit sehr richtigem chronologischen Gefühle. Denn die dieser
Epoche zugewiesenen Regierungen — nach den älteren Chro-
nologen vier von 332 Jahren, oder drei von 241, nach
dem ganz vorzüglichen Kanon des Bambusbuches: nach
den Neueren bald 13 Regierungen mit 966 Jahren, bald

28 mit 2520 — sind nichts als zusammenhängende Trümmer älterer Ueberlieferungen oder Erdichtungen.)

Zweite Epoche: Yao und Schün.

(Die Regierungen dieser beiden Fürsten von Schen-si werden gewöhnlich zu 150 Jahren berechnet: der Kanon des Bambusbuches gibt aber 156. Nach der mythischen Erzählung im Schuking werden nun beide Herrscher nicht allein persönlich in Verbindung mit einander gesetzt, sondern auch mit dem Gründer der ersten Reichsdynastie, Ta-Yu, d. i. der große und gute Yu. Um dieses einigermaßen möglich zu machen, haben Andere — wie Pan-tu — die Periode auf 120 Jahre herabgesetzt. Allein der erste Schritt zur Herstellung einer vernünftigen Ansicht der chinesischen Zeitrechnung ist, hier eine überkleisterte Lücke und künstliche Zusammenfügung anzuerkennen. Mit Yu beginnt die Reichsgeschichte und Reichs-Zeitrechnung im Jahre 2207 vor Chr.: Yao und Schun gehören der besonderen Geschichte des Stammlandes, der nördlichen Landschaft Scheu-si, zu. Zwischen beiden besteht durchaus keine sichere Zeitverbindung.)

Dritte Epoche: Die Reichsdynastien; Beginn (nach der gewöhnlichen Zeitrechnung): 2207 vor Chr. (nach dem s. g. Bambuskanon: 1991 vor Chr.). —

Die Uebersicht der chinesischen Anfänge und der Urgeschichte ist (bis zum Anfange der ersten Reichsdynastie) folgende:

Nach einem angesehenen Schriftsteller, Lit-se, entstand das Weltall aus der Verbindung der männlichen Urkraft, Yang, und der weiblichen, Yin. Ursprünglich war das männliche Princip allein: das Entstehen des Aethers bezeichnet den großen Anfang. Aus dem Chaos nämlich bildete sich ein geordnetes All, indem das Feinere aufstieg (Himmel), und das Gröbere unten blieb (Erde).

Aus dem „Weltei" ging der Urmensch hervor, Pu-antu, der eine mythische Zeit von Jahren lebte.

Dann kamen die Regierungen des Himmels: die Regierungen der Erde: die Regierungen der Menschen, während Myriaden von Jahren. Einer dieser alten Herrscher, Sui-schin, entdeckte das Feuer, beobachtete die Sterne, und untersuchte die „fünf Elemente."

Hierauf folgen „die fünf Herrscher". Sie sind mythische Darsteller geschichtlicher Epochen der Urgeschichte vor Yao, nach den Annalen der Stammlandschaft Schen-si.
I. Fohi, der Große, Glänzende (Tai-hao): Bildung der Astronomie und Religion, sowie der Schrift (ca. 2800 vor Chr.)*): regierte 110 Jahre. Nun kamen fünfzehn Regierungen.
II. Schin-nong (göttlicher Ackerbauer). Gründung des Ackerbaues. Kräuterkunde als Arzneikunde.
III. Hoang-ti (großer Herrscher), gelangte zum Throne durch einen bewaffneten Aufstand (neue Dynastie) und hatte eine Empörung zu bekämpfen. In seine Regierung fällt die Erfindung der Magnetnadel: Kupferbergwerke für Waffen, kunstvolle Gefäße und Geld: Verbesserung in den Schriftzeichen, angeblich nach den Linien auf den Schildkrötenschalen. Es gab 500 Hieroglyphen, von denen sich noch etwa 200 nachweisen lassen. Er gründete allenthalben feste Wohnsitze und setzte den astronomischen sechszigjährigen Kreis fest, im 61. Jahre seiner Regierung. Musikalische Instrumente. Der fabelhafte Vogel Sin erschien unter Hoang-ti. Das Reich wurde nach Süden sehr erweitert.

Die beiden nächsten Kaiser scheinen Nachkommen von Hoang-ti gewesen zu sein. Unter dem ersten seiner Nachfolger, Schao-hao, soll die Ketzerei des Götter- und Dämonendienstes aufgekommen sein, was nur von einer Ausartung des uralten Todtendienstes, d. h. Verehrung der Schin, der Geister der Abgeschiedenen, wahr sein kann. Denn diese (noch jetzt das einzige lebendige Element der chinesischen Religion) ist uralter Glaube, neben der Verehrung des Himmels und der Erde. Unter dem zweiten, Tschuen-htü, findet sich die Conjunction „der fünf Planeten" verzeichnet.

Dann folgte ein Wahlkaiser aus einem anderen Geschlechte, Kao-sin, oder der schwarze Ti-ko: ein Freund und Kenner der Musik, der sich einem weichlichen Leben ergab. Sein nachgeborner Sohn ward von Yao zum Statthalter seines mütterlichen Stammlandes ernannt. Das alte Liederbuch Schi-king handelt von der Mutter, als Stammmutter der zweiten Reichsdynastie Schang.

Der älteste der Söhne Kao-sin's ward wegen seiner Aus-

---

*) Nach einer gewöhnlichen Zeitrechnung.

— 129 —

schweifungen abgesetzt und Yao an seine Stelle erwählt, welcher mit Schün die alte Geschichte des Stammlandes mit der Reichsgeschichte verbindet.

Unter Yao wurde eine Himmelskugel gebildet, mit Darstellung der Gestirnungen. Die Jahresrechnungen waren in Verwirrung gerathen.

Schün, Sohn armer Eltern, ein Mann von sehr hohem Wuchse, ward von Yao zum Schwiegersohne und Nachfolger erkoren. Von beiden gibt der Schuking alle, schwer verständliche Sprüche. Kuen's, eines Statthalters und Wasserbaumeisters, großer Sohn Yü folgte auf Schün: beide regierten eine zeitlang neben einander. So gelangen wir nach der Ueberlieferung zur ersten Reichsdynastie Hia (welche nach gewöhnlicher Rechnung mit dem Jahre 2207 vor Chr. beginnt). Dieser Zeitraum endigt also offenbar geschichtlich, ist aber ohne streng geschichtlichen Zusammenhang überliefert. —

Das allgemeine geschichtlich-chronologische Ergebniß der Untersuchungen über die chinesische Zeitrechnung läßt sich in folgende Sätze zusammenfassen:

I. Die chinesische geordnete Geschichte und Zeitrechnung geht nur bis zum Jahre 2207 (oder 1991) vor Chr. hinauf (d. h. bis auf Yü).

II. Dieser Anfangspunct fällt zusammen mit dem Anfange der chinesischen oder Reichsgeschichte. Denn Yü legte den Grund zu der Herrschaft der Könige oder Fürsten von Schen-si über das südliche China bis zum großen Strome, indem er den Lauf des Gelben Flusses regelte und die gesegnete Ebene zwischen den Strömen dem Anbau gewann oder sicherte. Die gleichzeitige große statistische Uebersicht des Reiches mit Angabe der Werke und Einrichtung jenes wahrhaft großen Kaisers beweist, daß diese Grundlegung des Reiches eine Wirklichkeit war.

III. Der Schen-si-Staat hatte aber auch seine älteren Jahrbücher, an deren Spitze der große Fohi und der Kaiser Hoangti standen, mit einer Vorzeit vor ihnen.

IV. Diese große Vorzeit zerfällt wieder in zwei große Abtheilungen:

erstlich: die im Lande selbst;

zweitens: die eigentliche Urzeit, das Leben des chinesischen

Volkes im Urlande, in Nordasien, wo der Kienlung und der nördliche mythische Fluß.

V. Auf diese Einwanderung von Westen weisen auch alle geographischen Ueberlieferungen der Chinesen hin (wie man sie bei Ritter findet).

VI. Die Ueberschwemmung unter Yao hat mit der noachischen Fluth gerade so viel zu thun, als Yü's Dämme mit der Arche. (Jene unsinnige Behauptung wurde durch Missionäre aufgenommen, obwohl man die geschichtliche Wahrheit theilweise recht gut kannte.)

VII. Noch unter der Han-Dynastie (206 vor Chr. — 264 nach Chr.) nahm man in China an, daß 742 Mondungen (wovon 22 eingeschobene) gleich dem Cyklus von 60 Jahren seien. Man hatte also keine Kenntniß von dem Fehler der Annahme, also auch nicht von einer Methode, ihn zu verbessern.

Ebenso findet sich unter den turanischen Stämmen, in Alt-Indien und in Tibet, nur der 60jährige Cyklus, und zwar in der Form von 12 mal 5.

Die chaldäische Zeitrechnung dagegen, welche uns bekannt ist, hatte außer dem Cyklus von 60 Jahren (Sossos) noch einen Cyklus von 60 mal 10 Jahren (zehn Sossen gleich einem Neros) und die daraus hervorgehende Epoche von 600 Jahren nennt Josephus das „Große Jahr der Patriarchen," dessen Beobachtung nöthig war, um die Ordnung der Gestirne zu begreifen.

Will man die Epoche der s. g. Saren von 600 mal 6 = 3600 Jahren aus demselben Systeme erklären, so muß man annehmen, daß die späteren Chaldäer gewußt hätten, die Gleichung der 600-Jahr-Epoche sei nicht ganz genau, dabei aber den Unterschied zu 5 Tagen berechneten, so daß erst nach Ablauf von 6 jener Epochen das Jahr wieder vollständig in's Gleiche gebracht werden konnte, indem man nämlich nach 3600 Jahren die anßerordentliche Einschaltung unterlassen mußte.

Hinsichtlich des gegenseitigen Verhältnisses der Chaldäer und der Chinesen stehen folgende Puncte fest:

a. Die uralte chinesische Zeitrechnung ruht auf einer ihr eigenthümlichen übereinkömmlichen Grundlage der Bindung des Mondjahres durch einen 60jährigen Cyklus (bei den Babyloniern „Sossen" genannt), welcher dem ganzen Hochasien mit den Chaldäern gemein ist, wahrscheinlich (da er sich auch in Indien findet) mit den Baktriern: diese Grundlage ist geschichtlich.

b. Die Mittheilung fand statt, ehe die Chaldäer den 600jährigen Cyklus (s. g. Neros) erfanden.

c. Die chinesische Beobachtung beruht auf dem Gebrauche des babylonischen Gnomon.

Wir sind nun zur Herstellung der Zeiten und Epochen der nachfluthigen hebräischen Ueberlieferungen vor Abraham gelangt und dadurch zur Zusammenfassung des allgemeinen Ergebnisses der Vergleichung der hebräisch-semitischen Anfänge mit den ägyptischen und asiatischen.

Es ist zunächst die Lücke auszufüllen zwischen der Epoche Sem und dem geschichtlichen Manne Abraham.

In Sem's (biblischer) Zahl ist ein ganzer 600jähriger Cyklus (s. g. Neros) gegeben, gerade wie in der vorsluthigen Zeit Noah's: man darf also wohl annehmen, daß die nachgelieferte nachfluthige Zeit Noah's ursprünglich 300 Jahre betrug, statt der jetzigen Annahme (in der Genesis) zu 350 Jahren. Daß von dieser Zahl 50 Jahre in den vornoachischen Zeitraum gehören, wird dadurch noch wahrscheinlicher, daß in diesem gerade 50 Jahre fehlten. Also der erste Abschnitt der hebräischen Ueberlieferung von den historischen Anfängen bewegt sich in Cyklen. Dann folgen aber geschichtliche, nicht cyklische, Zahlen. Den Endpunct dieser Zahlenreihe bildet die Einwanderung Abraham's in Kanaan, nach biblischer Zeitrechnung im Jahre 2140 vor Chr.

Die historische Gestalt Abraham's hebt sich so scharf ab von den früheren unpersönlichen, großentheils rein geographischen Namen der nachfluthigen Väter, daß es nun keiner Rechtfertigung mehr bedarf, wenn man für diesen Zeitraum, wie für den vorhergehenden, die Einkleidung der Epochen in Persönlichkeiten und Zeugungen ohne Weiteres beseitigt, und die überlieferten Jahre als Bezeichnung von Zeiträumen betrachtet, welche nach abrahamischen Erinnerungen sich in diesem Stamme gefolgt waren.

Vor Arpakschad herrscht die cyklische Berechnung so unverkennbar vor, daß man sein Hauptaugenmerk darauf zu richten hat, wie diese cyklischen Zahlen beim Herabsteigen der semitischen

Menschheit von den Gipfeln der historischen Urwelt (Urasiens) in die Thäler ihrer weltgeschichtlichen Länder und ihrer alten Ueberlieferung von den mit dem idealen Gebiete gemischten Erinnerungen in die Wirklichkeit allmählich zu Persönlichkeiten gelangen, und zu Zeitreihen, welche sich an dieselben anschließen.

Mit Arrapalhitis aber hört alle Cyklenberechnung auf. Von da an bewegt sich Alles organisch auf der Linie des Fortschreitens nach Westen und nach Süden. In demselben Verhältnisse treten auch allmählich Persönlichkeiten hervor, statt Landschaften.

Selah (Salah, Aussendung) bezeichnet, daß die Wohnsitze des Stammes vorgerückt waren. Wenn man sie also, wie das Folgende nöthigt, doch noch jenseit des Tigris sich zu denken hat, so sind sie doch diesem Strome, und also Mesopotamien, näher. Denn die jetzt folgende Periode, die des „Uebergangs" (Heber, Eber), kann offenbar nicht vom Uebergange über den Euphrat verstanden werden, den erst Abraham überschritt, und bezeichnet also den Uebergang auf das rechte Ufer des Tigris. Von hier an bis auf Abram's Ueberschreiten des Euphrats bewegt sich die ganze Geschichte des Stammes in Mesopotamien, in südwestlicher Richtung. Bei diesen westlichen Zügen ist das dritte Glied nach Eber erkenntlich als Ansiedlung in Osrhoëne bei Edessa. In Terah (oder Therah) gibt sich vielleicht schon eine Persönlichkeit kund. Es heißt, daß er zuerst in Ur der Chaldäer gewohnt; er zieht dann mit seinen Kindern weg: aber mit ihm ziehen „Haran's Kinder," und wohin? nach Haran, welches der bekannte Name der neuen Landschaft ist. Diesem Charakter der Epochenrechnung bleibt die Angabe für Therah's Lebenszeit treu: es werden ihm 205 Jahre beigelegt.

Die rein geschichtliche, folglich persönliche, Erzählung beginnt hiernach erst mit Therah's großem Sohne, Abram = Abraham, und so muß es jedenfalls zweifelhaft bleiben, ob man diese ganze Epoche von 205 Jahren noch in die alte Geschichte einzureihen oder ob man sie abzubrechen hat mit dem Jahre vor dem Auszuge Abraham's.

Da die ganze Zeitrechnung jenes Zeitraums nur als Bruchstück dasteht, dem die Bestimmung des Anfangs fehlt, so ist an diesem Puncte nichts gelegen. Zu Anfang liegen zuerst noachisch-semitische Cyklen, also eine ganz unbestimmbare Zeit: dann ein langer, aber durchaus unbestimmter Zeitraum des noch nicht geschiebenen Stammlebens der Semiten in Hochasien. Nun aber sind die geschichtlichen Semiten nicht die ältesten: vor ihnen liegt zunächst! „Cham."

Aegyptens Denkmäler und Ueberlieferungen und die Geschichte seiner Sprache und der semitischen fordern für die Zeit des Traumlebens jener Semiten mehrere Jahrtausende: diese sind zu diesen Chllen zusammengeschrumpft (nach den optischen Gesetzen der Fernsicht), was sehr begreiflich ist. —

Haben wir in den biblischen Erzählungen aus der nachsluthigen Zeit vor Abraham nicht ein großes weltgeschichtliches Ereigniß, das sich an den Namen und die Person Nimrod's anknüpft? Er und sein Reich stehen ganz vereinzelt da. Sie für semitisch zu nehmen, ist eine durchaus unberechtigte Willkür. Ja nach den babylonischen Untersuchungen ist es gewiß, daß Nimrod nicht unter den babylonischen Herrschern aufgeführt war.

Es ist sicher, daß die christlichen Berichterstatter sowohl als Josephus in dem Werke des Berosus, oder wenigstens im Polyhistor, die Namen der 86 Könige vorfanden, welche die erste babylonische Dynastie, offenbar eine chaldäische, bildeten, und daß Nimrod nicht darunter war. Ihre Annahme, daß sie Nimrod in Euechius erkennen, dem ersten jener 86 Könige (welcher 3000 Jahre regiert haben soll, wie sein Sohn und Nachfolger Chomasbelos 2700 Jahre) beweist aber auch noch ausdrücklich, daß sie ihn in die fernste Zeit setzten: denn, abgesehen von der Angabe großer Epochen für jene beiden angeblichen Herrscher, werden den übrigen Königen dieser ersten Dynastie noch fast 30,000 Jahre zugeschrieben. Man hat geglaubt, die Methode gefunden zu haben, wie man aus diesen Angaben 1550 julianische Jahre vor der medischen Einnahme Babylons als den Anfang der geschichtlichen Verzeichnung der ältesten chaldäischen Könige gewinnt. Dieses führte also auf das Jahr 4008 vor Chr. (1550 + 2459 vor Chr.) ohngefähr zurück.

Die Bibel sagt uns aber mehr als jene Auszüge aus den chaldäischen alten Annalen; sie setzt uns in den Stand, die weltgeschichtliche Stellung jenes ersten turanischen Weltreichs Nimrod's, welches die Zustände Asiens, Nordafrikas und selbst Europas in urältester Zeit mächtig veränderte, und dieses Ereigniß in Verbindung zu bringen mit einem der Glieder der urgeschichtlichen Reihe der Semiten, ja eine Vermuthung zu wagen über den Thurmbau zu Babel.

Nach der biblischen Erzählung ist Nimrod ein Kuschit, d. i. die große Bewegung, welche seinen Namen trägt, gehört dem chamitischen Stamme zu und ging aus von Kusch (b. h. Aethiopien). Die Erwähnung Nimrod's kommt gleich zu Anfang des biblischen chamitischen Stammregisters vor. Von Cham stammen Mizraim und Kusch: Nimrod aber ist der Sohn von Kusch. Man kann nun geschichtlich „Cham" und „Sem" nicht als parallele Glieder nehmen. Denn „Cham" ist ja die in Aegypten fest gewordene Vorstufe „Sem's". Zwischen „Cham" und „Sem" liegt ein ganzer großer Zeitraum, von dessen Wirklichkeit jedoch die ägyptische Sprache und Bildung unfehlbare Kunde gibt. Weiterhin stehen „Mizraim" und „Kusch" neben einander als Vertreter des fest gewordenen ägyptischen und äthiopischen Elements: beide sind also vor die Periode der geschichtlichen Semiten zu stellen.

Nach allem Diesen wird Nimrod, die älteste aus dem Kuschiten- (— oder auch „Kossäer-"*) —) Stamme oder Lande hervorgegangene Persönlichkeit, oder der durch ihn dargestellte turanische (scythische; kossäische) Stamm, der große Stifter eines geschichtlichen Weltreichs, auf der turanischen Sprachstufe, vor alle Semitenreiche zu setzen sein.

Hieraus folgt, daß Nimrod's Einfall und Eroberungen in das älteste Leben der gesammten semitischen Stämme eingegriffen haben müssen. Woher käme sonst seine Erwähnung als eines allbekannten Eroberers und Herrschers? In der That zeigt sich in jenen hebräischen Stammregistern eine große Bewegung unmittelbar nach der Epoche Eber's. Dieser heißt der (den Tigris) Ueberschreitende: von seinen beiden Söhnen aber zieht der eine, Joktan, als Vater der ersten arabischen Auswanderung nach Süden. Eber's Epoche liegt etwa zwei Jahrtausende vor Abraham, und würde also hiernach etwa gegen 4500 (oder 5000) vor Chr. zu setzen sein.

Dies stimmt einigermaßen mit der Berechnung des geschichtlichen Anfangspunctes der ersten Dynastie in Babylon (ca. 4008 vor Chr.). Es ist nämlich klar, daß dieser Punct jedenfalls nach Nimrod fallen muß. Vor Nimrod aber lagen offenbar nur Epochen,

---

*) Es hießen die vorarischen, turanischen Urbewohner Mediens (Irans).

wie diejenigen, welche durch die Zahlen des Euechius und Chomasbelus angedeutet werden. Denn wenn man auch jedem der Könige, deren Regierung jene 1550 Jahre bildete, 25 Jahre durchschnittlich gibt, so erhält man doch nur 62 Könige. Von den 84 Herrschern also, welche nach der Epoche des Chomasbelus aufgeführt waren, bleiben so noch 22 übrig, und für diese haben wir 32,400 Jahre (d. h. 9 volle Saren).

Das nimrod'sche Reich bildet also irgendwo in jener Zeit vor ca. 4008 vor Chr. eine Unterbrechung der nationalen Selbstständigkeit des uralten chaldäischen Mesopotamiens. Jenseits dieser gewaltsamen Unterbrechung tritt die mythische Periode ein.

So unbestimmbar also auch Nimrod's Zeit nach oben ist, so darf man doch als sicher annehmen, daß sie vor das 40. Jahrhundert vor Chr. jedenfalls fallen muß. Aber die ganze Bewegung kann keine schnell vorüberziehende gewesen sein; davon zeugen die vielen Erinnerungen an Nimrod, welche die Bibel erwähnt und welche sich auch vielleicht in dem Namen von Susa, als der Stadt Memnon's, und in der Benennung des Trümmerbergs vom Belustempel (Birs Nimrud) zeigen. Nimrod's Name wird mit allen Städten und Thürmen bis in's Hochland von Kurdistan und bis nach Phrygien verknüpft, und sein Eroberungszug dürfte, wie man als wahrscheinlich gefunden, den geschichtlichen Kern der „Atlantis-Sage" bilden*).

---

*) Erinnerungen und Verzeichnungen großer Ereignisse in Aegypten aus dem „9. Jahrtausende" vor Chr. haben an sich gar nichts Unwahrscheinliches, sobald man sie nur als vereinzelte Erinnerungen aus einer nicht streng chronologischen Zeit ansieht. Denn bis in's 9. Jahrtausend gehen die Anfänge der beiden Reiche, von Ober- und Unterägypten, zurück, oder wenigstens Gauverbindungen mit gemeinsamer Regierung. Also auch Erinnerungen an große Natur- und Weltereignisse, welche Aegypten berührten. Hier muß ein solches großes Weltereigniß vorliegen: Aegypten wird zwar nicht geradezu als von dem atlantischen Welteroberer unterjocht angesehen; aber es heißt, daß Afrika (Libyen) „bis nach Aegypten" zu seinem Reiche gehörte. Asien ist offenbar der Sitz des vorgedrungenen Reiches, und der Kampf hat sich, sei es über das Meer, sei es über Spanien und Gallien, bis nach Etrurien hingewälzt.

Es hat nur einen solchen Eroberer gegeben, und dieser war Nimrod, der Kuschit oder Kossäer (Aethiope oder Turanier), d. h. ein aus Aethiopien oder dem vorsemitischen Arabien, oder aus dem voranischen Medien — Iran, wieder hervorgebrochener Turanier oder Ur-Scythe, welcher spätestens in den Anfang des 6. oder das Ende des 7. Jahrtausends vor Chr. ge-

Es kommt übrigens vor Allem darauf an, die Epochen gehörig zu unterscheiden. Der Bau des großen Belustempels, welchen Nebukadnezar herstellte, muß in die Zeit der ersten chaldäischen Dynastie fallen, und setzt das Bestehen des alten Babylons voraus, dessen Heiligthum dieser Tempel war.

Nun hat man über die Zeit der Erbauung dieses Tempels eine nicht verächtliche, wenn gleich oft nur zu sehr vernachlässigte Nachricht. Philo der Byblier hatte darüber in seinem Werke über die be-

bört. Atlantis aber geht auf Atlas zurück und also auf Nordafrika. Über das erste erobernde Weltreich war ein scythisches, wie Justin aus Trogus Pompejus berichtet, offenbar nach asiatischen Quellen.

Dieses ist wohl für den geschichtlichen Grund der Erzählung von dem Kriege jenes welteroberndem Königs zu halten. Die „verschwundene Insel Atlantis" aber ist als eine reine Erdichtung anzusehen, welche in der Voraussetzung oder urweltlichen Kunde von einer gewaltsamen Trennung der beiden Welttheile bei Gibraltar ihre Veranlassung hat. Eine solche Fabelgestalt mochte die alte Nachricht ganz wohl früher oder später bei den ägyptischen Priestern in Sais angenommen haben.

Allein mit dieser „Atlantis-Sage" und der Geschichte Nimrod's ist noch ein anderer wichtiger Punct der alten Ethnographie in Verbindung zu bringen. Nämlich das Vorkommen ur-semitischer Völker in Nordafrika, Libyen. Wie kamen diese in Gegenden, westlich vom chamitischen Aegyptern. Aus Aegypten selbst nicht; aber sie müssen doch wohl durch Unterägypten gekommen sein. Allein ihre Zeit ist nicht erst die verhältnißmäßig späte der aus Aegypten wandernden Hyksos oder gar der historischen Phönizier und der vor Josua fliehenden Kanaaniter. Es unterliegt keinem Zweifel, daß längst vor diesen historischen Semiten in der grauen Urzeit Schaaren von ur-semitischen Völkern von dem Orient aus — durch irgend ein großes Ereigniß (wofür man auch schon die Wanderung der Phönizier vom „erythräischen Meere" nach dem mittelländischen Küste genommen, die aber doch schon erst gegen das Jahr 3000 vor Chr. fiele, wenn sie überhaupt so zu nehmen ist) getrieben — die südlichen Uferländer des Mittelmeeres, an welche sie vom inneren Asien hin gedrängt worden, durchzogen haben und die Väler der nordafrikanischen Stämme geworden sind, die man vorzugsweise mit dem Namen „Libyer" bezeichnet, obschon dieser Name im weitern Sinne die gesammte Bevölkerung (auch die ältere als die ur-semitische) Nordafrikas von Aegypten bis zu den Säulen des Herkules bezeichnet. Diese waren, wenn man von den südlicher wohnenden Völkern absieht, nicht bloß Nomaden, sondern größtentheils Ackerbauer und befanden sich in einem nicht ungünstigen Culturzustande. Auch besaßen sie eine ur-semitische Schriftsprache, welche „einen älteren Typus als die phönizische, sonst stammverwandte, an sich trägt; sie ist von letzterer unabhängig, obwohl mit ihr aus einer gemeinsamen Quelle entsprungen." (Von dieser ursemitisch-libischen Sprache soll die jetzige Berber-Sprache, besonders das s. g. Schillh oder Tamazigt stammen.)

rühmten Städte (nach dem byzantinischen Stephanus) Folgendes gesagt: „Babylon ward erbaut, nicht von der Semiramis, wie Herodotus angibt, sondern von Babylon, einem weisen Manne, Sohn des allweisen Belos, welcher, wie Herennius sagt, 2000 Jahre vor der Semiramis lebte." Dieselbe Nachricht, als Angabe des Herennius, findet man auch bei Eustathius, nur daß hier 1800 Jahre angegeben werden als Abstand der Semiramis und des Baues Babels. Die erste Angabe gibt: 1250 + 2000 = 3250 vor Chr.: die zweite: 1250 + 1800 = 3050 vor Chr. Man weiß aus den sanchuniathonischen Auszügen, daß Philo die Zeit der Semiramis ganz gut kannte. Die durch jene Nachricht uns bewahrte Ueberlieferung gibt als Epoche der Anlage Babylons ohngefähr das 8. Jahrhundert der chaldäischen Zeitreihe, was sehr passend scheint: die Erbauung des Belustempels wird also um 3000 vor Chr. zu setzen sein (etwa gleichzeitig mit den ägyptischen Pyramiden und der Erbauung des phönizischen Sidons). Als Quelle dieses Berichtes des Philo hat man wohl Berosus oder Polyhistor oder auch die kallisthenischen Nachrichten anzusehen. Erbauung der Stadt Babylon und Anlage des Belustempels können also, im Großen und Ganzen, als gleichzeitig angenommen werden; ebenso wird in der Bibel der Bau der Stadt und der des Sprachverwirrungsthurmes zusammengestellt.

Ein nimrod'scher Thurm hat ohne Zweifel in der Urzeit vor dieser chaldäischen Periode bestanden, und er mag den Kern des Belustempels bilden. Aber sonst besteht unmöglich irgend ein Verhältniß zwischen beiden. Die jetzt wieder entdeckten Seitenmauern, welche unter den Trümmern verschüttet lagen, sind die im neubabylonischen Reiche hergestellten Mauern des Belustempels. Die Winkel sind gefunden: dieses Riesendenkmal des Alterthums maß, nach Herodot, ein Stadium (625 Fuß) an jeder der vier Seiten der Grundfläche und war eben so hoch mit seinen sieben Abtheilungen: übertraf also mit an Umfang und, im Aeußern, an architektonischer Entwickelung, auch die größte Pyramide.

Daß der königliche Erbauer in jener Nachricht nach der von ihm gegründeten Stadt genannt wird, kann, nach der Sprachweise des Alterthums, nicht auffallen. Natürlich ist „Babel" (Babylon) nur Stadtname: Bab-Bel, Beluspforte.

Doch kann man sich nicht berechtigt fühlen, das geschichtliche

Bestehen des sogenannten Sprachthurmes als ein Mißverständniß mit dem Belustempel in das Reich der Mythen zu versetzen. Der Sprachthurm war nach der biblischen Darstellung zuvörderst gar kein Tempel, sondern ein Wachtposten, eine feste Warte und ein Sammelpunct auf der ungeheuren Ebene. Er wird ferner mit dem Untergange des nimrod'schen Weltreiches und mit der Zerstreuung der Völker in Verbindung gesetzt.

Das Geschichtliche stellt sich, nach dem Vorhergehenden, ungefähr so dar. Wir haben vor dem Bau Babylon's und seines Heiligthums ohngefähr 800 (bis 1000) Jahre einer zusammenhängenden Zeitreihe geschichtlicher chaldäischer Könige. Vor diesem Zeitpuncte aber (vor c. 4008 vor Chr.) finden sich Epochenzählungen, deren Anfänge für Babylon rein mythische Reste uraltester Geschichten, spätestens des ungeschiedenen Stammlebens der Semiten, sein müssen: sie münden aber ohne Zweifel in die Vorzeit Babylons selbst, d. h. Südmesopotamiens. Alle diese Anfänge sind chaldäisch: denn sie waren bei Berosus zusammengefaßt als die Zeit des ersten chaldäischen Königsgeschlechts.

Nimrod's Reich (d. h. der alte scythische Einfall von Kusch oder Kossäa her) bildet ein Zwischenreich, nämlich eben jene Unterbrechung, die sich in den chaldäischen Anfängen kund gibt, und kommt deßhalb in der Bibel gleich nach den noachischen Zeiten vor, ganz vereinzelt. Nimrod fand chaldäische Stämme in Babylon, und die Nachkommen ihrer Fürsten machten seiner Herrschaft ein Ende. Also der ganze ältere Zeitraum konnte „chaldäisch" heißen.

Dieser Zeitpunct ging aber so tief zurück in das höchste Alterthum, und die Auflösung jenes Weltreiches hatte so große Folgen, daß sie in der Erinnerung als der Anfang der Bildung von Nationen erschien. Denn die Zersplitterung der Sprachen heißt ja nichts Anderes, als die Individualisirung eines ungeschiedenen Sprachganzen. Eine solche Ungeschiedenheit nun beurkundet die ägyptische Sprache als den (vorsemitischen) Zustand der asiatischen Menschheit gegen das Ende der vorsluthigen Zeit (in Urasien). Damals waren die später als semitisch und arisch erscheinenden Elemente noch ungeschieden, und diese Phase kann ebensowohl als Turanismus bezeichnet werden, wie (mit späterem Namen) als Chamismus.

Wie nun als unmittelbare Folge der Zerstörung der Urheimath (Urasiens) die Stämme sich zu höherem Leben erhoben und ihre Sprache individuell ausprägten; so geschah es auch später, nach Auflösung jenes barbarischen und zerstörenden scythisch-turanischen nimrod'schen Urreiches. Es wiederholte und steigerte sich dieselbe Erscheinung: individuelles Gottesbewußtsein und individuelles Gesammtleben gestalteten sich frei und durchbrachen die Einförmigkeit des bisherigen Lebens.

Die biblische Nachricht von Nimrod ist also kein Mythus: sie hat einen rein geschichtlichen Kern, welcher in's 8. Jahrtausend vor Chr. hinaufreichen mag. —

Was nun die weltgeschichtliche Stellung der Abrahamiden in Sprache und Religion anbetrifft, so war das Verhältniß Abraham's zur Mythologie Kanaan's das gerade Gegentheil seiner Stellung zu dessen Sprache.

Abram, der aus dem jenseitigen Lande eingewanderte Hebräer, nahm die dem Aramäischen nahe verwandte, aber doch bestimmt von ihm geschiedene Sprache Kanaan's an. Die Sprache des erstgebornen Sohnes Kanaans, Sidon's, und des ruhmvollen Tyrus ist reines Alt-Hebräisch, ganz besonders dem nördlich Palästinischen nahe: hier und da landschaftlich gefärbt, und in einigen Formen und Namen alterthümlicher. Karthago nahm die phönizische Sprache des 9. vorchristlichen Jahrhunderts nach Afrika herüber und bewahrte auch ohne Zweifel in späteren Zeiten manches Alte, was im Mutterlande sich fortgebildet und abgeschliffen hatte. Das Hebräische aber ist das von Abraham, dem Hebräer, statt seiner aramäischen Muttersprache angenommene Kanaanitische, und seine Entwickelung von da an ist durchaus eigenthümlich. Nach Jahren standen sich in Kanaan Israeliten, Edomiten, Kanaaniten als getrennte Völker gegenüber, und die Kanaaniten, als die entfernteren, wurden nicht einmal als alte Stammgenossen angesehen.

Das Phönizische des Schriftthums und das Hebräische der Bibel ist also gewiß als so verschieden anzusehen, wie das Aramäische es vom Hebräischen ist: allein mit dem Ursprunge verhält es sich anders. Abraham gab die Muttersprache seines Stammes auf, und nahm die semitische Mundart des Landes an, welches der Herr ihm und seinen Nachkommen angewiesen hatte. „Sprache

Kanaans" heißt auch das Hebräische im Alten Testamente: „hebräisch" nirgends. Diesem Verhältnisse des Sprachbewußtseins zu dem des größeren Volksstamms, aus welchem Abraham die Seinigen aussonderte, entspricht nun, bei aller Verschiedenheit der Stellung zu dem einen und zu dem andern, das Verhältniß des Gottesbewußtseins der Abrahamiden zu dem aramäischen: nämlich was die angeerbte, geschichtliche Grundlage betrifft. Der Naturgrund, auf welchem Abraham's Gottesbewußtsein steht, ist dies aramäische: das kanaanäische aber nur insofern, als beide in ihren Anfängen zusammenhängen. Aber während Abraham die Sprache Aramäas aufgab, um die Sprache Kanaan's anzunehmen, blieb er dem herrschenden paläftinischen Gottesbewußtsein, der Mythologie des Landes Kanaan, fremd. Er riß sich auch gewaltsam los von seinem Stammlande in Allem, was dem ihm im Innern (durch Gott) offenbar gewordenen Gottesbewußtsein widersprach. Indem er in den entschiedensten Gegensatz mit der noch mehr ausgearteten Religion der Kanaaniter trat, brach er im Wesentlichen auch mit Aram (seiner Heimath). Die Unmittelbarkeit und Innerlichkeit des Verhältnisses des Menschen zu Gott erkennend und gläubig festhaltend, gründete er darauf eine neue Lebensgemeinschaft, die wesentlich umgestaltend wirkte für die ganze innere Weltgeschichte. Durch Abraham's Gottesthat mußte das Volksthümliche Arams (Mesopotamiens) in allen wesentlichen Puncten nothwendig in das richtige Verhältniß zurücktreten: das Widersprechende ward ausgemerzt, das unanstößige Natürliche (des heidnisch-Semitischen) ward vergeistigt: im israelitischen Volksleben blieben unschuldige Erinnerungen und Sprachweisen zurück. Nur bei dieser Annahme erklären sich die unleugbaren Spuren des ursprünglichen Zusammenhangs. Man findet da nicht allein alte heidnisch-semitische Ausdrucksweisen, sondern auch das Herüberspielen uralter mythologischer Erinnerungen in die ächt geschichtliche Ueberlieferung vom Leben der hebräischen Patriarchen. Dasselbe gilt von den Berührungspuncten mit mythologischen Namen, welchen man bei der Erklärung der babylonischen und philonischen Theogonieen begegnet. Denn der wahre Gott konnte ebenso gut mit Namen bezeichnet werden, welche (wie El, Elohim) auch von den heidnisch-semitischen, aramäischen oder kanaanitischen, Stämmen gebraucht wurben. Beide hatten sie von den Vätern ererbt, und die gebildeteren Israeliten wußten auch wohl noch lange Zeit, daß sie dieselben nicht allein im wahren, sondern auch im (aller-) ältesten, unverdorbensten (unmißverstandensten) Sinne gebrauchten. Was aber das Geschichtliche betrifft, so ist bereits ausgemittelt, wo in der Schrift (Bibel) die Persönlichkeiten auftreten, und wo in der Genesis die Persönlichkeit der Ausdruck von Stämmen oder Epochen sein soll. Abraham ist eine ganz entschiedene Persönlichkeit, und alles Wesentliche, was von ihm und seinem Geschlechte erzählt wird, ist rein geschichtlich. Die Geschichte der jüdischen Patriarchen ist so wenig persönliche Darstellung eines ungeschichtlichen Stammlebens und der Abschnitte seiner Entwickelung, als jene (wie Andere schon angenommen) etwa Mythen bezeichnen, die in's Menschliche herabgezogen sind. Umgekehrt, die geschichtliche Grundlage ist eine sittlich bewußte Persönlichkeit: und dabei ist die Persönlichkeit Abraham's die bei weitem überwiegende: er drückt als wahrer Stammvater sein Gepräge den Nachkommen, ja der Menschheit auf; Isaak ist aber ebenso gewiß der leibhaftige Sohn und Jakob der leibhaftige Enkel Abraham's, als Joseph dieses Jakob leibhaftiger Sohn, Abraham's Urenkel. Ebenso wenig läßt es sich nun leugnen, daß im Laufe der Jahrhunderte, in welchen die Ueberlieferung sich als volksmäßiges Epos im Munde der Stämme Israels ausbildete, sich an die Geschichte jener drei Patriarchen Erinnerungen und Symbole der vorabrahamischen Zeit anschlossen: „Israel" z. B. schon war ein (heidnisch-semitischer) mythologischer Name; seine Uebertragung auf Jakob bedeutete also ursprünglich nichts, als daß er, welcher so hoher Gesichte gewürdigt ward, der wahre „Israel", d. h. der wahre „Gottesringer" sei. Ebenso verhält es sich mit dem Namen Esau (Usov) für Jakob's (Edoms-) Bruder; ebenso auch mit Ketura, Abraham's Weib, insofern er als der Stammvater der ismaelitischen Araber gedacht wurde (was der historische Abraham aber in Wirklichkeit nicht war, der nur ganz allein der Stammvater der Israeliten und sonst keines anderen Volkes gewesen). Alles dieses Heidnisch-Semitische nun, welches sich spurenweise im Alten Testamente findet, zeugt für die Unbefangenheit und arglose Treue der Erzählung, welche nun so vorliegt: sie nimmt die alte hergebrachte hebräische Volksüberlieferung auf, wie sie sie findet: und diese

Ueberlieferung ist eine lebendige Erinnerung an die Vergangenheit, an die Vorzeit, aus welcher Abraham hervorgegangen war.

So begriffen, wird die hier folgende Uebersicht der Parallelen der hebräischen und urasiatischen heidnisch-semitischen Namen und Bezeichnungen weder mißverständlich noch anstößig sein:

I. Berührungspuncte in den Gottesnamen:

Hebräer: El, Gott, der Starke, Held; Elohim, die Götter, Gott; Helion, der Höchste (Aufsteigende); Adonai, der Herr (eigentlich „mein Herr"); Jah, Jahve (Jehovah), der Ewige.

Heidnische (oder mythologische) **Semiten:** El, Kronos bei den Phöniziern; Elim, Elohim, die Götter, Kronos Sohn; Helyun, der Höchste (phönizisch); Adon, Adoni, Adonis, der Herr; Jah in Kol-Pi-Jah (beim phönizischen Sanchuniathon), Gott.

II. Berührungspuncte in den urgeschichtlichen Namen:

Hebräer: Adam, der Röthliche, Irdische, der erste Mensch; Cayin, Kain, Adam's Sohn; Seth, Adam's Sohn; Jubal, Lamech's Sohn; Habah, Name der Frau Lamech's und der Frau Esau's (Schönheit); Nahamah, Tochter Lamech's und der Haba (Anmuth); Disrael, Streiter Gottes, Jakob's Beiname; Hesav, Name von Jakob's Bruder, dem Haarigen, Edom.

Mythologische Semiten: Adam oder Edom, der Röthliche, der erste Mensch (Autochthon); Cayin, Techniles, Gott, Bruder des Autochthon, Sohn des Melekh (des Gottes Moloch); Set, Suti, oberster Gott der Hethiter und anderer Kanaaniter: vergl. Set, Suti, Sothis der Aegypter = Typhon; Jubal, phönizisch-kartagischer Herakles = Esmun, bedeutet: die Schönheit Baals; Habah, Dione, des Kronos Tochter (beim phönizischen Sanchuniathon); Nahamah, Hora; Disrael, Palämon; Hesav, Usoos, Bruder des Hypsuranios Semenrumos, d. Arcs: der Rauhe, Wilde, Gewaltthätige.

III. Berührungspuncte in den heiligen gottesdienstlichen Bezeichnungen.

Hebräer: Beth-El, das Haus des Herrn; Kerubim, göttliche Boten und Mächte (Engel); Seraphim (bei Jesajas), ähnliche Wesen (mit sechs Flügeln); Urim, Licht, hohenpriesterliches Schild; Teraphim, Hausgötter, Bilder der Vorfahren; Nephilim, Riesen der Vorzeit.

Heidnische Semiten: Beth-El, Baitylion, heilige Steine, Zaubersteine, vom Himmel gefallen: auch Gott Baitylos, vom Uranos kommend; Herub, Pyr, Feuersgluth, alter phönizischer Gott; Seraph, Phlox, Brand, dessen Bruder: wegen der sechs Flügel (vergl. des El göttliche Darstellung); Ur, Phos, Bruder des Vorigen; Teraph, Genos, Bruder der Genea (Toledoth), Gott; Nephilim, die phönizischen Titanen, vom alten Göttergeschlechte. —

Vom weltgeschichtlichen Standpuncte nun läßt sich die Uebersicht des Ergebnisses der Vergleichung der chamitischen Anfänge mit den semitischen und mit den hebräischen insbesondere so zusammenfassen: Die Zahlen der Erzväter (in der biblischen Genesis) sind nicht hinzugesetzt von dem späteren Erzähler, noch auch von demjenigen, welcher die s. g. Jahveh-Urkunde in der bereits mißverstandenen Form vorfand oder danach anordnete: denn man kommt erst auf die Spur der ursprünglichen cyllischen Darstellung, wenn man die in den beiden Urkunden vertheilte zwiefache Ueberlieferung auf ihre einfachste und ursprüngliche Form zurückführt. Dasselbe gilt auch von dem Inhalte: nur die hergestellte Ueberlieferung gibt einen Sinn; sie ist, wie alle ursprüngliche Ueberlieferung, vernünftig und verständlich. Diese Ueberlieferung bestand in zwei nur dialektisch etwas verschiedenen Formen: beide sind das Erbtheil desselben Stammes aus verschiedenen Perioden. Diese Formen nennt man jetzt die „Elohim-Form" (Jahve-Elohim später) und die „Seth-Form". Diese zweite wurde bei den Juden die „Javeh-Form", nachdem Seth als Name eines Abgottes beseitigt war. Der erste Theil dieser (biblischen) Ueberlieferung ist rein ideal, der zweite steht in der wirklichen Welt, und gibt Erinnerungen aus den Jahrtausenden des vorsluthigen Völkerlebens im historischen Urlande der Menschheit (Urasien). Der ideale Theil verbindet mit dem geschichtlichen Urmenschen die Idee der ewigen Schöpfung des abbildlichen, endlichen Geistes der Schöpfung, also der Menschheit, in welcher und durch welche der ewige, unendliche Gedanke des Weltalls sich zeitlich verwirklicht, nach den Gesetzen des Werdens. In diese ideale Sphäre gehört nun auch der Uebergang aus dem im Ewigen ruhenden göttlichen Willen in den freien Willen des Endlichen: also die Wahl zwischen Gutem und Bösem. Diese Freiheit erscheint zwar zunächst als Fall und Ursache der Sterblichkeit, allein sie wird durch den einwohnenden göttlichen Geist das Mittel einer höheren Verklärung Gottes im Menschen und die Vorbedingung der rettenden That der Erlösung. Die Weltgeschichte, vom Mittelpuncte des Gottesbewußtseins in der Welt, ist die Bewährung dieser Geschichte des Buches der Anfänge, und wiederholt sich in jedem Menschenleben, bewußt oder unbewußt. In diese ideale Sphäre gehört auch „Abel", „Hebel", d. h. Nichtigkeit, vergänglicher Hauch. Dieser Name schon verhindert, in „Abel" nur den ersten friedlichen Hirten zu sehen; er ist der Ausdruck des Geschlechtes der sterblichen Menschen, des Sohnes der sterblichen Lebensmutter. Insofern ist „Abel" die persönliche Darstellung der ewigen Tragödie des menschlichen Daseins, als eines nichtigen, gegenüber dem göttlichen Leben. Aber diese ideale Persönlichkeit wird in das Geschichtliche hineingezogen durch den an Kain (Dayin) angeknüpften, über alle Geschichte hinausgehenden Kampf der starken, gewaltthätigen Geschlechter der Bewohner befestigter Städte gegen die harmlos umherzeltenden Hirten. Abel ist das erste Opfer dieses fortwährenden Kampfes; in ihm kommt nun auch die Sünde zum Bewußtsein: der Mißbrauch der freien Wahl führt zum Beschluß des gräßlichsten Verbrechens, und die Vollführung des Verbrechens zur folternden Gewissensqual. Aber auch über diese That waltet das ewige Gericht Gottes: Kain bleibt am Leben und wird Stammvater eines großen Menschenstammes, der umherirrt, kämpfend, mächtig, gefürchtet, aber nicht abgeschnitten von der erlösungsbedürftigen Menschheit. Die erste Epoche der im geschichtlichen Andenken gebliebenen Urwelt ist also dargestellt im (geschichtlichen) Ur-Turanier, der trotzig nach Osten hin auszieht. Es folgt nun das Mittelalter der historischen Urwelt, das geschiedene Leben der zurückgebliebenen Stämme: hier wiederholt sich der Gegensatz von Helden und Heiligen, Kriegern und Priestern: die Heldenstämme bleiben aber gesondert, wenn auch nicht in feindlicher Geschiedenheit, wie die Turanier. Die Menschheit geht fort in zwei großen Richtuugen: östlich die Helden, westlich die Priesterlichen; diese letzteren empfinden sich als die vom Unreinen Abgesonderten. Die dritte Epoche ist die der Mischung der Starken und der Frommen: aus dieser Mischung entsprossen aber übermüthige Helden und Bevölkerungen (in Urasien); ein neues Leben fährt in die Menschheit, aber diese kann es nicht ertragen: sie verschuldet ihren Untergang durch Ueppigkeit, Uebermuth und Schwelgen. Die alte Welt geht unter im Heimathlande. Die große Fluth ist eine Weltperiode unbestimmbarer Dauer, und ebenso sind die neuen Anfänge unbestimmbar der Zeitdauer nach: wie über das letzte Zeitalter der alten Welt, ist über ihre Dauer nichts überliefert worden. In den ältesten bestimmbaren Zeiträumen zeigt sich eine große semitische Völkerwanderung, und sie scheint die Folge der Gründung des ersten geschichtlichen Weltreiches, welches erobernd in die semitischen Stämme eingriff: des Reiches Nimrod's. Aber wie jene Zerstörung und jener Untergang, so sind diese Anfänge eine Wirklichkeit, und zwar eine höchst bedeutsame und zum Verständnisse der aus ihnen hervortretenden Zustände und des Zusammenhanges der aus ihrem Dunkel hervorgehenden Völkerstämme durchaus unentbehrliche. Geschichtliche Erinnerungen von der Urwelt finden sich bei allen Völkern: Erinnerungen an die Fluth nur bei den, nach dem Zeugniß ihrer Sprache, nachsluthigen Völkern: bei diesen aber in merkwürdiger Uebereinstimmung trotz aller Mißverständnisse, Umkleidungen und Verkleidungen. In reinster Geschichtlichkeit ist das Erbtheil, wenn auch nur in Bruchstücken, bewahrt in dem Stamme, aus welchem Abraham hervorging, die erste erhabengeistig-sittliche religiöse weltgeschichtliche Persönlichkeit und Vater der Neuen Geschichte. Weder die hebräischen Anfänge noch die abrahamische Absonderung, noch die mosaische Gesetzgebung stehen in irgend einer inneren Verbindung mit Aegypten: die Wurzeln des hebräischen Lebens liegen nur im Ur-Semitischen des historischen Urasiens, und insbesondere im ältesten Aramäischen. Was aber die mythologischen oder heidnischen Semiten betrifft, so haben sie in der nachsluthigen Zeit keine Wirkung auf das ägyptische Leben ausgeübt: der Zug der Kabiren nach Pelusium, von welchem die phönizischen Geschichten erzählten, ist eben die uralte asiatische Einwanderung nach dem Nilthale. Zwischen dieser und dem Einfalle und der Festsetzung der semitischen Hyksosvölker in Aegypten (im

3. Jahrtausend vor Chr.) mögen allerdings manche Hin- und Herzüge und Schwankungen des chamitischen und semitischen Lebens in Unterägypten liegen, allein man hat von ihnen keine Kunde.

2.

Uebersicht der Epochen der historischen Urgeschichte.

Wir stellen nun die Uebersicht der Epochen der historischen Urgeschichte dar.

a.

Die Weltalter und die Epochen der historischen Urgeschichte nach der durch die neue Forschung gefundenen Stelle Aegyptens in der Weltgeschichte.

Die alten Aegypter sind die wahren Zeitmesser der Universalgeschichte im weitesten Sinne des Wortes. Vorwärts und rückwärts schreitend hat man in Aegyptens gleichzeitigen pharaonischen Denkmälern einen festen Haltpunct gefunden. Jedoch nur die allgemeine Weltgeschichte gibt den Rahmen für jeden Theil, sowohl der Zeit als dem Gehalte nach. Aus der Verbindung und Wechselwirkung beider Betrachtungen ist sodann allmählich ein überraschendes Licht in die ältere und älteste historische Geschichte des Menschengeschlechts gefallen. Und zwar insbesondere durch die ausgebreiteten Thatsachen der Sprachbildung und der Mythenbildung, oder die großen Thaten des reif werdenden Menschengeistes in dem wortbildenden und in dem götterbildenden Weltalter, der epopöischen und der mythopöischen Periode. Diese Thatsachen hängen aufs Innigste mit einander zusammen, da die Wortbildung der Anfang der Mythenbildung ist, und nichts in dieser zum Vorschein kommt, was nicht im Keime dort vorgebildet war. Durch die Thatsachen dieser beiden unvergänglichen Urkunden und Denkmäler aber wird man nun sogleich für die Anfänge aus Afrika hinausgedrängt und nach Asien gewiesen, und zwar nach Hochasien und Nordasien (Urasien). Die ursprünglichen gemeinschaftlichen Wurzeln Aegyptens und der gesammten alten geschichtlichen Menschheit liegen in diesem Urasien: zunächst im vorsluthigen, dann im ältesten und alten nachsluthigen. So gäbe es also nichts Gewisseres als die Geschichtlichkeit des in der Bibel im Großen und Ganzen aufbewahrten Rahmens: die Weltgeschichte — als historische Urgeschichte — zerfällt in die vorsluthige und in die nachsluthige. Aegyptens erster Anfang gehört in die vorfluthige Zeit, aber in ihre letzte Epoche. Die Sprache der Aegypter ist der Niederschlag einer urasiatischen Bildung, welche den s. g. Sinismus (d. h. die in China später festgewordene Sprachstufe) bereits vollständig überwunden hat, und also auch über die mit jener engverbundene reine Bilderschrift hinausgedrängt ist. Auch die ältesten turanischen Bildungen, wie die Höhen und Abhänge des Himalaja sie zeigen, liegen vor dem Chamismus, das heißt, vor dem ägyptischen Sprachtypus. Schon diese Betrachtung zwingt den Historiker mit jenen ägyptischen Anfängen bis etwa 12,000 vor Chr. zu kommen. Die staatlichen Anfänge Aegyptens (die Nomenbildung mit loser Bundeseinheit der einzelnen Landschaften) können aber auch nicht später gesetzt werden, als gegen 7000 vor Chr., wegen des für Menes gefundenen Punctes (des Anfanges der ägyptischen Reichsgeschichte: 4000 bis 3500 vor Chr.). In die früheren (drei) Jahrtausende der nachsluthigen Zeit gehört die Trennung des Arischen, und insbesondere der Sprache der Iranier, vom Semitischen. Diese Trennung erfolgte durch den ungeheuren Sproß, welchen der arische Stamm in diesem Zeitraum treibt zur Bildung „der Krone des Sprachbaumes der Menschheit." Durch beide Bildungen, die semitische und die arische, wird die frühere, der Chamismus und Turanismus, ganz überdeckt in den schönsten Theilen der alten Welt, Asien und Europa. Aber ehe einer der beiden getrennten Stämme (Semiten und Arier) sich in Asien zur Weltmacht emporringt, bildet sich ein turanisches Weltreich, welches beide zu verschlingen droht, und auch Aegyptens erste Anfänge störend berührt haben muß: das Reich Nimrod's. Die Epoche hierfür kann, Alles in Erwägung gezogen, nicht älter als etwa 8000 vor Chr., gewiß aber auch nicht viel jünger als 7000 vor Chr. sein. Die Anfänge des ersten mesopotamischen Reiches, der „weltgeschichtlichen Wiege der nachsluthigen westlichen Menschenbildung," gehen chronologisch nur vielleicht um ein Weniges höher hinauf als Menes (nämlich bis c. 4008 vor Chr.). Aber schon gegen 3000 vor Chr. fällt, fast gleichzeitig mit den großen Pyramiden, die Anlage des größten Denkmals Babylons und der Welt, nämlich die Errichtung des Belustempels. Dieser Tempel ist nicht zu verwechseln mit dem Wartthurm der Genesis, welcher übrigens auch historisch ist, und vielleicht den Kern und Grundbau des chaldäischen Tempels bildet. Vor diesem Anfange rein chronologischer Zählung liegen unzweifelhaft geschichtliche Erinnerungen der babylonisch-chaldäischen Menschheit, die bis zur Spitze der nachfluthigen Zeit hinaufreichen. Was aber die arischen Anfänge betrifft, so konnte man die Einwanderung eines Theiles der arischen Iranier in das Pendschab (Indusland) nicht später als 4000 vor Chr. setzen, also die Auswanderung der Arier aus Baktrien nicht später als 5000 vor Chr. Die Lebensgemeinschaft der arischen Völker stammt also nicht aus Indien, sondern geht zurück auf Iran, folglich vor 5000 vor Chr. Die Lebensgemeinschaft der pelasgisch-hellenischen Stämme so nahe als möglich vor die arische Auswanderung aus Baktrien gesetzt, fällt also früher, auf c. 6000 vor Chr. Die Trennung der Slaven und Germanen kann wohl nur älter sein, gewiß nicht jünger; die der Kelten muß aber spätestens der Nimrodzeit gleich gesetzt werden. Die Lebensgemeinschaft der Arier mit den Turaniern gehört aber in den Anfang der nachfluthigen Zeit, wenn nicht in die vorfluthige.

So erhalten wir folgenden weltgeschichtlichen Rahmen:

Erstes Weltalter: Vorfluthige Alte Geschichte (Urwelt): bis zur Fluth: angenommen : 20,000—10,000 vor Chr.

Ursprachbildung und Anfang der Mythenbildung:
I. Bildung des Sinismus: angenommen : 20,000—15,000 vor Chr.
II. Bildung des Alt-Turanismus: 15,000—12,000 vor Chr.
III. Bildung des Chamismus in Urasien : 12,000—11,000 vor Chr.

Einwanderung der Chamiten in Aegypten.

Die Fluth: angenommen : 10,000 vor Chr.

Zweites Weltalter: Nachfluthige Alte Geschichte (Mittelalter) : 10,000—3500 vor Chr.

(Von der Fluthwanderung bis auf Menes, den Gründer des ägyptischen Reiches.)

IV. (1.) Die Bildung des Semismus;
Turanisches Weltreich (Nimrod) : 10,000—7000 vor Chr.
V. (2.) Die Bildung des Iranismus : 7000—4000 vor Chr.
VI. (3.) Chaldäismus in Babylonien : 4000 vor Chr.

Das Menesreich in Aegypten : 3500 vor Chr.

Drittes Weltalter: Neue vorchristliche Geschichte: von Menes bis auf Augustus : 3500—30 vor Chr.
VII. (1.) Die Zeiten der Aegypter : 3500—1250 vor Chr.
VIII. (2.) Die Zeiten der Semiten : 1250—538 vor Chr. (Vom Beginne des assyrischen Weltreiches bis auf die Eroberung Babylons durch Cyrus, wodurch Persien zum Weltreiche wird.)
IX. (3.) Die Zeiten des Perserreiches : 538—330 vor Chr.
X. (4.) Die Zeiten des Hellenismus oder die alexandrinische Zeit (oder auch makedonisch-römisches Zeitalter genannt) : 330—30 vor Chr.

Viertes Weltalter: Neue nachchristliche Geschichte : 30 vor Chr.—x nach Chr.
XI. Die Zeiten des römischen Kaiserreichs : 30 vor Chr.— 476 nach Chr.
XII. Die Weltgeschichte des Mittelalters : 476 — 1517 nach Chr.
(XIII. Die Neuzeit: 1517—x.)

Die älteste Spur der Lebensgemeinschaft Aegyptens mit der semitisch-arischen Menschheit gehört einer Stufe vorfluthiger Entwickelung an, welche in Asien selbst, im Völkergewimmel nach der Auswanderung der Semiten und Arier aus dem Urlande (Urasien), als ein Durchgangspunct verschwunden ist. Und doch ist diese gerade wie die allerbedeutendste, so die allerurkundlichste. Ihre Urkunde ist mit unvergänglichen Zügen eingegraben in die Sprache und die damit unmittelbar zusammenhängende Urdichtung und Urmythologie. Aber auch von der ursprünglichen Gemeinschaft in der eigentlichen mythopöischen oder ältesten Mythenbildungs-Epoche finden sich nicht zu verkennende Spuren. Dann hört alle nachweisliche Berührung Aegyptens mit Asien für viele Jahrtausende ganz auf (selbst im Menesreiche); eine uralte, aber doch nicht ursprüngliche, Einwirkung der späteren (historischen) Phöniker ist, nach den philonischen Auszügen aus Sanchuniathon, allerdings nicht unmöglich, aber wir können nichts Weiteres darüber ergründen. Die semitischen, palästinisch-arabischen Hyksos gründeten (im 3. Jahrtausend vor Chr.) eine Beduinenherrschaft in Unterägypten mit einem befestigten Grenzlager: aber an einen wirklichen tiefgehenden Einfluß dieser roheren semitischen Stämme auf das schon hochgebildete industriereiche Aegypten ist nicht zu denken. Noch weniger an einen arisch-iranischen; die Arier überhaupt haben den Aegyptern immer ganz ferne gestanden: Aegypten empfing von ihnen nur den Todesstoß durch das jüngste arische Volk Asiens, die weltherrschend gewordenen Perser. Die arisch-iranische Weltanschauung war in manchen Beziehungen noch weiter von der ägyptischen entfernt, als die abrahamisch-hebräische. Bei Abraham's Stammgenossen und seinen Umgebungen sogar stand im Hintergrunde noch immer Seth-Baal und seine blutigen Menschenopfer und gleichlaufend auch Adoni-Osiris. Auf der rein-verneinenden Seite ist das Verhältniß der ägyptischen und der hellenischen Anfänge zu den asiatisch-arischen Ueberlieferungen gleich: die Aegypter sind beiden gegenüber ein vorsluthiges Volk: sie haben so wenig einen Einfluß auf jene Arier geübt, als auf die Semiten und auf die Hellenen. Aber sie (die Aegypter) waren nicht ein „Gräuel" den Hebräern, so wenig als „Barbaren" im engeren Sinne den Griechen, obwohl ihnen (den Aegyptern) selbst jene als „Unreine" und Gottlose erschienen, diese als geistreiche Kinder.

So haben wir also, die Gesammt-Entwickelung Aegyptens überblickend, vier große Epochen des weltgeschichtlichen Verhältnisses Aegyptens zur übrigen Welt:

I. In der Urwelt, der chamitisch-turanischen Zeit vor der Fluth: Gemeinschaft des Ursprungs durch die Sprache und die Keime des Gottesbewußtseins.

II. In der zweiten Epoche (der vormenischen Fürstenzeit) möglicherweise Einfluß des phönizischen Semitismus, in der Mythologie.

III. In der dritten Epoche, von Menes bis Alexander, über drei Jahrtausende, haben wir starke Sonderung und Feindschaft: die Berührung mit den Hebräern (vom 16. bis 14. Jahrhunderte) — für letztere meist nur eine leidende, ist weltgeschichtlich die bedeutendste: der griechische Geist in Aegypten vor Alexander erscheint, vom 10. Jahrhundert vor Chr. an, zuerst als staunender Fremder, dann als Beschauer der Leiche, deren Erbschaft Alexander antritt.

IV. Die vierte Epoche, nämlich die alexandrinische, ist die der Mischung des Aegyptischen, zuerst, in der vorchristlichen Zeit, mit bem hellenisch-jübischen, bann auch mit bem christlichen Elemente.

Es soll nun hier eine Ueberſicht der zwei erſten Weltalter, als der hiſtoriſchen Urgeſchichte, folgen, mit ihren Unterabtheilungen.

Erſtes Weltalter: Vorfluthige Alte Geſchichte: Urſprachbildung und Anfang der Mythenbildung: 20,000—10,000 vor Chr. (angenommen).

Erſtes Zeitalter: Bildung und Niederſchlag des Sinismus: 20,000—15,000 vor Chr. (angenommen).

Die Wortſtamm-Sprache: nicht geſprochen, ſondern mit auf- oder abſteigendem Tone geſungen: erläutert durch Geberde, begleitet von reiner Bilderſchrift: jede Sylbe ein Wort, jedes Wort ein Bild.

Niederſchlag dieſer Sprache in Nord-China (Schen-ſi), im Quellande des Hoangho: der Sinismus vollendet und ſtarr.

Die beiden älteſten Polariſationen des Gottesbewußtſeins: die gegenſtändliche, Verehrung der Gottheit als des Kosmos (Himmelsgewölbes); die perſönliche, Verehrung des Geiſtes im Todtendienſt der Eltern.

Zweites Zeitalter: Bildung und Niederſchlag des Alt-Turanismus: die öſtliche Polariſirung des Sinismus: (angenommen): 15,000—14,000 vor Chr.

Die reine Anheftungsſprache: Bildung einer größeren Worteinheit durch die Einheit des Tones.

Keim des Hervortretens der Vollſtämme als Wurzeln, im Gegenſatze der Formſtämme, oder Partikeln.

Keim der Redetheilbildung.

Niederſchlag in Tibet (Botiya-Sprache).

Keim der Mythologie.

Drittes Zeitalter: Bildung und Niederſchlag des Chamismus und Fluth: weſtliche Polariſirung des Sinismus: (angenommen) 14,000—11,000 vor Chr.

Bildung der Stämme zu Wurzeln: Entſtehung der Redetheile, mit entſchiedener Sonderung der Vollwörter (Nennwort, Zeitwort, Beiwort) und der Formwörter: 14,000 vor Chr.

Declination und Conjugation mit Affixen, Suffixen und Endungen: Standpunct des Aegyptischen: 13,000 vor Chr.

Anfang der Hieroglyphen, b. h. symbolische Bilderschrift: jedoch ohne Eintreten des phonetischen Elements oder der Bezeichnung des Lautes: 12,000 vor Chr.

Niederschlag dieser Sprachstufe in Aegypten durch Einwanderung westasiatischer Ursemiten = Chamiten. Erfindung oder Weiterbildung hieroglyphischer Zeichen, vielleicht schon mit Eintreten des phonetischen Elementes, durch Feststellung einiger Dingbilder zum Ausdruck einer Sylbe (Formsylbe), ohne Beziehung auf die ursprüngliche Bedeutung: Ursyllabar als Anfang des Phonetismus: 11,000 vor Chr.

Die Fluth: Zerstörung in Norbasien (Urasien).

Auswanderung: der Arier aus dem Quellenlande des Oxus und Jaxartes;

der Semiten aus dem Quellenlande des Euphrat und Tigris: (angenommen) 11,000—10,000 vor Chr.

Zweites Weltalter: Nachfluthige Alte Geschichte: Von der Fluthwanderung bis auf Menes, den Gründer des ägyptischen Reiches: 10,000—3500 vor Chr.

(Mittelalter der alten Menschheit.)

Erstes Zeitalter: 10,000—7000 vor Chr.

a) Allgemeine Epochen der asiatischen Weltgeschichte.

(Die Festsetzung des Semismus in den Euphrat- und Tigrisländern und das turanisch-nimrod'sche Weltreich.)

Vollständige Scheidung der westlichen und östlichen Polarisation, durch Trennung der Semiten und der Arier.

Die Festsetzung des Semismus in der Affixen- und Suffixenbildung mit vorherrschendem Streben nach Dreibuchstabigkeit der Wurzeln.

Die Dreibuchstabigkeit als Bildungsprincip.

Das turanische Weltreich: Nimrod, der Kuschite (oder Kossäer). Völkersammlung in Babylon (Warthturm) und semitische Polarisation und Auswanderung.

Zug der Arier aus Upa-Meru nach Sogd und Baltrien hin.

b) Geschichte des chamitischen Niederschlags im Nilthale.

Die Nomenzeit und die Gestaltung des Osirismus als der Gemeinschaftlichkeit des Gottesbewußtseins und Grund der

einzelnen landschaftlichen Verbände: Anfang der ägyptischen Volksthümlichkeit 10,000 vor Chr.
Anfang der Kastenbildung: Priester und Krieger.
Ende der republikanischen Nomenzeit: 9000 vor Chr.
Bytis, der thebäische Ammonspriester, der erste Priesterkönig.
Priesterkönige: bis 7000 vor Chr.

Zweites Zeitalter: 7000—4000 vor Chr.
a) Allgemeine Epochen der asiatischen Weltgeschichte:
Die Festsetzung des Iranismus und der ägyptischen Hieroglyphik.
Die vollkommene Formsprache: die vereinigten Stämme der Arier, und ihre allmähliche Sonderung als Kelten, Iranier, Griechen, Slaven, Germanen u. a.: 7000—5000 vor Chr.
In dieser Zeit individuelle Ausbildung der einzelnen Stämme der Nord- und Süd-Semiten.
Bildung arischer Reiche in Mittel-Asien, bis Nordmedien und bis Kabul und Kandahar: 5000—4000 vor Chr.
Die Arier ziehen ein in das Induslaub: 4000 vor Chr.
Bildung eines mächtigen Reiches in Südbabylonien;
Anfang der chaldäischen Königreiche Babylons.
b) Geschichte des khamitischen Niederschlags im Nilthale.
Anfang der Wahlkönige in Aegypten 7000 vor Chr.
Anfang der erblichen Könige in Niederägypten 5000 vor Chr.
Gleichzeitige thinitische Vor-Menes-Fürsten.
Also Doppelreich: Oberes Land — Unteres Land.
Ausbildung der drei Gottesdienste in ihrer Gesonderheit: Set (Delta) — Ra (Heliopolis, Heptanomis) — Ammon (Thebais).
Osiris wird allmählich allgemeine Bundesgottheit im ganzen Nilthale.
Menes, König von ganz Aegypten: 4000—3500 vor Chr.
(Aegyptisches Reichsbewußtsein.)

b.
Die Epochen der weltgeschichtlichen Beziehungen Aegyptens.

Richten wir nun, zum Schlusse der historischen Urgeschichte, noch Aegyptens Stelle in der Weltgeschichte auf in der Zeit vor

Menes, mit welchem sich ein einheitliches Reich auf einem uralten, vielfach abgestuften Unterbaue staatlicher Anfänge erhebt, mit gebildeter Sprache und sicherlich nicht ohne Schrift. Die staatlichen Einrichtungen des ägyptischen Menesreiches (mit welchem die gewöhnlich so genannte „Weltgeschichte" beginnt) aber sieht man hervorgehen aus einem theils landschaftlichen, theils einheitlichen Gottesbewußtsein. Man mußte also die Epoche der Mythenbildung vor die staatlichen Anfänge setzen, wie die Epoche der Sprachbildung wiederum vor die der Bildung der Mythen. So sind drei Stufen vormenischen Lebens aufzuzeigen, deren jede spätere bedingt ist durch die vorgeschrittene Ausbildung der vorhergehenden. Nicht daß es je eine Zeit der Sprachbildung gegeben hätte ohne Gottesbewußtsein und ohne bürgerliche Gesellschaft. Beide sind im innersten Wesen des Menschen begründet, und wurden mit ihm geboren, der Anlage und dem Kunsttriebe nach. Die wald- und blumenbekleideten Höhen und Thäler der mütterlichen Erde umgaben die Menschen der historischen Urzeit mit ihren zahllosen Geschöpfen und ihren Strömen und Buchten und Bächen, gerade wie uns, nur in urweltlicher Frische und Uebermacht. Das Auge des Menschen der historischen Urzeit schaute auf sie, wie auf Sonne, Mond und Sterne, mit der Ahndung, daß er ein Ganzes schaue, in dessen Mittelpunct er stehe: ein geordnetes Ganzes, in welchem ein ihm verständliches Gesetz walte. Es ist diese Voraussetzung der Ursächlichkeit, dieses Bewußtsein eines Kosmos, einer Weltordnung, deren wesentlicher Theil der Mensch sei, welche ihm Sprache und Religion möglich macht, welche ihn zur Rede wie zur Gottesverehrung treibt. In der Familie war ihm das staatliche Leben vorgebildet, durch das eheliche Verhältniß und durch des Zeltes oder Heerdes Gemeinschaft. So gestaltete sich allmählich durch die Einheit des Gottesbewußtseins und die Gemeinsamkeit der Feiern, aus dem Leben der Familien und der patriarchalischen Genossenschaften und Gemeinden, die staatliche Gemeinschaft. Wie diese nun jene Familienordnung und jenen Hausgottesdienst voraussetzt, so setzt die Entwickelung des Gottesbewußtseins selbst wiederum die Bewältigung der Vielheit der Dinge voraus und die Uebung im Ausdrucke ihres Wesens und ihrer Verhältnisse. Und so muß man auch in der Urgeschichte Aegyptens die Epochen der Sprachbildung, der Mythenbildung und der Staatbildung als drei in dieser Ordnung in die Wirklichkeit eingetretene, vollkommen reale Epochen des Daseins betrachten. Ganz ungeheuer groß war nun das Werk der Sprach- und Mythenbildung. So groß alle späteren Werke der Menschen sind, so ist doch jene Urbildung das größte, und dasjenige, welches alle anderen bedingt, ja im Keime in sich trägt. Der Zustand nun der sprachbildenden Menschheit ist ein realer gewesen, aber ein ganz verschiedener von dem, in welchem wir leben. Die Menschen empfanden und betrachteten, lebten und handelten wie die späteren; aber die ganze geistige Thätigkeit und die künstlerischen Triebe, welche damit verbunden sind, waren mit bewunderungswürdiger Energie und Schöpfungskraft auf den einen Punct gerichtet: die Dinge der Außenwelt zu bewältigen, indem man sie durch die Sprache sich aneignete, und durch Worte die Erscheinungen (Phänomene) fest machte: Alles im Gefühle der Einheit, des Ganzen, welches verehrend anzuerkennen und zu preisen der andere Pol dieser Urthätigkeit war.

Auf den ersten Stufen dieser Sprachbildung herrschte eine durchaus eigenthümliche Weltanschauung vor, welche aus der Urkunde, der Sprache, begreiflich dargestellt werden kann. Nur darf man dabei nie aus den Augen lassen, daß mit der staatlichen Entwickelung, welche in der neueren oder Völkergeschichte erscheint, eben nur eine höhere Entwickelung der mehr oder weniger noch bildsamen und bildungsbedürftigen Sprache und des Gottesbewußtseins beginnt, und daß fortan alle drei mit einander fortgehen und zuletzt einzeln oder zusammen untergehen, um neuem Leben Raum zu geben.

Das ist denn auch der Schlüssel zum Verständnisse der Anfänge und der Entwickelung Aegyptens. Diese Geschichte ist uns nicht eine in ihren großen Zügen zu errathende, sondern nur ihr Sinn ist zu enträthseln: die Anfänge sind in ihren großen Thatsachen urkundlich, wie keine spätere Geschichte. Insbesondere ist die älteste jener Entwickelungen, die sprachliche, die urkundlichste aller.

Diese Entwickelung Aegyptens in der historischen Urzeit ist nun keine vereinzelte, sie ist auch weder die älteste noch die jüngste. Sie findet ihren Rahmen in der Weltgeschichte; die Grundlinien der Gesammtentwickelung Aegyptens sollen nun in diesen Rahmen eingesetzt werden.

Die Wiege des historischen Bildungsmenschengeschlechts, welcher die weltgeschichtlichen Völker entsprangen, stand in Nordasien: in jenem jetzt großentheils unwirthlichen Erdstriche, welcher sich südlich bis zum 40. Grade nördlicher Breite erstreckt und zwar innerhalb der Längengrade vom 60. bis zum 100. Oestlich schloß dieses Gebiet der Altai ab und das Himmelsgebirge der Chinesen, südlich die von Kleinasien nach Ostasien ziehende Kette des Paropamisus, westlich endlich der Kaukasus und Ararat: das historische Urland (Urasien) hatte also durchschnittlich 11 Breitegrade und 40 Längengrade. In diesem s. g. Eben (dem „Garten Gottes", dem Paradiese der Bibel) mit seinem doppelten Strompaare, dem Euphrat und Tigris westlich, dem Oxus und Jaxartes östlich, hatte sich schon Jahrtausende hindurch die historische Urmenschheit, die Menschen der **historischen Urgeschichte** über die erste Stufe des weltgeschichtlichen Bewußtsein emporgeschwungen. Zu bezeichnen ist mit diesem Namen der ersten Stufe eine Bildung, welche, zwar selbst aus dem schaffenden Geiste hervorgegangen, sich doch in der Erscheinung nur als den Unterbau der organischen Entwickelungsstufen, als Grundlage der ganzen Bildung der historischen organischen Sprache darstellt. Auf dieser Stufe, von welcher die alte chinesische Sprache der Niederschlag ist, herrscht eine großartige Einfachheit des Handhabens der gegenständlichen Welt vor. In der Sprache ist jede Laut-Einheit (Sylbe) ein Wort, d. h. ein Satz: das künstlerisch dargestellte, musikalisch-plastische Urtheil des Menschen über die Gegenstände nach ihren Eigenschaften. Dieser Sprache natürliche Ergänzung ist die Zeichenschrift im eigentlichen Sinne, die Bezeichnung, nicht der Laute, sondern der durch Rede und Geberde erst zu bewältigenden Dinge selbst.

Alle Poesie und alle Kunst und Wissenschaft der ersten Epoche sind in der Bildung dieser zweiten Schöpfung des Weltalls zusammengefaßt. Das Gottesbewußtsein wirkt mehr unbewußt als bewußt mit zu dieser Bewältigung der Außenwelt: aber die erste Bedingung und Voraussetzung der Sprachbildung ist die vernünftige Einheit des sichtbaren und erkennbaren All's, der Dinge und des Geistes.

Der Himmel ist das natürliche Symbol dieses Glaubens, nämlich als Darstellung eines geordneten Ganzen und als unnahbare Macht, welche das Erdenleben ordnet.

Die Bildung und allmähliche Durchbrechung der formlosen, rein gegenständlichen Sprache muß in jener Heimath des Fortschritts Jahrtausende erfordert haben, da diese Stufe noch ein Drittheil oder Viertheil der Menschheit (Turanier) beherrscht.

Die erste Auswanderung aus Eden (dem historischen Urlande) wird in der Bibel als eine nach Osten hin gegangene bezeichnet, und die Auswanderer sind städtebauende Menschen, also ansässige Ackerbauer.

Der älteste Turanismus, östlich vom Chamismus, bezeichnet die erste Stufe der organischen Sprache, d. h. der Sprache der Redetheile: die zweite ist der Chamismus, das heißt, die in Aegypten uns begegnende Sprachbildung.

Der Chamismus selbst, der sich noch in Urasien bildete, ist daselbst verschwunden in den späteren historischen Ländern; aber er hat sich lebenskräftig und geistvoll ausgebildet durch seinen Niederschlag im Nilthale. Man kennt ja überhaupt alle älteren Bildungen nur durch ihren Niederschlag in den historischen Niederlassungen der Auswanderer. In der Urheimath gehen sie über in die weiteren Nach-Bildungen.

Zum Nilthale, der abgeschlossenen stillen Ecke Nordost-Afrikas, wandte sich, aus den oberen oder unteren Euphratgegenden, doch wahrscheinlich aus den oberen, durch Aramäa (Mesopotamien) und weiter über Palästina, ein Zug der Urmenschheit, von welchem wir keine andere Kunde haben können als durch die älteste Urkunde, die nun wiedergefundene und bis auf fünf Jahrtausende vor unserer Gegenwart in gleichzeitigen Denkmälern zu uns redende Sprache.

Diese große und unfehlbare Urkunde, methodisch zerlegt und betrachtet, lehrt uns nun Folgendes. Zuerst, daß jener Zug vorfluthig war. Er lag vor der großen Umwälzung, welche im Laufe von Jahrhunderten jenen Himmelsstrich veränderte, das einst so gesegnete Land veröbete oder unfreundlich machte, und damit auch die alten Bande der Stämme brach, und einem neuen Bewußtsein das weltgeschichtliche Thor öffnete. Keine Erinnerung an eine solche Fluth findet sich bei den Aegyptern, obwohl die ältesten Sagen hier und da Nachklänge zu bewahren scheinen von der Kunde gewaltsamer Naturkämpfe, denen das geordnete Leben der Menschen ein Ziel setzte.

Nach den festen organischen Gesetzen der Entwickelung mußte sich vor der Entfaltung der vollkommenen Formsprache eine Mittelstufe bilden. So nennt man den Zeitraum der Weltgeschichte, in welchem der Geist zum erstenmal, aber bildungskräftig, die Bezeichnungen der Dinge dazu gebrauchi, um einige von ihnen zu stempeln zum Ausdrucke der Verhältnisse der Dinge unter einander und zum setzenden und ordnenden Geiste des Menschen selbst. So entsteht der Gegensatz von Wörtern, als Bezeichnungen von Theilen des Satzes, oder als Redetheilen. Die gegenständlichen Wörter sondern sich ab als Nennwörter, Eigenschaftswörter und Zeitwörter, und diese zusammen erscheinen als Vollwörter neben den Bezeichnungen der Verhältnisse derselben zu einander. Der Geist, welcher die Sprache geschaffen, tritt nun selbst bewußt in ihr hervor, als die ideale Einheit des Einzelnen, und der Ausdruck dieses Bewußtseins ist die organische Sprache. Der Fortschritt dieses Ausdrucks ist eben deßhalb auch das Maß des Fortschrittes der Sprache.

Der Anfang dieser wundervollen Entwickelung, dieser Nachschöpfung des Menschen, ist der alte Turanismus, welcher die Sylbenwörter der Ursprache nur durch die Einheit des Wortions mit einander verbindet, und so allmählich zum Ausprägen des Bewußtseins des Gegensatzes der Hauptstämme und Vollwurzeln zu den Verhältnißwörtern gelangt.

Der im Nilthale zum Niederschlage gelangte Chamismus stellt eine sehr bedeutend vorgerückte Stufe dar. Er ist selbst, seiner Wurzel und seinen Anfängen nach, vorsfluthige Bildung, und stellt eine Zeit dar, wo im Osten Semitismus und Iranismus noch nicht ganz geschiedene Mundarten waren. Seine Entwickelung aber gehört der nachsfluthigen Periode der vormenischen Zeit an (c. 10,000—c. 1000 vor Chr.)

Die Stelle des Aegyptischen ist scharf abgegrenzt und gezeichnet in der eben angedeuteten Entwickelungsreihe vom Unorganischen zum Organischen (in der Sprache). Es ist der Uebergang von der ganz unveränderlichen Wurzel zu der mehr oder weniger vom Geiste, als dem logischen Gedanken in der Satzbildung, durchdrungenen Wurzel. Die Betheiligung ist noch schwach, aber sie ist da, als lebenskräftiger Keim, und wir haben den Ansatz nicht allein zu anschmelzenden Vor- und Nachsylben (Präfixen und Suffixen), sondern auch zu Endungen und Abbiegungen. Das

Zeitwort ist noch großentheils turanisch, aber in den Zeitbeiwörtern (Participien) erscheint schon die semitisch-iranische Abbiegung des zeitwörtlichen Stammes.

Die Syntax oder die Wortfügung erscheint im Khamitischen (Aegyptischen) noch sehr dürftig: aber hierfür auch findet man schon die Ansätze. Und zwar meistens bildliche. Fast alle Fürwörter und Satzwörter (Conjunctionen) sind bildlich. Was heißt dieses aber anders, als daß der Mittelpunct der ägyptischen Sprache gerade derjenige ist, welcher eine auf Bilder gegründete, vorherrschend ideographische Schrift möglich macht, ja als seinen natürlichen Exponenten (Deuter) fordert. Chamismus und ägyptische Hieroglyphik gehören naturgemäß zusammen, wie Sinismus und reine, das heißt, noch ganz unphonetische Bilderschrift. Die ursprüngliche Bilderschrift ist die der Mexikaner und der nordamerikanischen Stämme überhaupt: eine übereinkömmliche Anwendung von Bildern, zur Erinnerung an eine Reihe von Gedanken, an eine Erzählung, überhaupt als Basis des Verständnisses, nicht als Vertreter der Rede.

Wie lange der Turanismus sich erhalten, wie weit er sich allmählich entwickeln kann, zeigt die Geschichte der turanischen Sprachen von der tungusischen, der Tai- und der Bhotiya-Sprache Tibets bis zu dem Finnisch-Magyarischen und dem indischen Tamuli.

Die kürzeste Linie von der unorganischen Sprache (vom Sinismus durch den Ur-Turanismus hindurch) zu dem Ur-Semitismus, dessen Nil-Niederschlag uns im Aegyptischen vorliegt, gibt uns also gerade noch Zeit, um die Auswanderung nach Aegypten an das Ende jener ersten Periode der Geschichte des historischen Bildungs-Menschen-Geschlechts zu setzen. Die kürzeste Linie aber ist die, welche wir bedürfen, um die innere rationelle Zeitreihe der Weltgeschichte zu finden.

So führen beide Berechnungen, die rückwärts gehende und die vorwärts schreitende, auf denselben Punct hin, und der Chamismus zeigt sich als die Brücke von dem ganz oder halb Unorganischen zur Abbiegungssprache, welche die der fortschreitenden Menschheit ist.

Aber auch die Geschichte unseres eigenen (iranischen) Sprachstammes treibt uns in jene Fernen, nicht zu reden von der des Semitismus. Als die Arier sich trennten, hatten sie ein georduetes Familienleben, Viehzucht, Ackerbau und eine Sprache, strotzend von Keimen mythologischer Naturanschauung. Die Bezeichnungen für alles dieses sind den Indern, Hellenen, Lateinern und Germanen gemeinschaftlich. Der letzte Zug war wohl der Zug der Arier nach dem Lande der fünf Ströme. Die ältesten Lieder oder Hymnen dieses Stammes im Pendschab gehen tief ins 3. Jahrtausend vor Chr., bis zum Anfange des 4. hinauf. Jene Lebens- und Sprachgemeinschaft muß also jedenfalls lange vor 3000 vor Chr. als bestehend gedacht werden. Damals also war die Stufe des Semitismus oder die des ungetrennten Iranischen und Semitischen bereits lange überwunden. Es liegt also zwischen 10,000 und 4000 vor Chr. die ungeheure asiatische Fortbildung vom Chamismus zum Semitismus, von diesem zum Iranismus. Wenn die Stufe vom Lateinischen zum Italienischen als Einheit gesetzt wird, so muß auch jene Fortbildung mindestens als das Zehn- oder Zwanzigfache angenommen werden.

So müssen wir mit dieser Berechnung zum (11. oder) 12. Jahrtausend vor Chr. gelangen, als dem Zeitpuncte für die Einwanderung des westlichen Zweiges der historischen Ur-Asiaten nach dem Nilthale. Dieses aber reicht bis nahe an das (angenommene) Ende der eigentlichen historischen urasiatischen Urwelt, das heißt, der Geschichte des historischen Bildungs-Menschen-Geschlechts vor der Zerstörung jenes Theiles von Mittel-Asien, auf den man als die Wiege des historischen Menschen-Geschlechts hingewiesen ist. Ist diese Annahme gegründet, so müssen die Aegypter nichts wissen von jener Fluth, deren Kunde bei den Iraniern und Semiten durchgängig nachweisbar ist. Und wirklich ist diese Kunde auch der ägyptischen Ueberlieferung ebenso fremd wie der turanischen und chinesischen.

Daß Ur-Turanismus und Sinismus noch längere Zeit vor jener Umwälzung liegen, wird nach den einschlägigen und eindringenden Sprach-Untersuchungen als sich von selbst verstehend angenommen werden müssen. Wenn man für die Bildung und das ungetheilte Bestehen des Sinismus vier bis fünf Jahrtausende in Anspruch genommen, so wird schwerlich Jemand diesen Zeitraum zu lang finden, der da bedenkt, daß die unorganische Sprache ein sehr allmähliches Gebilde ist, welches sich nur langsam vervollständigen und nur sehr schwer abnutzen konnte. Eine solche fortschreitende Abnutzung wird aber schon für die Bildung der nächsten Stufe erfordert, welche „Turanismus" genannt wird. Denn der Turanismus benutzt schon mehrere Vollwurzeln als Form-Partikeln, als Bezeichnung der Verhältnisse des Wortes, und das Wort selbst ist ihm schon ein Redetheil, der sich entweder als Zeit- oder als Nennwort, als Haupt- oder Beiwort geltend macht und kund gibt.

Der Schritt von der reinen Bilderschrift zur Hieroglyphik ist derselbe wie der vom Sinismus zum Chamismus. Der Phonetismus ist der Exponent des sich durch die Schrift bewußt werdenden Geistes. Seine künstlerische Ausbildung, die schon vor die Menes-zeit (vor das 4. Jahrtausend vor Chr.) fällt, ist der Herold und Vorläufer jener wunderbaren Kunst der Architektonik und Plastik, welche Aegypten in seiner neueren Geschichte, der politischen (von Menes an) auszeichnen. Ebenso ist die Hieroglyphik ein Nachbild der Ur-Poesie der ägyptischen Sprachbildung und ein Vorbild des reinen, von aller Sylbenschrift vollkommen freien Alphabets der organischen Darstellung des reinen Lautes, mit weiser Beschränkung auf das Nothwendige.

Die große Schöpfung der Hieroglyphik im Nilthale muß, wenigstens in dieser Gestalt (in der sie uns vorliegt) als ursprünglich ägyptisch (afrikanisch-autochthonisch) gelten: alle ihre Bilder sind volks- und landesthümlich. Urasien mag auch eine phonetische Bilderschrift sich geschaffen haben: die Keilschrift ist alsdann ihr Ersatz, aber nicht ihr Rest.

Aus allem diesen geht hervor, daß der Ursprung des ägyptischen Wesens in Urasien zu suchen ist, und zwar in dem westlichen, zum Semitismus hinneigenden Theile, oder dem Euphrat- und Tigris-Gebiete. Die Zeit der Auswanderung ist das Ende der s. g. vorsluthigen Epoche der historischen Urzeit. Das Erzeugniß dieser Auswanderung ist aber ein beginnender Afrikanismus, wie er sich auch in der Schädelbildung der Aegypter zeigt, oder in dem fest gewordenen physiologischen Typus der ägyptisch werdenden Natur des urasiatischen Menschenstammes.

Der Sprachbildung der Aegypter steht gegenüber die andere Schöpfung der historischen Urzeit derselben, die Bildung des Gottesbewußtseins. Mit der Bewältigung jener Starrheit in der Sprache, d. h. in der Anschauung und Bezeichnung der Dinge, geht nothwendig, und ebenfalls auch nachweislich, Hand in Hand die Bewältigung der starren Einheit des Gottesbewußtseins. Diese starre Einheit ist die der Satzsprache entsprechende heidnische Vorstellung und Verehrung von Gott und Welt als einem Ungeschiedenen. Wie in der Sprache, so schwingt nun auch im Gottesbewußtsein der Menschengeist seine Flügel zuerst, und mit scheuem Fluge, in Aegypten. Die älteste Mythologie ist vorgebildet in der Sprache, und zwar in der organischen. Die Sprache ist in doppelter Beziehung Vorbildnerin der Mythologie: erstlich an sich, als die Vermittlerin der Vorstellungen und ihrer Bezeichnung; zweitens aber, in den organischen Sprachen, als Schöpferin selbstständiger Wesen durch den Proceß des Denkens und Sprechens. Im Chamismus findet sich der Geist bereits im Bewußtsein des Erkennens der Dinge, als der Setzende: er schafft den Ausdruck des Satzes als etwas Einzelnes, Abgesondertes. Er bildet die Stämme, welche Alles zugleich sind, Renn- und Zeitwort, Eigenschaft und Ding bezeichnen, zu Wurzeln, welche zum Ausdruck der Grundbestandtheile des Satzes, des Renn- und Zeitworts, der Dinge und Eigenschaften, gestempelt werden. Ihr vielfaches Zusammenwirken bezeichnet er durch eigene, zu diesem Zwecke ihrer gegenständlichen Selbstständigkeit entkleideten Wortsylben und Formwörter; so entsteht Abwandlung der Renn- und Zeitwörter, aber Alles nur in Ansätzen: uralte Wortsylben werden vorn oder hinten angesetzt, auch wohl mitten hineingeschoben. Bei diesem großen Bildungsverlaufe nun bewährt sich die Annahme hinsichtlich der asiatischen historischen Urwelt auf allen Puncten: denn nicht allein der Idee nach bilden jene Stämme, Wurzeln und Formsylben eine zur vollendeten Bildung fortschreitende Reihe; auch geschichtlich, auch dem Stoffe nach, sind sie die Entwickelung einer Einheit. In ihnen erscheinen dieselben Grundbestandtheile, welche man in den ältesten semitischen und iranischen Sprachen findet. Die historische Geschichte dieser Entwickelung ist die historische Geschichte der Epochen der alten Menschengeschichten, und die Auffindung und Darstellung des Wesens und der Bedeutung derselben ist die wahre Philosophie und Herstellung dieser Geschichte der historischen Urwelt. Der Semit schaut ursprünglich die Verbindung des Dinges und seiner Eigenschaft (fließenden oder starren, und dort entweder aus thätiger oder aus leidender Betheiligung entstanden) in dem Seienden: dem Fürworte der dritten Person. Der Iranier macht das Sein zum Ausdruck der Copula: mit größerer Abstraction, b. h. Gedankenkraft. Der Aegypter kann die Copula unausgedrückt lassen: alsdann zeigt Stellung und Ton die That des Setzens an; er kann sie aber auch ausdrücken, und zwar thut er es vorzugsweise mit entschieden gegenständlicher Polarisirung. Der Semit bildet sich einen Conjugationstypus, d. h. eine Methode der Begriffsabwandlung der Zeitwörter nach den im concreten Eigenschaftsworte liegenden Elementen des Verstärkens: so gewinnt er regelmäßige Formen zum Ausdrucke der Verstärkung, und darf nicht mehr zu diesem Behufe die Wurzel wiederholen: ebenso wandelt er das Zeitwort durchgängig ab zur Bezeichnung der Ursächlichkeit (Hiphil, Piel), oder der Betheiligung durch eine andere Ursächlichkeit, oder auch durch das Zurückbeziehen auf sich selbst (Hithpael); der Iranier bildet dafür eigene Wörter, und begnügt sich mit der Unterscheidung der Leidenblichkeit von der Thätigkeit, objectiven oder reflexiven. Dagegen taucht sich der künftige Geist der Wissenschaft, deren Prophet jener Iranier ist, in alle die Unterschiede, welche im Sein selbst, als solchem, liegen: auf diesem Wege gewinnt er Modus und Tempus in einer bewunderungswürdigen Mannigfaltigkeit, und macht dadurch die Rede fähig, jede Abwandlung des Seins regelmäßig ausdrücken zu können; das Sanskritzeitwort, und, nach seiner maßvollen Harmonie und Geeignetheit für den Periodenbau, noch mehr das griechische Zeitwort sind ebenso erstaunenswerthe Kunstwerke, wie die großen plastischen und wissenschaftlichen Hervorbringungen der Kunst und Wissenschaft der neueren Welt. Der Chamit nun hat auch hier schon die Ansätze zu dem, was im Iranismus vollendet erscheint: doch neigt er sich auch hier mehr zum westlichen Pole hin, dem Semitismus: Alles mit größter, aber geistreicher, schlagender Einfachheit. Er fängt schon an, den Beziehungssatz zu bewältigen, den einfachsten Beginn der Periodenbildung durch Anknüpfen eines neuen Satzbestandes an ein Seiendes, als das Anschaulichste. (Es ist bekannt, wie sehr noch der Semitismus mit dieser Bildung zu kämpfen hat.) Die persönlichen Fürwörter der dritten Person werden verwandt, um diesen Beziehungen gerecht zu werden: aber nur in furchtsamen Anfängen. Ja er hat schon Conjunctionen oder Wörter zum Ausdrucke des Verhältnisses von einem Satze zu einem anderen: welches eine höhere Bewältigung

des Gedankens voraussetzt; aber diese Conjunctionen tragen noch
durchgängig, eben wie die Präpositionen und Adverbien, die Reste
der gegenständlichen Anschaulichkeit an sich. Dieser Zustand des
Geistes ist aber keineswegs ein nur sprachlich, formell, wirksamer
und bedeutungsvoller; denn er bedingt die poetische Auffassung
der Außenwelt im Gegensatz der prosaischen, rein begrifflichen,
und die mythologische des Gottesbewußtseins im Gegensatze der
wissenschaftlichen. Die äußere Allwelt-Anschauung ist der natürliche Ausdruck des Geistes auf diesem Gebiete im Sinismus: die
Mythologie auf dem Standpuncte der bildlich sich die Welt ent-
faltenden Sprache im Chamismus. Die Bildung des Nennwortes
ist das Losungswort für die Bildung mythologischer Gottheiten:
beide als wohlverstandene Sinnbilder eines Gedankens. Die Kräfte
in den Dingen werden dargestellt als wirksame Gottheiten:
die Eigenschaften werden Beinamen von Göttern oder Göttinnen:
dann wieder eigene, selbstständige Gottheiten, gerade wie ein Beiwort ein Nennwort wird, und wie alle Nennwörter ursprünglich
Eigenschaftswörter waren, mit Hinzudenken oder Hinzusprechen der
Dinge selbst. Also die mythologisch-sinnbildliche Form ist das
Eigenthümliche des Chamismus auf dem Gebiete des Gottesbewußtseins: die Umwandlung des Sinnbildes in eine Selbstständigkeit, also die Abgötterei, ist eine Entartung, deren Grund
einestheils in der Schwäche des menschlichen Geistes bei einem
massenhaften Auftreten liegt, anderntheils in der Stärke des Gottesbewußtseins und des inneren Triebes zu dessen künstlerischer Ausprägung und Darstellung. Den Gehalt gibt der Geist; und diesen
Geist erkennt man nicht mehr in der Erstarrung des abgezogenen
Denkens und in sogenannten philosophischen Voraussetzungen,
welche nie an die Wirklichkeit selbst heran kommen, sondern in
der leiblichen, lebendigen Entwickelung, welche die Weltgeschichte
uns vor Augen stellt. Es handelt sich so wenig darum, die alte
Religionsgeschichte aus dem logischen oder phantastischen Spiele
von Begriffen zu erklären, als die Sprache der Menschheit zu
construiren auf abstracten Voraussetzungen. Vielmehr sollen beide
zur Anschauung gebracht werden als Glieder einer Entwickelung
in der Zeit, und die Gesetze dieser Entwickelung gesucht und
erkannt, wie die der räumlichen Entwickelung der sichtbaren Welt.
Und so ergibt sich denn, besonders auch durch die Vermittelung des

Aegyptischen, ein in den Anfängen nicht allein gleichlaufendes, sondern auch mit derselben begrifflich-wörtlichen Bezeichnung gestempeltes Wunderbild der Entwickelung, welches viele Jahrtausende von Verhüllung und Verpuppung nicht unverständlich haben machen können.

Die alten Ueberlieferungen der historischen Menschheit Urasiens, wie sie sich besonders im westlichen Asien und Aegypten erhalten haben, unterscheiden sich von der biblischen nicht sowohl durch den Grundgehalt, als durch die Ausbildung. Der göttliche Geist bewirkte in den Hebräern ein entsagendes Festhalten der einfachen Wahrheit, unbeirrt von der blendenden Täuschung der Erscheinungen und der Sinnlichkeit.

Dadurch ist das älteste Erbtheil der Menschheit bewahrt und auf dem Standpuncte, nicht des Begriffes, aber der Geschichtlichkeit, rein ethisch und praktisch ausgebildet worden. —

Die vor-menischen Ueberlieferungen Aegyptens, welche von menschlichen Königen reden, sind durchaus von realem Gehalte, mit Ausschluß aller Heroen (im griechischen Sinne) und überhaupt aller idealen Darstellungen. Es ergibt sich eine in sich organisch-zusammenhängende Entwickelungsreihe, zuerst reine Priesterkönige, dann Wahlkönige aus den Kriegerfamilien, endlich Könige eines oberen Reiches und eines Reiches des unteren Landes. Menes (ca. 3500 vor Chr.) und sein Reich sind nichts als der Gipfelpunct einer langen staatlichen Entwickelung des ägyptischen Lebens. So sind die Aegypter mit vollem Rechte schon die „Zeitmesser der Weltgeschichte" genannt worden: das Ende ihres eigenthümlichen Lebens ist schon der Beginn der alexandrinisch-hellenistischen Zeit, welche bereits ein später Punct ist in der Entfaltung der Gesammtweltgeschichte.

Aegypten ist von der Natur sehr eigenthümlich und wunderbar zwischen zwei arthaft verschiedene, widerstreitende Kräfte und Richtungen gestellt. Jenseits Syene und des Felsenthores, mit welchem das fruchtbare Nilland sich öffnet, haben wir das ächt afrikanische Element. Seine edelsten und merkwürdigsten Darsteller waren die Aethiopen der Alten, deren Land jetzt die Nubier bis zu dem alten Meroë hinauf bewohnen, angrenzend an die reinen Negerstämme. Ihre Sprache war grundverschieden von der ägyptischen; man hat nicht allein ihre Urkunden, sondern auch ihre noch lebenden Reste gefunden. Man sieht noch in der ganz späten Zeit der griechischen Welt Aethiopien als ein Königreich, aber mit überwiegendem priesterlichem Einflusse. Die Priesterkaste hatte offenbar Rechte, welche den König zu ihrem Werkzeuge machten und bei Verwickelungen ihm nur die Wahl zwischen Entsagung, wo nicht freiwilligem Tode, oder gewaltsamer Absetzung und dem Todesurtheile ließen. Auf der andern Seite, nach dem Mittelmeere zu, haben wir den asiatischen Einfluß (denn die Einwirkungen von der Seite des Berberlandes, der Cyrenaika, waren ohne alle Bedeutung), also insbesondere den palästinisch-syrisch-mesopotamischen. Zwischen den Euphrat- und Tigrisländern lag ein rühriges und gebildetes Semitenvolk, welches aber nie im Stande war, auf die Länge ein großes, einheitliches Reich zu bilden: das zunächst liegende Palästina erscheint zu Abraham's Zeit als ein Gewimmel von Stämmen, zum Theil nomadischen, zum Theil ackerbautreibenden. Der Karavanenhandel bestand damals wie jetzt: Aegypten war mehr als jetzt die Kornkammer Westasiens und mußte es ebenso für Ober- und Unter-Nubien sein.

Nachdem die Fabeln von indisch-äthiopischem Ursprunge der ägyptischen Sprache und Bildung in das Nichts zurückgesunken sind, ist dagegen schon sehr früh, schon im Alten (ägyptischen) Reiche (ca. 3500 bis ca. 2100 vor Chr.), ein oft feindliches, oft auch eng verbündetes und verwandtschaftliches Verhältniß zwischen beiden Ländern und ihren Herrschern hervorgetreten. Man kann also jetzt ohne Gefahr, Ungeschichtliches zu berichten, von äthiopischem Einflusse reden. Man findet ihn, wie begreiflich, besonders stark im s. g. Mittleren (ägyptischen) Reiche (von ca. 2100 vor Chr. an), der s. g. Hyksoszeit, in welcher das selbstständig Aegyptische durch zinsbare thebäische Pharaonen vertreten war. Die Gemahlin des Gründers des Neuen (ägyptischen) Reiches (1680 vor Chr.), Amosis, erscheint als eine Erbtochter aus äthiopischem Blute: nach Aethiopien flieht auch der Sohn des Ramses II. des Großen (Sesostris), Menephta, beim Auszuge der Israeliten aus Aegypten (1320 vor Chr.) und Einfälle ihrer verbündeten heidnisch-semitischen Stammesgenossen.

Allerdings ist das obere (ägyptische) Land geographisch wie geologisch verschieden von dem unteren, allein die Einheit überwiegt doch: und eine Einheit bildete auch die älteste geschichtliche ägyptische Bildung, Sprache und Religion. Wenn also selbst Menes (ca. 3500 vor Chr.) den politischen Gegensatz des oberen und unteren Reiches (später in Theben und Memphis dargestellt) nur mildert, nicht aufhebt; wenn dieser im Königstitel sogar in der alexandrinisch-hellenistischen Zeit noch unter den Ptolemäern fortdauert, so muß man seinen Ursprung in einer verschiedenen Mischung der beiden ethnologischen Elemente suchen, aus welchen die ägyptische Menschheit hervorging, in dem Uebergewichte des einen oder des anderen Elementes und den Einflüssen, welche damit verbunden waren. Ueberwiegend aber blieb der Einfluß des afrikanischen Elementes auf (Abydos) This und Theben, sowie der asiatische sich in Tanis, Heliopolis und Memphis festsetzte. Afrika und Asien durchdringen sich in Aegypten geographisch, ethnologisch und geschichtlich. Dieß ist wesentlich der Einfluß des natürlichen Elementes, welches, im Großen und Ganzen, sich durchgehend in der Weltgeschichte geltend macht. Das Natur-Element prägt die Stammverschiedenheit aus, und die so ausgeprägten Stämme, die Erweiterung großer Persönlichkeiten, Kinder oder Zöglinge des mütterlichen Bodens, wirken bewußt oder unbewußt in demselben Gepräge fort. Der abschließende Charakter Afrikas herrscht im oberen Aegypten vor, der offene Asiens im unteren Lande. Das Mittelmeer treibt zur Mischung und Durchbringung, wie das obere Nilthal und die Wüste zur Abschließung. Vom Mittelmeere weht die weltgeschichtliche Lebensluft, anregend und fördernd für alle Stämme, welche seine Küsten bewohnen; nur in Aegypten ist die Küste verschlossen: der Aegypter verabscheute die Schifffahrt und den Seehandel und ließ sich höchstens vom Semiten Waaren nach der Nilmündung bringen.

Von Kanaan her kam in der historischen Urzeit der bildende Stamm der Aegypter selbst, und die Sprache zeigt kein anderes Element. Aber er wird dort gefaßt vom afrikanischen Geiste. Die Strömungen gehen zuerst, bildend und fördernd, aufwärts, nach der Thebais, und dann wieder abwärts, von der Thebais nach dem unteren Lande. Die ersten Reichskönige (von Menes an) sind Thiniten, die nach langer landschaftlicher Herrschaft von (Abydos) This nach der Wurzel des Delta ziehen: Memphis (von Menes gegründet: ca. 3500 vor Chr.) ist älter als Theben. Thebäische Könige herrschen in den letzten Jahrhunderten des

Alten (ägyptischen) Reiches (bis ca. 2100 vor Chr.), erhalten das volksthümliche ägyptische Element und das Pharaonenthum in der Hyksoszeit (ca. 2100 bis ca. 1600 vor Chr.), und bilden die erste und glänzendste Periode des Neuen, deren Wiberschein in den homerischen Gedichten leuchtet.

Aber im Alten Reiche (ca. 3500 bis ca. 2100 vor Chr.) war Memphis der Glanzpunct, und von der 21. Dynastie an (ca. 1110 vor Chr.) ist das Delta Wiege und Sitz der Königshäuser, während Theben mehr und mehr die Stadt heiliger und alter Erinnerungen wird. Wie das Pflanzenleben durch unsichtbare Kraft nach der Lichtseite gezogen wird, so das menschliche der Alten Welt nach den Küsten des Mittelmeeres. Von Asien empfing Aegypten sein Leben, seine Förderung, seine Aufgabe und zuletzt seinen Tod. Auch dann noch ist es die Seestadt des großen Maceboniers, welche Aegypten eine weltgeschichtliche Bedeutung gibt, und sie und die große Stadt an der Wurzel des Delta, die Erbin von Memphis (Kairo; in der arabischen Zeit) bleiben die Lichtpuncte, während Oberägypten in immer tieferen Schatten hinabsinkt.

Solche weltgeschichtliche Erscheinungen weisen hin auf die vereinte Wirkung und Wechselwirkung des Himmelsstriches, der Stammeigenthümlichkeit und der weltgeschichtlichen Strömung.

Man muß also diese beiden Pole auch in der ältesten Geschichte als wirksam setzen. Aegypten ist in der staatlichen wie in der Religionsbildung, von Anfang an, ein Kind Asiens und Afrikas, und darin liegt seine wunderbare Eigenthümlichkeit. Aegyptens Bestimmung war, so weit seine Kraft reichte, die afrikanische Menschheit heranzuziehen an das vom Mittelmeere her leuchtende Leben Asiens und später Europas; das afrikanische Element ist aber die hemmende Eigenthümlichkeit des landschaftlichen Lebens der Thebais, welches seinen Tod sieht in der asiatischen. Asiens freierer Geist erscheint ihm (dem Aegypter) bald als unsittliche Ungebundenheit und Gottlosigkeit, bald als zur Oberherrschaft anstrebende, übermüthige Fremdmacht. Dessen ungeachtet geht auch das thebäische Leben hinaus über das viel mehr afrikanisirende Aethiopien. Dort (in Aegypten) wird die Herrschaft der Priesterkaste, und also der sie stützende Aberglaube, bald überwunden. Mit Priesterkönigen fängt Aegypten an: und daß diese Form lange in Aethiopien geherrscht haben müsse, wird schon dadurch bewiesen, daß die zweite Stufe, Könige aus dem Kriegerstamme, mit priesterlicher Oberherrlichkeit bei politischen Verwickelungen, bis in späte Zeiten sich erhält. Diese Form war also das Aeußerste der staatlichen Entwickelung Aethiopiens: in Aegypten war sie nur ein Durchgangspunct.

Wie allenthalben, liegt auch hier (in Aegypten) der staatlichen Entwickelung das Element des sich selbst regierenden Gaues, also ein freies gemeindliches Element, zu Grunde: die Gemeinde verschwindet aber allmählich hinter Priestern und Fürsten und findet ihren Schutz nur noch im Gleichgewichte beider. Bei dem Aethiopen obsiegt der Priester; bei dem Aegypter der Fürst aus dem Kriegergeschlechte: aber das widerstehende priesterliche Element wird nicht von dem übermächtigen vertilgt, sondern behält seine anerkannte Sphäre.

Die Wahlkönige sind ohne Zweifel zuerst vorherrschend, wo nicht ausschließlich, aus priesterlichem Einflusse hervorgegangen: so wählte Samuel den König (Saul), als das israelitische Volk entschieden nach der Einheit und Kraft königlicher Herrschaft verlangte. Die Nachricht des Synesius zeigt uns ein für diese Zustände so zutreffendes und priesterlich gegliedertes Wahlsystem, daß man sie unmöglich für eine müßige Erdichtung halten kann. Diese Königswahl der Thebäer auf dem libyschen Berge paßt aber nur für die Periode der Priesterkönige. Der von der Priesterkaste Gewählte war offenbar einer aus ihrer Mitte, denn die Krieger wehrten ab durch Aufheben der Hände: also einfach zustimmend oder ablehnend. Vom Stimmrecht der andern Kasten (also des Volks, Bürgers und Bauern) ist keine Rede. Diese Angabe hatte ihre Quelle doch wohl in den heiligen Büchern der alten Aegypter, und ist so alte ächte ägyptische Ueberlieferung. Alles Dieses war längst schon Geschichte, als Menes den Thron bestieg. Doch ist der allmähliche Fortschritt der Centralisation der königlichen Gewalt und das allmähliche Absterben des freien landschaftlichen Elements unverkennbar. Gegen Ende des Alten Reiches (gegen Ende des 3. Jahrtausends vor Chr.) sehen wir einen der Sesortosen den prachtvollsten und größten Bau des Alten Reiches, und wohl überhaupt des damaligen Aegyptens, das s. g. Labyrinth errichten. Und dabei hat Strabo uns ohne Zweifel eine alte geschichtliche Kunde aufbewahrt, wenn er meldet, es seien im Laby-

— 170 —

riuth bei den großen Festversammlungen die Vertreter jeder Landschaft („je die Besten," also wohl durch Wahl der Angesehensten) erschienen, und jedem Nomos sei sein besonderer Hof mit den dazu gehörigen Gemächern angewiesen, damit dort die höchsten Rechtssachen endgültig entschieden und Streitigkeiten der Landschaften geschlichtet würden. Man sieht hier nicht den Anfang, sondern den Ausläufer und das Ende der alten Volksfreiheit: zahme Provinzialstände und eine Art von Parlamenten, im Sinne der späteren französischen Monarchie, kommen zusammen, mit einem Reste und Scheine aller Selbstständigkeit; denn erfunden hätte man damals auch nur solche volksmäßige Einrichtungen gewiß nicht. Auch war noch kurzer Zeit selbst dieses Scheinleben erloschen: das Alte Reich ging bald nachher (ca. 2100 vor Chr.) durch die semitischen Hyksos unter; im oberägyptischen Theben mußte Alles, was noch frei war, bald, während der langen Knechtschaft Aller und der Abgesondertheit Oberägyptens, erstarren: das neue Reich endlich (1680 vor Chr.) eröffnet sich mit absoluter Pharaonenherrschaft, welcher nur allein die Priesterrechte und einige Privilegien der Kriegerkaste gegenüberstehen. Die Peitsche ist das sprechende Symbol dieser Pharaonenherrschaft, die bleibende Errungenschaft des ägyptischen Volkes, „der Sonnensöhne," wie sie sich nannten. So haben wir nun folgende Gliederung. Vor der königlichen Zeit liegt in Aegypten eine unvollkommene und unvollständige republikanische Verbindung von Gauen: dann kommt die Reihe von Fürstenregierungen vor Menes, beginnend mit Priesterkönigen, und hierauf das mit Menes beginnende Reich (ca. 3500 vor Chr.). Die vorkönigliche Zeit hat in den alten ägyptischen Jahrbüchern gar keine Zeitbestimmung: sie war dem Aegypter Anarchie: denn ohne einen König (sagt Herodot) können die Aegypter auch nicht einen Tag sein.

A. Innere Epochen der Zeit vor Menes (vor ca. 3500 vor Chr.).
  I. Priesterliches Königthum in der Thebais (Oberägypten). (Bytis.)
    Aeltestes äthiopisches Element.
  II. Wahlkönige; ebendaselbst.
    Letztes äthiopisches Element.
  III. Erbfürsten und doppelte Verbündung von Gruppen.
    Asiatisches Element.

IV. Doppelreich: oberes Land, unteres Land.
National-ägyptische Bildung.
V. Vorherrschen Unterägyptens.
Fortschritt, im asiatischen Sinne.
B. Innere Epochen von Menes an bis zum Untergange der Selbstständigkeit: ca. 3300 Jahre.
I. Reichseinheit (I. Manethouische Dynastie).
II. Zurücktreten der thinitischen Linie (der II. Manethonischen Dynastie, der äthiopisirenden, welche den Thierdienst einführte). Die Reichsdynastie ist memphitisch (III. und IV. Dynastie).
III. Spaltung: Oberägypten (V. Dynastie) tritt zurück hinter Memphis (von demselben abhängig; in Memphis VI. Dynastie).
IV. Fortgesetzte Spaltung: die oberägyptischen (thebäischen) Könige erhalten sich selbstständig neben den Memphitischen, sind wohl sogar stärker als diese (obwohl Memphis im Ganzen genommen als beständige Hauptstadt des Alten Reiches gilt, so daß dieses auch das „Alte Reich von Memphis" heißt).
V. Die Memphitischen Häuser verschwinden. Die thebäischen Sesortosiden vereinigen Aegypten wieder, nehmen aber ihren Sitz in Memphis. Glänzendste Zeit des Alten (ägyptischen) Reiches; darnach Verfall. Es bereitet sich die asiatische Eroberung Aegyptens vor.
VI. Semitische Südwestasiaten erobern Aegypten. Die ägyptische Stammherrschaft wird zurückgedrängt auf die Thebais (Oberägypten), und für ihre Verbindungen und Heirathen auf Aethiopien angewiesen. Das afrikanische Element setzt sich fester.
VII. Herstellung des Reiches, vorzugsweise durch die Thebäer: thebäische Könige bis zum Ende der XX. Manethonischen Dynastie.
VIII. Rückschlag: die thebäischen Dynastien verschwinden für immer, und die Fürstenhäuser des Delta geben der Reihe nach die Pharaonen (XXI. bis XXIV. Dynastie).
IX. Gegenwirkung der Aethiopen, welche, begünstigt von der schon mit Bek's Neuerungen unzufriedenen Kriegerkaste,

den im asiatisch-europäischen Sinne reformirenden ägyptischen Pharao Bokchoris (den Saiten; XXIV. Dynastie) vom Throne stürzen und ein halbes Jahrhundert (735 bis 685 vor Chr.) über Aegypten regieren (XXV. Dynastie).

X. Entscheidender Sieg des asiatisch-europäischen Elements durch die saitischen Psammetiche (XXVI. Dynastie). Freundschaft mit den Hellenen; Rütteln am Kriegersystem. Schließlich: Untergang durch die Iranier (Perser; des Kambyses Eroberung Aegyptens: 525 vor Chr.).

XI. Oefter unterbrochene Perserherrschaft: 525—330 vor Chr. (Einheimische ägyptische Rebellendynastien, aus Unterägypten: besonders 404—348 vor Chr.).

XII. Eintritt in die europäisch-macedonische Periode: durch den Untergang des Perserreiches durch Alexander den Großen: Gründung Alexandrias: 332/331 vor Chr.

Das Alte (ägyptische) Reich hatte seinen Anfangspunct in einer zeitgemäßen Union, in der Verschmelzung des thebäischen und des niederägyptischen Elements, das heißt: der asiatischen und der afrikanischen Richtung. Bei dieser Union war vorherrschend das nordägyptische, nach Asien gewandte Element mit seiner politischen Grundlage, einer von gemischten, nämlich von republikanischen und priesterlichen, Elementen getragenen Verfassung in den Gauen. Dieses Reich nun endigte mit einer thebäischen (also oberägyptischäthiopisirenden) Wendung, welche aber, wir wissen nicht in wie fern unter Mitwirkung der in und um Pelusium mächtigen Fürsten, zuletzt die Fremden (südwestasiatische Semiten) in's Land rief und zur Herrschaft führte. Da jedoch die eingefallenen Stämme unmittelbar nur Unterägypten bis Memphis beherrschten, das obere Land aber bloß in Zinsbarkeit hielten, mit einzelnen Besatzungen, so ward während des halben Jahrtausends der Unterwürfigkeit das Element des (unterägyptischen) Delta (also das nach Asien hinstrebende ägyptische) ganz gelähmt: das thebäische Element (also das oberägyptische äthiopisirende) hatte also ausschließlich den Beruf, die ägyptische nationale Entwickelung weiter zu führen. Dazu war es aber gerade nicht besonders im hohen Maße geeignet. Auch zeigen die Denkmäler, daß während dieser langen Zeit eine Starrheit eintrat: es bildete sich durchaus nichts Neues. So begann das Neue Reich (1680 vor Chr.) mit dem Uebergewichte der afritanifirenden Richtung. Dazu kommt, daß die Grundlage dieses Reiches, trotz des nationalen Elements der Erhebung gegen die Hyksos, ein starrer Absolutismus war, geübt von den legitimen Fürsten der Thebais. Diese (die Thutmosen, welche das Neue Reich zunächst aufrichteten) hatten in ihren Adern einen reichlichen Beisatz äthiopischen Blutes, durch welches auch unmittelbar die XVIII. Dynastie (die Thutmosen) mit der XVII., den Ahnen der wiedergewonnenen Selbstständigkeit, zusammenhing. Ein dritter nachtheiliger Umstand war, daß das in jener (Hyksos-) Zeit der ägyptischen Unterdrückung durch die Semiten eingedrungene asiatische Element das roheste heißen muß, welches das westliche Asien aufweisen konnte: arabische und palästinische Hirtenstämme, tapfer und naturkräftig, aber ohne alle staatliche Gesittung. Daß sie kein Denkmal in Aegypten zurückließen, kann nicht befremden, wenn man bedenkt, daß weder sie noch ihre Vorfahren oder Nachkommen solches in ihrer Heimath gethan und daß sie von den Aegyptern in allen Beziehungen getrennt lebten.

Durch diese Umstände wird der entschiedene Gegensatz der Geschichte des Alten und des Neuen (ägyptischen) Reiches klar: denn vom weltgeschichtlichen Standpuncte haben wir nur diesen Gegensatz: das s. g. Mittlere Reich (oder die Hyksoszeit: ca. 2100 bis ca. 1600 vor Chr.) ist vom weltgeschichtlichen Standpuncte das in Starrkrampf versunkene Alte.

Von dieser Erstarrung kann sich auch das s. g. Neue Reich nie auf die Länge frei machen. Im Alten Reiche findet man noch Entwickelung, noch Freiheit des Fortschrittes: das Neue Reich verfällt nach kurzem Bestehen, während in Asien das semitische Element sich in Mesopotamien mit neuer Kraft im assyrischen Weltreiche (im 13. Jahrhundert vor Chr.) erhebt und mit verstärktem Gewichte vom Tigris, wie später wieder vom Euphrat her, auf das wichtige Nilland drückt. Aber nicht von diesen Semiten war Aegypten beschieden zu sterben. Aegypten starb innerlich ab, von dem Augenblicke, wo es das kleine, von Gott von den andern heidnischen, abgesonderte Volk der Israeliten als ein fremdes und wehrloses, aber geistig überlegenes unterdrückte und auswarf, und mit ihm das göttlich-menschheitliche Element, welches sich in demselben darstellte. Der geistige Gegensatz beider Völker, der Aegypter und der Israeliten, vom

Auszuge der Letzteren an bis zum Untergange Jerusalems, bildet den eigentlich höhern, poetischen Theil der Weltgeschichte. Hier in Aegypten ein immer starrerer Dienst der Naturkräfte, welcher durch abgestorbene Symbole wirken wollte, und ein immer ideenloserer Despotismus, welchen Fürsten und Priesterschaft über das Volk übten, kraft des ungöttlichen Rechts der Gewalt: dort in Israel das freie und befreiende Sittengesetz als Grundlage, und der Geist als anerkanntes höchstes Element der religiösen und bürgerlichen Verfassung. Hier in Aegypten Unfähigkeit der Erneuerung im Innern, und nach Außen nur Macht der Zerstörung: dort in Israel Kraft der Verjüngung und bei allen Abwegen doch zähes Festhalten der Freiheit und des Glaubens an den sittlichen Geist und seine Zukunft, das Gottesreich von Wahrheit und Recht.

Bei diesem Kampfe verfiel Aegypten mehr und mehr dem Schicksal alles rein selbstischen Daseins, und erhielt zuletzt seinen Todesstoß durch die Iranier, welche allmählich in kräftigen, abgehärteten Stämmen sich durch Freiheit und Tapferkeit über die verweichlichten Semiten erhoben hatten. Kaum war das medisch-persische Element unter dem Achämeniden Cyrus zur Herrschaft über Asien gelangt, so ward Aegypten, nach kurzem Kampfe, eine persische Satrapie (525 vor Chr.). Die letzten Achämeniden regierten, nach nicht unrühmlichem Widerstande, ungestört über das Nilland. Ihr Sieger, der arische Macedonier (Alexander der Große: 330 vor Chr.), brachte das ägyptische Leben endschließlich zur Stufe des Grabes: aber er setzte ihm zugleich ein neues weltgeschichtliches Auge ein in der Stadt des Kanopus, Alexandrien, welches bald eine Weltstadt und Mittelpunct einer Mischung europäisch-asiatisch-ägyptischen (afrikanischen) Lebens wurde: ein Schauspiel, welches der Alten Welt (welches ja nur diese drei Welttheile kannte) durchaus neu war, und dessen Folgen erst nach Jahrhunderten weltgeschichtlich hervortraten. Der hellenische Geist und hellenische Gesittung flüchteten sich hierher, und fanden in Alexandria eine Zuflucht neben der Synagoge der Juden. Denn auch dieser hatte Alexander der Große bereits eine Stelle vergönnt, und es blühte aus ihr nicht allein ein neuer Tempel hervor, sondern auch eine Verbindung platonischer Ideen mit den Thatsachen des Christenthums.

III.
Abriß der biblischen Urgeschichte.

Wir konnten -- wie die bisherigen Abschnitte der Uebersicht der historischen Urgeschichte gezeigt haben — schon bei der vergleichenden Zusammenfassung der Berichte über die Anfänge der Semiten, Arier und Turanier, die Berichte der Bibel nicht entbehren. Aber wir müssen nun der eigentlichen **biblischen Urgeschichte** in ihrem Zusammenhange, abgetrennt von der eigentlich historischen Urgeschichte, noch einen ganz besonderen Abschnitt widmen. Wir werden dann um so unbefangener sehen und beurtheilen können, wie sich beide — objectiv — zu einander verhalten. (Voraus schicken wir aber noch den Bericht der biblischen vorhistorischen Urgeschichte.)

1.
Uebersicht der vorabrahamischen biblischen Urgeschichte.

a.
Es ist unmöglich, die beiden s. g. (biblischen) Schöpfungsgeschichten für eine einzige zusammenhängende Erzählung zu nehmen: aber es ist auch ebenso wenig möglich, die zweite Darstellung nur für eine andere Fassung der ersten zu halten. Die Annahme eines verschiedenen Ursprungs der einen und der andern Erzählung beruht keineswegs nur auf dem Umstande, daß Gott in der ersten (im Hebräischen) immer „Elohim" genannt wird, in der zweiten „Jahveh-Elohim." Diese durchgehende Verschiedenheit des Gottesnamens ist allerdings merkwürdig und wird dadurch noch bedeutungsvoller, daß jener Gegensatz sich durch den ganzen ersten Theil der Genesis (des 1. Buches Moses) hindurchzieht: nur mit dem Unterschiede, daß in der Schöpfungsgeschichte allein Jahveh, der Ewige, noch den Zusatz „Elohim" hat, also: „der Ewige," „Gott;" oder, nach der schon von Luther vorgenommenen Umstellung: „Gott," „der Ewige."

Aber es ist doch noch ein größeres Gewicht auf den innerlichen Unterschied beider Erzählungen zu legen; jede dieser beiden Urkunden trägt einen eigenthümlichen Charakter an sich: die erste ist geschichtlich, die zweite philosophisch: dort tritt das Werk Gottes hervor, als eine in Raum und Zeit sich entwickelnde Geschichte: hier wird der ewige Gedanke Gottes hervorgehoben. Das ist der Grund der durchgängig verschiedenen Anordnung des Einzelnen bei anscheinender Gleichheit. Dort erscheint der Mensch zuletzt auf der Erde, nach vollendeter Schöpfung der Thiere und der ihnen vorhergehenden Pflanzenwelt; hier ist der Mensch das Erste; und ganz folgerichtig, weil im Gedanken Gottes der Geist allein der unmittelbare Gegenstand des schöpferischen Willens sein kann: die ewige Vernunft denkt, in das Werden versenkt, nothwendig die endliche Vernunft: alles Uebrige ist nur Mittel und Durchgangspunct, obwohl nothwendiges Glied des in Raum und Zeit entfalteten Schöpfungsgedankens. Wenn man also diesen Unterschied als einen durchgängigen findet in allen Elohim- und Jahvehurkunden, namentlich in allen Zügen, welche mit der höheren Auffassung des Geistes und des Ewigen unmittelbar zusammenhängen, so wird man sich zu dem Schlusse genöthigt sehen, daß hier zwei durchaus selbstständige Darstellungen neben einander hergehen. Sollten die hebräischen Erzählungen aus der Urwelt, vor Abraham, vielleicht nicht blos von verschiedenen Verfassern herrühren, sondern überhaupt einen verschiedenen Ursprung haben?

Sucht man das Verhältniß beider Ueberlieferungen in dem vorliegenden Beispiele zu erkennen, so wird es bald als wahrscheinlich sich zeigen, daß die Form der geschichtlichen Darstellung älter sein müsse als die der philosophischen, betrachtenden: denn die Betrachtung pflegt sich ja allenthalben erst aus einer vorliegenden Thatsache zu entwickeln, sei es in Natur oder in Geschichte. Es scheint aber, als müßte gerade im vorliegenden Falle sich ein unfehlbares Mittel darbieten, um festzustellen, ob und inwiefern diese Vermuthung sich thatsächlich bestätige. Es ist nämlich die Frage aufzuwerfen und zu bejahen: „Wie verhalten sich beide zu der allgemeinen semitischen Ueberlieferung von den Anfängen?" Haben sie beide gar keinen Anklang? oder nur eine, und welche?

Es ist eine bekannte geschichtliche Thatsache, daß andere semitische Völker, nämlich die Babylonier (oder Chaldäer) und die

Phönizier, sogenannte „Theogonien" oder „Kosmogonien" besitzen, das heißt Ueberlieferungen von der Entstehung des Weltalls und dem Anfange des Menschengeschlechts insbesondere. Bei der Vergleichung dieser alten heidnisch-semitischen Ueberlieferungen mit der Bibel (der Ueberlieferung der Hebräer) wird es nun auf den ersten Blick klar, daß die erste (biblische) Schöpfungsgeschichte darin Anklänge findet; aber es ist ebenso einleuchtend, daß von der Grundidee sich auch nicht die geringste Spur anzweisen läßt in den übrigen (heidnisch-) semitischen Ueberlieferungen. Man kann diese zwei Thatsachen so aussprechen: die geschichtliche (biblische) Darstellung ist der ältesten, allgemein-semitischen, und insbesondere der babylonisch-chaldäischen Ueberlieferung verwandt, während die geistige Auffassung der zweiten, oder Jahvehurkunde, dem hebräischen (jüdischen) geheiligten Gottesbewußtsein eigenthümlich ist. Wenn jene also vorabrahamisch und chaldäisch heißen, und eine schon vor dem großen chaldäischen Gottesmanne Abraham vorgefundene Ueberlieferung sein dürfte, so würde die zweite frühestens in dem persönlichen, inneren geheiligten Gottesbewußtsein desselben Abraham, nach der ihm im Lande Kanaan gewordenen Offenbarung wurzeln. Dort also hätte man ursemitisches Gottesbewußtsein, wie es sich im Geiste Abraham's und seines Hauses erhalten oder gestaltet hatte: hier das daraus hervorgegangene specifisch abrahamitische oder israelitische. Wegen der jetzigen Fassung dürften wir nun wohl nicht über Moses hinausgehen, da man den Gebrauch des Jahvehnamens, für Gott den Ewigen, nicht für die Zeiten der jüdischen Patriarchen beanspruchen kann.

Voransteht unter den heidnisch-semitischen alten Schöpfungsgeschichten die Ueberlieferung der Chaldäer. Die Ueberlieferung Babylons (Sinear, Südbabylonien) ist chaldäisch, und so nennt sie Berosus: die Chaldäer (Kasdim) aber, und ihre Sprache, kommen von den Gebirgen der Landschaft Arrapachitis (Arpakschad), von wo sie in die kurdistanischen (karduchischen) Gebirge (Nordassyrien) sich verbreiteten, und dann nach Ur-Kasdim, der Stadt der Chaldäer, zogen. Abraham aber war, nach der Bibel, ein chaldäischer Fürst, aus dem Stamme der Jenseitigen (Hibri), d. h. derjenigen, welche früher über den Tigris setzten, gerade wie er, in derselben südwestlichen Richtung den Euphrat überschreitend, ein „Hebräer" hieß.

Die geschichtliche Thatsache ist diese. Die Darstellung des

erſten Abſchnitts der bibliſchen Schöpfungsgeſchichte iſt eine uralte, gemeinſame Ueberlieferung der aramäiſchen Stämme, und hat ebenſo ihre tiefen Wurzeln in den Erinnerungen der kanaanitiſchen (phöniziſchen) Stämme: die zweite (bibliſche) Darſtellung dagegen iſt zwar auch uralt, aber da ſich in keiner andern Ueberlieferung eine echte, alte Spur von ihr findet, ſo muß man ſie dem hebräiſchen Stamme, alſo dem Volke Abraham's und Israel's (Jacob's), als Eigenthum zuerkennen.

Vergleicht man die Darſtellung des Beroſus (d. h. die babyloniſche Schöpfungsgeſchichte) mit der bibliſchen (hebräiſchen), ſo iſt es ebenſo unmöglich, die Uebereinſtimmung beider in der Grundidee (— der Gemeinſamkeit des Göttlichen und Menſchlichen —) als die Verſchiedenheit in der Ausführung und Wendung zu erkennen. Es gibt ſich in der babyloniſchen Darſtellung die in der Geneſis zurücktretende ſpeculative Idee der Naturreligionen (der heidniſchen Semiten) kund: daß die Schöpfung und insbeſondere die des Menſchen, ein Selbſtopfer der Gottheit ſei, ein Aufgeben des Unendlichen, Unbegrenzten an das Endliche, Begrenzte. Sowie man die Hülle der genealogiſchen Anſicht wegreißt, ſo hat man hier den einfachſten Ausdruck der Idee, welche, anders gewandt, ſich als Opfer des einzigen Sohnes des (Gottes) Bel darſtellt.

Zu Anfang iſt in dieſer babyloniſchen Darſtellung ſcheinbar der rein chaotiſche Zuſtand übergangen, deſſen die Geneſis ausdrücklich Erwähnung thut; allein dieſer Zuſtand ſteht offenbar im Hintergrunde als das Unbegrenzte: mit der Begrenzung (der Urmutter, oder dem Weltei der aſiatiſchen und ägyptiſchen Kosmogonien) beginnt die eigentliche Schöpfung, das Schaffen, das Bilden im Begrenzten. Hierbei überwiegt jedoch das Stoffliche ſehr ſtark in der (heidniſch-ſemitiſchen) aramäiſchen (mesopotamiſch-babyloniſchen) Auffaſſung. In der hebräiſch-moſaiſchen Ueberlieferung iſt das „Wüſte und Oede" uranfänglich: aber zugleich wehet der Hauch Gottes über den Waſſern, was offenbar nicht ohne geiſtige Bedeutung geſagt iſt, obwohl ebenſo gewiß nicht ohne das natürliche phyſiſche Bild eines bewegenden, erregenden Windes über der Urfluth. Gott endlich theilt das Obere und Untere, ſo ſpaltet Bel (der Gott der Babylonier und der anderen heidniſchen Semiten) die dunkle, von träumerischen Wesen wimmelnde Urmutter, das Weltei.

Eine spätere chaldäische Ueberlieferung trägt schon ganz den mythologisch-speculativen Charakter, durch welchen das Gottesbewußtsein der heidnischen Semiten Mittelasiens sich aus dem Abgrunde eines verzerrten Polytheismus und blutigen Götzendienstes emporzuschwingen suchte. Doch erscheinen darin auch die einfachen uralten Ideen von der Entstehung alles Seins aus der Verbindung der göttlichen Sehnsucht (Pothos, Liebesverlangen) mit dem dunkeln Stoff. Zuletzt erst erscheint der persönliche Weltschöpfer Bel, der Herr. Dazwischen ist eine Reihe idealer Gegensätze und Potenzen, an deren Spitze der „Erstgeborne" steht, das Erzeugniß jenes Liebesverlangens mit der nächtigen Materie.

Denselben Charakter tragen, wenngleich in verschiedenem Grade, alle phönizischen Kosmogonien. Philo, selbst ein Phönizier, aus der Zeit Hadrian's, hatte sie, vorzugsweise aus den Schriften des alten Sanchuniathon, und jedenfalls aus heimischen Quellen zusammengestellt, und die uns erhaltenen Bruchstücke sind zum Theil rationalistische Verdrehungen der alten Poesie. Aber man vermag doch in ihnen als Kern echte mythologische Ueberlieferungen zu erkennen. Philo will alles auf Erzählungen der wirklichen Geschichte zurückführen: das ideale Gebiet besteht für ihn gar nicht: denn selbst die namentlich aufgeführten Elemente sind ihm nur verkappte gewaltige Herren, und Erfinder nützlicher menschlicher Künste und Fertigkeiten. Jener Kern aber läßt sich doch nicht unschwer ausscheiden, und da finden sich denn viel mehr Fasern und gemeinschaftliche Wurzeln des Hebräischen, als man gewöhnlich annimmt. Nicht allein begegnet man den Gottesnamen von Elohim, Elim, Schabbai (Allmächtiger), Bel-schamin (Herr des Himmels), sondern auch Israel und Esau erscheinen dort in leichter Verkleidung, und in entschieden mythologischem Sinne. Allerdings erscheint aber auch jene Hinneigung zum Stofflichen, oder zum Materialismus, noch ausgebildeter als in den babylonischen Kosmogonien: die Materie und ihre Gährung ist das Erste. Doch ist dann auch ebenso unverkennbar dem weltschöpferischen Willen eine entscheidende Wirksamkeit beigelegt. —

Der erste, oder geschichtliche Schöpfungsbericht der Genesis (des 1. Buches Mose's) ist uralten, allgemein semitischen Ursprungs.

Der Vermittler für die Bibel ist Abraham. Der zweite, philosophische, stammt erst aus mosaischer Zeit. Lange vor Abraham hatten die Phönizier sich im Norden Kanaans (des Tieflandes, Küstenlandes) niedergelassen, und die philistäischen (palästinischen) Stämme in dem südlichen Theile des von ihnen benannten Paläſtina. Abraham nahm die Landesſprache an: die Sprache der Hebräer, das ist der Jenseitigen, derer, welche über den großen Strom gegangen sind, heißt die „Sprache Kanaans."

Von da an aber hörte alle nächste geistige Gemeinschaft der Hebräer auf, mit den Aramäern (Mesopotamiern) wegen der Sprache (— das Aramäische, Chaldäische, ist die Sprache der Keilinschriften —), mit den Kanaanitern wegen der religiösen Absonderung der Abrahamiten von den Götzendienern.

Was also sich gemeinsam findet, muß vorabrahamisch sein. Dessen ist nun sehr Vieles: aber Alles ist elohiſtiſch. Es ist die Ueberlieferung der Schöpfungsgeschichte, als der fortschreitenden Entwickelung des Lichts und des Bewußtseins, mit dem Menschen als Endpunct. Der Ewige erscheint allenthalben als der vor aller Schöpfungsgeschichte Vorhandene: aber er wird nur in dieser Beziehung zur Welt, also im Endlichen, betrachtet.

Von der jehoviſtiſchen Auffassung (der Schöpfung) findet sich unter jenen Völkern keine Spur.

Wir haben nun in jener geschichtlichen Darstellung (der Schöpfung) keine spätere, ohne alles Denken des Menschen, dem Moses etwa mechanisch eingegebene Offenbarung des Verlaufs der Schöpfung zu sehen, oder eine philosophische Dichtung desselben Gottesmannes oder (vielmehr nach Anderer Annahme) eines Mannes aus der Prophetenzeit. Unverkennbar sind die örtlichen, geographischen und geschichtlichen Erinnerungen der Urzeit: diese konnte keine Speculation erfinden, noch auch, zu Moſe's Zeit, oder später, irgend eine Alterthumsforschung aufdecken. Dazu kommt, daß wir auch auf der idealen Seite Töne aus der älteſten Epoche der mythologischen Ueberlieferung finden, die man später (zu David's Zeit) nicht mehr verstand. Die „Cherubim" und das „wirbelnde Schwert" sind nicht das Product der Abstraction, sondern der Ueberlieferung.

Endlich die ganze Weltanschauung ist nicht eine, welche Moses gegründet haben kann: wer auch Urheber der biblischen Fassung sei, er muß die Ueberlieferung vorgefunden haben. Sie ist ebensowohl die Voraussetzung des Gesetzes wie des Evangeliums: sie war etwas Gegebenes, ebensowohl für Moses, wie für die Gründer des Christenthums. Aber sie ist aus erster Quelle geflossen, aus dem ältesten und vollsten geschichtlichen Gottesbewußtsein, und in dem Sinne der reinsten Persönlichkeit geläutert, nämlich im abrahamischen Bewußtsein.

Um nun der einzigen Erhabenheit und Ursprünglichkeit dieser also überlieferten (biblischen) Weltanschauung uns bewußt zu werden, soll hier ihr Gegensatz geschichtlich und philosophisch betrachtet werden.

Der geschichtliche Gegensatz der biblischen Auffassung mit der heidnischen ist ein doppelter: der zu den Semiten des Naturdienstes, und der zu den alten Ueberlieferungen der arischen Völker, welche wir insbesondere durch die Baktrier und die Inder des Fünfstromlandes (Pendschab) kennen.

Die heidnischen Semiten haben dieselben Elemente der Schöpfungserzählung wie die Bibel: der Zustand des Chaos — das schöpferische Wort — die allmähliche Gestaltung, erstlich der Weltkörper, dann des Pflanzen- und Thierlebens auf der Erde, mit dem Menschen zum Schlusse. Nur diese letzte Schöpfung ist ihnen das unmittelbare Werk Gottes: aus „des Herrn," des Bel, eigenem Blute (oder durch Vermittelung des Erstgeborenen, aus dem Blute des geopferten göttlichen Sohnes von Bel) wird der Mensch gebildet, mit seinem, aus Erdenstaub zusammengekneteten Leibe. Ebenso ist es der Mensch allein, welchem Gott in der Bibel den Hauch des Lebens einhaucht: seine Seele hat also noch etwas Anderes in sich als die Thierseele, deren Leben im Blute ist.

Aber welche Verschiedenheit in dem Verhältnisse jener drei Elemente! Der chaotische Zustand wird als unfruchtbarer Kampf streitender Gegensätze, in mythischem Gewande, aber wesentlich als Begriffsentwickelung der betrachtenden Vernunft (bei den heidnischen Semiten) ausgebildet. Bald herrscht (in ihren Schöpfungsberichten) der Geist vor, bald überwiegt der Stoff, aber immer stehen die beiden Gegensätze sich gegenüber. In der Bibel aber schwindet die Betrachtung des Stoffs vor dem Worte: „Es werde Licht!" Das Licht entwickelt sich in einer fortschreitenden Reihe: Gott schaut bewußt diese von ihm gewollte Entwickelung an, und ruht nicht, bis er den bewußten Geist geschaffen. Dieser soll herrschen über die ganze Erde und alles Geschaffene als Gottes Ebenbild, das heißt, er soll vermöge seiner göttlichen Ausstattung, des sittlichen Gottesbewußtseins, das Gute wirken und der ihn umgebenden Welt das Bild der göttlichen Weisheit und Liebe aufdrücken. Das Speculative liegt der biblischen Darstellung fern. Von vermittelnden Kräften (Geistern, Engeln) oder Stoffen (Elementen) sagt sie nichts, obwohl auch davon noch eine Spur sich findet in dem Ausdrucke: „Lasset uns Menschen machen nach unserem Bilde!" Das Augenmerk des (Hörers oder) Lesers soll nur auf den Mittelpunct gerichtet werden, den Weltschöpfer, welcher erkannt ist als der bewußte Geist des Guten. Noch ist keineswegs die absolute Trennung Gottes und der Welt als unbedingter oberster Gegensatz ausgesprochen: aber man ahnet schon, daß ein solcher unbedingter Gegensatz sich im Kampfe mit der Vielgötterei feststellen, daß aus jenem lebendigen Bewußtsein von Gottes Gegenwart in der Welt und von der göttlichen Wahrheit in dieser Schöpfung sich ein unerquicklicher starrer Deismus entwickeln kann (wie er denn wirklich im spätern Judenthum sich allmählich entwickelt hat).

. Aber der Gegensatz der beiden Auffassungen tritt uns bereits in jenen Ueberlieferungen so stark und beherrschend entgegen, daß man das Ausscheiden der Hebräer aus dem Gottweltbewußtsein der heidnischen, nahen und fernen, Stammesgenossen schon von hier aus als nothwendige Folge erkennt.

Dieser Gegensatz stellt sich in allgemeinster Form dar als der des Gottesbewußtseins, als Vernunft und als Gewissen. Auf beiden Seiten wird die Doppelheit anerkannt, die Grundeinheit nicht bezweifelt: aber während der Semite streng an dem hält, was sich auf den Unterschied des Guten und Bösen bezieht, und darin die wahren Deuter oder Exponenten des Gottesbewußtseins sieht, folgt der andere dem Drange des denkenden Geistes. Der Arier will mit dem denkenden Verstande eindringen in die göttlichen Dinge, und das, was dort sich ihm offenbart, zum Mittelpuncte des Gottesbewußtseins in Feier und Symbol machen.

Man hat vor der Begründung einer zusammenhängenden weltgeschichtlichen Betrachtung viel gestritten, welche Form der Vielgötterei die ältere sei. Wir haben nun aber einen großen Strom weltgeschichtlicher Entwickelung vor uns, in welchem die geistigen Jahrbücher des Menschengeschlechts sich spiegeln: da zeigt sich denn klar, daß, wie allenthalben, so auch hier, die Vernünftigkeit älter ist als das Unvernünftige, und daß das Sinnlose nur ein spätes Mißverständniß der sinnbildlichen Sprache der Vorwelt genannt werden kann, welches in einer noch spätern Zeit zur Glaubens- lehre erhoben ward. Der rohe Fetischismus ist so wenig die Ur- religion, als der Gegenstand dieses Dienstes die Ursache der Welt ist. Dafür zeugt mit der Bibel und einer vernunftgemäßen Philo- sophie die gesammte Ueberlieferung der übrigen Semiten. Der Dienst stummer Götzen bei gebildeten Völkern ist, wie aller Bilder- dienst, alter, neuer und neuester, nur das Kind des Absterbens der Idee vom Göttlichen, welche durch jene Bilder sollte veran- schaulicht, nicht aber gebunden oder verdrängt werden.

Die Gottesverehrung der Menschheit ist auch, nach dem Zeug- nisse der semitischen Gesammtüberlieferung, nicht hervorgegangen aus dem Stern- und Sonnen- und Monddienste. Umgekehrt, man findet in dem, was den verschiedenen Darstellungen jener Völker gemein ist, durchgehends als Thatsache des Gottesbewußt- seins in der Welt den Glauben, daß der göttliche, weltschöpferische Wille die Ursache der Schöpfung der Sterne sowohl als der Menschen ist: nur daß in der Bibel der Menschengeist als der unmittelbare Ausdruck des Göttlichen im Endlichen dargestellt wird, während dort eine Vermittelung, sei es der Kräfte der Ele- mente oder weltbildender, besonderer, geistiger Thätigkeiten ange- nommen wird.

In diesem Allen unterscheiden sich die ältesten urkundlichen heidnischen Ueberlieferungen von der Weltschöpfung, welche wir besitzen und welche die alten Bildungsvölker überwiegend beherrscht haben, von denen der Bibel weniger durch ihre Anfänge als durch die daran geknüpfte Entwickelung. Selbst Moloch und Astarte (die heidnischen semitischen Gottheiten) waren Geister von Sternen, ehe sie zu verabscheuungswürdigen Götzen ausarteten: sie waren Darstellungen weltbildender geistiger Kräfte, ehe das Bewußtsein derselben durch die leuchtenden Himmelsmächte ver- drängt wurde: sie waren die vernunftvollen Ideen des Ewigen, der einen göttlichen Vernunft, ehe man diese Einheit über der Vielheit vergaß.

Und diese Entwickelung ist deßwegen eine uns verständliche, weil sie die Erfahrung der sich beobachtenden einzelnen Seele ist. Die Seele wird abgötlisch, weil sie das Selbst zum Gotte macht: weil sie das Wahre trennt vom Guten: weil sie die Ideen sich dienstbar machen will, statt sie, in wahrer Freiheit, zu verherrlichen in endlicher Verwirklichung, was nur durch sittliche Kraft geschehen kann. Hier nun kommen wir auf das, was die Bibel hervorstechend nicht mit den stammverwandten semitischen Ueberlieferungen gemein hat, sondern was ihr eigenthümlich, was ihr Ursprüngliches ist. Wir verweisen aber noch bei dem Gegensatze jenes Allgemeinen in der semitischen Ueberlieferung zu dem Sonderbewußtsein anderer, älterer und neuerer Systeme. Die semitische Ueberlieferung kann weder auf den Pantheismus zurückgeführt werden, noch auf den Deismus (nach der wahren Bedeutung beider): Gott geht ihr nicht mit dem Pantheismus unter in der Welt, wenn er ihr gleich hier und da erst emporzusteigen scheint aus der Welt, als der bewußte Geist. Aber noch viel weniger ist ihr Gott ein von der Welt geschiedener, gar nicht in ihr wohnender Gott, wie der neue Deismus ihn haben will. Am allerwenigsten ist das Göttliche und Menschliche so geschieden, wie diese trostlose Ansicht annehmen muß, welcher Gott eigentlich verloren geht, während sie ihn zu verherrlichen wähnt. Das Ebenbildliche Gottes im Menschen, die Wesenseinheit beider trotz des Abstandes des Unendlichen, des Ewigen, d. h. Seienden, von dem Endlichen, Werdenden, ist vielmehr der ausgeprägteste Grundgedanke der semitischen Ueberlieferung, trotz des Schattens von Sünde, welche auf das Ebenbild fällt. Das der Bibel Eigenthümliche ist nun schon in jener gemeinsamen Ueberlieferung dieses, daß die Bibel die Einheit und Einzigkeit Gottes wahrt und festhält, welche den andern (heidnischen) Semiten durch das mythologische Gedankenspiel mit der Vielheit, wo nicht verloren geht, doch gefährdet wird. Was man hier vom Gegensatze der biblischen Grundanschauung zu den Schöpfungsberichten semitischer Völker sagen kann, gilt insofern auch von dem Verhältnisse zu den arischen (heidnischen) Vorstellungen: es tritt in diesen das (heidnische) Weltbewußtsein noch gewaltiger hervor, aber auch vernunftkräftiger; sie fassen Gott auf in der Natur, im sichtbaren Kosmos, und daran knüpft sich später das Bewußtsein der geistigen Weltordnung, und das Streben, ihn menschlich verkörpert darzustellen und durch den Gedanken zu erkennen.

So steht denn die biblische, hebräische, Schöpfungsidee, auch schon nach der ersten Urkunde, auf der einen Seite des bedingten, aber stark betonten Gegensatzes, und auf der andern stehen alle andern Auffassungen, welche Religion wurden, ehe sie durch die Philosophie eine rein begriffliche Form erhielten. Die ganze Bibel erkennt den Strom des Werdenden als göttlich an, allein sie führt nicht in ihn hinein, vielmehr hält sie den Menschen ab, in ihn einzugehen. Die Naturreligion stürzt sich, voll Gottesbewußtseins, in die Welt, und wird von dem Zauber des Göttlichen in der tausendfarbigen Erscheinung so ergriffen, daß das reine Licht sich ihr verdunkelt, und der stille leise Ruf des sittlichen Bewußtseins übertönt wird von der stolzen Stimme der sich selbst vergötternden Vernunft. Der Geist sieht sich im Spiegel der Natur, nicht der Geschichte.

Dieser Gegensatz ist nun nicht bloß ein geschichtlicher, ein vorübergegangener: er geht durch unsere Zeit gerade ebenso, wie durch die fernste Vergangenheit: er schlägt sein Doppellager ebensowohl im Christenthume auf, wie im Heiden- und Judenthume. Die Gottweltrunkenheit der kleinasiatischen und griechischen Bacchanten wird Pantheismus oder Materialismus und Epikuräismus: kurz, Schwärmerei oder Selbstsucht. Der starre Gottesbegriff, welcher in Gott und Welt, in Gott und Mensch einen unbedingten Gegensatz aufstellt, steht nicht bloß im neuen Judenthume wie im Mohammedanismus, sondern auch im Rationalismus vor uns. Ebenso Fatalismus und Zufallslehre, bei Getauften wie bei Ungetauften, bei Christen wie bei Heiden.

Und zwar ist dieser fortwährende Kampf nicht bloß ein äußerlicher, sondern einer, der in jeder einzelnen Seele durchgekämpft wird: mehr oder weniger bewußt, nie jedoch glücklich, wo er nur Sache der Form oder des Verstandes, und nicht des Lebens ist. Dadurch ist denn auch bewiesen, daß von dem Schöpfungsbegriffe an die Bibel Leiterin des gottsuchenden menschlichen Geistes immerdar bleiben muß und daß sie die Vernunft nicht ausschließt, sondern entwickelt, fördert, leitet.

Alles dieses gilt aber in noch höherem Grade von dem Eigenthümlichen in der Auffassung der Schöpfung, welche die zweite biblische Darstellung uns gibt. Die Lehre vom Falle des Menschen und von dem siegverheißenden Kampfe des aus der Versenkung in die Endlichkeit sich herausarbeitenden Menschengeistes ist insbesondere gerade das hohe Geisteswort, welches seine Wurzel nicht in der aramäisch-chaldäischen Ueberlieferung hat, sondern im Geiste Abraham's. Wann auch jener Geist auf dieser Erde geweilt, welcher den Kern der tiefsten Wahrheit in eine so kindliche Schale gelegt hat — als vormosaisch hat man ihn anzunehmen, obwohl er erst in später geschichtlicher Zeit, d. h. von Moses oder einem der alten Propheten, schriftlich verfaßt, und dann zuletzt in das Buch eingewoben ist, welches man die „Genesis" (das 1. Buch Mose's) nennt. Denn die Zehn Gebote setzen schon diese Grundanschauung voraus, wenn sie auch im Gemüthe des Volks lange verdunkelt gewesen war.

In dem biblischen Schöpfungsberichte herrscht eine Größe und Einheit des Gedankens, welche über alle Einkleidung des Berichts und über alle Täuschungen des Augenblicks weit erhaben ist. Die schöpferische That Gottes ist das Hervorrufen und die fortschreitende Entwickelung des Lichts. Dieses entwickelt sich in sechs Stufen theils um die Erde her, theils auf ihr. Es erscheinen auf der Erde die organischen Bildungen, unverkennbar in der Ordnung eines solchen Fortschritts. Nun aber ist eine solche Folge gerade das Ergebniß der Wissenschaft, nach der Folge der Erdschichten und ihrer vormenschlichen organischen Reste und Abdrücke: die hohe Bedeutung des Lichts bei der fortschreitenden Organisation der Geschöpfe wird täglich mehr anerkannt. Wir haben also eine Grundanschauung der Anfänge, welche uns einen Blick gewährt in das, was die Geschichte der Erde nicht erzählt und was die Propheten der Wissenschaft erst spät angefangen haben zu ahnen.

Die Ergebnisse der wissenschaftlichen Erforschung der Geschichte der Erde, vom rein geologischen Standpuncte, sind in folgende (sechs) Sätze zusammenzufassen:

„Die Erde war anfangs eine geschmolzene heiße Kugel mit einer dichten Atmosphäre darüber, welche sämmtliches Wasser enthielt. Durch Abkühlung bildete sich eine feste Rinde: diese war überall gleichmäßig bedeckt vom Wasser, welches, ebenfalls durch die Abkühlung verdichtet, das Urmeer darstellte."

„Durch die Rückwirkung des heißen Innern auf die einbringenden Wasser wurden Ländermassen über das Urmeer emporgetrieben."

„Die organische Schöpfung begann mit dem Pflanzenreiche."

„Diesem folgt das Thierreich, und zwar zunächst nur Wasserthiere."

„Dann folgte die Schöpfung der Landthiere, besonders der Säugethiere."

„Schließlich der Mensch."

Man weiß jetzt nicht allein, daß dieses die Ordnung und Reihenfolge war, sondern auch, warum es so sein mußte: nämlich nicht allein wegen der Folge der Erdschichten, in welcher sich die Reste der Urwelt vorfinden, sondern auch wegen der Bedingungen der Wärme und des Gesammtzustandes der Erde in den verschiedenen Zeiträumen dieses Weltkörpers Erde. Wie alles Vernünftige, so konnte sich jedoch diese Anschauung einem frischen Lebens-, Welt- und Gottesbewußtsein wohl als das Natürliche darbieten. Der Mensch bedarf der Thiere zur Nahrung und Gesittung: die Säugethiere stehen ihm dabei am nächsten: die Vögel des Himmels und die kalten Fische des Meeres liegen weiter von ihm ab: alle diese aber bedürfen mehr oder weniger der Pflanzennahrung. Da nun die Weltordnung als eine vernünftige vorausgesetzt wird vom Gottesbewußtsein, so ist die Thatsache nicht schwer zu begreifen, daß die altchaldäische Ueberlieferung vor Abraham bereits aus einer solchen Anschauung hervorgegangen sei: denn auf die Chaldäer wird man, auch von dieser Seite, als auf die ersten Träger dieses Bewußtseins hingewiesen. Abraham war ein ausgewanderter Chaldäer, und das dem Abraham einwohnende Gottesbewußtsein trifft in dieser Anschauung der Schöpfungsgeschichte ganz unbezweifelt mit der chaldäischen Ueberlieferung zusammen, und zwar nicht mit dieser allein, sondern auch mit der anderweit von Chaldäa abgezweigten phönizischen.

Es zeigen sich also auch hier zwei große Wahrheiten. Einmal, daß das Vernünftige älter ist als das Unvernünftige, und daß der menschliche Geist durch das ihm einwohnende Gottesbewußtsein die Ergebnisse der spätesten Wissenschaft vorwegnehmen kann, nicht etwa durch direct-hellseherisches Schauen, sondern vermittelst einer einfachen hellgedachten nüchternen und klaren Betrachtung, welche durch Einheit und Kraft des sittlichen Gottesbewußtseins zusammen gehalten wird. Zweitens, daß das Eigenthümliche, Ursprüngliche und Einzige der Bibel nicht darin besteht, daß in ihr auf diesem Gebiete etwas Neues und Unerhörtes gesagt, sondern daß das immer an jene uranfänglichen Wahrnehmungen erleuchteter Geister sich ansetzende Phantastische, Spielende, Materialistische, abgestreift oder fern gehalten werde. Das nun ist fortwährend in der biblischen Offenbarung geschehen, und zwar durch das Vorwalten des sittlichen Bewußtseins vor dem speculativen, und durch das Festhalten an der geistigen Einheit vor der verwirrenden Mannigfaltigkeit und dem Spiele der Erscheinungen. Die geschichtliche und vernünftige Wahrheit erscheint aber auch bei weitem geradezu als das Erhebende, Läuternde, Ehrfurchtgebietende, Heilige. Welche Erhabenheit des göttlichen Gedankens und der göttlichen Weltordnung offenbart sich in der Erkenntniß von der Ursprünglichkeit vernünftiger Anschauungen, und von der Kraft eines edlen und reinigenden, sittlichen Gottesbewußtseins. Darin zeigt sich der höchste Geist, daß er unverrückt am richtig erkannten Wahren festhält.

Es ist fast überflüssig nachzuweisen, daß die „sechs Schöpfungstage," gebildet durch Abend und Morgen, nicht wollen von dem vierundzwanzigstündigen Laufe der Erde um die Sonne verstanden werden. Allerdings wird man aber nachforschen müssen, ob und inwiefern jene sechs Schöpfungstage sich als Epochen darstellen. In unvermittelter Weise decken sich die biblischen Schöpfungstage und die wirklichen Schöpfungsepochen nicht; man muß also die arglose biblische Urkunde aus ihrer eigenen natürlichen, gleichmäßigen und richtigen Anschauung erklären: nur dann zeigt sich ihre Erhabenheit und nur dann wird man in ihren wahren Sinn einbringen. —

Also die von Abraham in ihren Urbestandtheilen festgehaltene und mit Abstreifen des mythologischen Ansatzes und der dichterischen Verzierungen in erhabener Einfachheit überlieferte Schöpfungsgeschichte der Chaldäer ist die, welche von den Israeliten bewahrt, spätestens von Moses niedergeschrieben und unter König Hiskia von Juda (ca. 700 vor Chr.), wo nicht früher, an die Spitze der hebräischen Erzählungen von den Anfängen gestellt wurde. Die Sechszahl der Schöpfungstage ist dabei nicht zu betonen, sondern die Siebenzahl, und diese ist symbolisch, eben wie die Bezeichnung der fortschreitenden Lichtentwickelung durch Tage. Die Siebenzahl war bei den Chaldäern nicht allein Wochenzahl, sondern auch Bild des Weltalls (Erde, Sonne, Mond, die zwei niedern und die zwei obern Planeten); Saturn ist der achte Gott im Gegensatze der einen Gottheit (Set, Saturn), welcher daher auch hier und da „der Achte" heißt, oder die „acht Welten".

Den Juden war die Woche geheiligt durch die Feier des Siebenten, als Ruhetags. Die biblische Genesis steht also durch die weltgeschichtliche Person Abraham's im ethnographischen Zusammenhange mit den übrigen Semiten; das Göttliche der hebräischen Offenbarung der Genesis liegt in der geistigen Grundanschauung: mit ihr stimmt die andere göttliche Offenbarung, die später bei Japhet geworden, in Wissenschaft der Natur und der Geschichte; aber die hebräisch-semitische hält den Hauptpunct fest, Gottes Verhältniß zur Welt. Deßhalb ist und bleibt die biblische Schöpfungsgeschichte der Genesis das Kleinod der Menschheit: den Geringsten verständlich, den Weisesten ehrwürdig; sie ist außerdem die einzige mit unserem modernen christlichen Gottesbewußtsein und der Wissenschft vereinbare Urkunde vom Ursprunge des Menschengeschlechts — denn wo auch dessen materieller, körperlicher Stoff hergenommen und dann verebelt sein mag, der Mensch ist von Gott geschaffen, zu welcher Zeit und in welcher Gegend dieses Ereigniß geschehen sei, und ob es ein Moment war oder eine auf Jahrhunderte, Jahrtausende oder Myriaden von Jahren sich erstreckende Thatsache.

———

In der biblischen Erzählung von der Erschaffung des Menschen soll ausgedrückt werden, daß der Geist im Menschen einen unmittelbar göttlichen Lebenshauch in sich habe, unabhängig von dem thierischen Lebensprincip, welches er mit den ihn umgebenden Thieren theilt. Denn dieses Einhauchen des göttlichen Athems kommt nur bei seiner Erschaffung vor. Im Uebrigen ist er der Erde Sohn: der Leib, von ihr genommen, kehrt zu ihr zurück, löst sich auf in die Elemente, aus denen er — als thierisch — gebildet wurde.

Wenn nun aber die biblische Erzählung sagt, daß das Menschengeschlecht in einer gegebenen (historischen, wenn auch noch so entfernten) Zeit, als Schluß der Thierschöpfung, in einem näher bezeichneten Landstriche des mittleren Urasiens an's Licht getreten sei, und zwar als ein Einziges: so hat sie selbstverständlich hier nur das historische Menschengeschlecht, die geschichtliche Bildungs-Menschheit im Sinn, und zwar lokal jenen „Heerd der Völker," von dem alle geschichtlichen Nationen stammen, von den Chinesen, den älteren Turaniern, dann den jüngeren Turaniern (Finnen), den Chamiten, den Semiten, den asiatischen Ariern in Iran und Indien, bis zu den Kelten, Slaven, Pelasgern und Germanen herab: die vorhistorischen Menschengeschichten läßt die Bibel weg.

Die historische Bildungs-Menschheit, deren Schöpfung die Bibel gleich in den Anfang setzt, ist allerdings Eine durch den Nachweis des geschichtlichen, blutsverwandtschaftlichen Zusammenhangs der verschiedenen Sprachstämme; und dieser Beweis ist viel schlagender und unmittelbarer als der physiologische: dieser kann nur eine Möglichkeit wahrscheinlich machen, jener liefert die Thatsache, daß es so sei. Auch ist die Sprache, nach dem ausdrücklichen Zeugniß der biblischen Urkunde, das eigene, ursprüngliche Werk des Menschen. Wie der Mensch die Thiere benannte, so heißen sie.

Also die menschliche Vernunft ist die Urheberin und Schöpferin der Sprache: folglich muß der Ursprung ebensowohl als die Entwickelung der Sprache vernünftig sein, und darin liegt ihre Theilhaftigkeit göttlicher Natur. Dieses kann auch so ausgesprochen werden: jedes Wort muß ursprünglich etwas Wirkliches bedeuten, und dieses wird bezeichnet sein durch den Ausdruck einer sinnlich wahrnehmbaren Eigenschaft. Der entsprechende Laut ist ein nachbildendes (nicht nachahmendes) Kunstwerk der Sprachorgane, welche ebensowohl durch die Sprach- oder Mundgeberde bezeichnen, wie durch den Ton oder den Accent. Jene ist die plastische, dieser die musikalische Urkunst der Menschheit.

Die Ursprache muß also mit jeder Lauteinheit (durch einfache Vocallaute oder durch „Silben," Zusammenfassungen von Mit- und Selbstlauten zu einer Einheit) einen Begriff ausdrücken, also ein Wort, und dieses wird als Eigenschaftswort zugleich Nenn- und Zeitwort sein. Es wird in ihr weder Formwörter (Verhältnißwörter) geben, noch überhaupt Redetheile. Jede Lauteinheit ist Wort, jedes Wort Bezeichnung einer Gegenständlichkeit der Außenwelt. Es liegt nun in der Natur des Fortschritts des Geistes und also auch der Sprache, als eines Fortschreitens des Bewußtseins, daß einige jener Substanzwörter verbraucht werden zur Bezeichnung der Verhältnisse der Gegenstände unter einander, oder auch der einzelnen Gedanken und Sätze.

Nun finden sich drei Thatsachen vor, die indessen sogleich in die historische Urgeschichte führen. Einmal, jener Charakter der Ursprache kommt wirklich dem Chinesischen zu, der Sprache eines Drittels des dermaligen Menschengeschlechts. Zweitens, die spätern, die sogenannten Formsprachen, schließen sich durch einige Glieder an diese Sprache an, denn man findet chinesische Wurzeln in ihnen verbraucht zu Verhältnißwörtern und Zusammensetzungen. Endlich drittens, diese ältesten Formsprachen hängen durch ununterbrochene Mittelglieder mit den neuesten und vollkommensten Sprachen dieser Art (unserem eigenen großen arischen, indogermanischen, Sprachstamme) ebenfalls geschichtlich zusammen. Man kann also sagen, daß der Sprachbeweis für die Einheit des historischen Menschengeschlechts wenigstens nach dem Gesetze der Analogie festsieht.

Die biblische Erzählung läßt sich nun so fassen: „Gott bildete das Menschengeschlecht (ohne weitere Bezeichnung; ganz allgemein) in einer bevorzugten Gegend Asiens: dieses ursprüngliche Menschengeschlecht lebte in ungeschiedener Einheit eine Reihe von Jahrhunderten, ohne daß man Näheres von ihm zu berichten weiß. Erst nach Verlauf dieser Jahrhunderte treten in der Erinnerung der Urzeit näher bezeichnete Epochen der vorstuthigen (aber nun schon historischen) Menschheit hervor."

Nur der Gedanke gibt dem Geschichtlichen allgemeine und unvergängliche Bedeutung. Der geschichtliche Mensch, der Mensch der Wirklichkeit, ist der sündhafte: der unsündliche ist eben der Mensch im Gedanken Gottes. Gott ist weder die Dinge, noch ist er außerhalb der Verwirklichung in der Schöpfung. Gottes Wesen ist Eines im Weltall: die Annahme der Einheit des Weltalls liegt in der Bibel schon darin, daß „Himmel und Erde" die Schöpfungsthat des Einzigen, Ewigen, sind. Wenn nun der bewußte unendliche Geist (des Alls) einer ist, so ist auch der bewußte endliche Geist der Erde, der Erdenmensch, Glied einer in sich harmonisch (als Kosmos, Ordnung) zusammenhängenden Welt ähnlicher Geister und organischer Bildungen im übrigen Weltall. Denn der Mensch ist uranfänglich in unmittelbarer Verbindung mit Gott: er ist ebensowohl Gotteskind als Erdenkind: er ist der wesentliche Ausfluß des Willens Gottes, der Endzweck seiner Schöpfung, sein Ebenbild auf der Erde. Die Ebenbildlichkeit ist nichts Aeußerliches, auch nicht bloß Verwandtschaft: es ist Gottes Bewußtsein wesentlich dem Menschen eingedrückt, nur innerhalb der Schranken von Zeit und Raum. Gott wird deßhalb im Menschen vom Menschen erkannt als der Ewige und als der Gute: und wiederum wird des Menschen innerstes Wesen nicht verständlich, als indem es göttlich gefaßt wird. Gott ruht (nach der biblischen Darstellung) nach der Schöpfung des Menschen, d. h. der Mensch ist das Ziel des Weltgedankens. Mit dem Einzelnen ist zugleich die Menschheit gesetzt: nicht allein durch die ursprünglichen Erscheinungen desselben in Mann und Weib, Vater und Kind, sondern auch in der Bestimmung des Menschen über die Erde zu herrschen, das Göttliche in sie einzuprägen und in ihr geltend zu machen. Dies setzt voraus, daß die Ebenbildlichkeit sich in der Menschheit nicht etwa nur vervielfältigt darstelle, sondern daß ihr Ganzes erst die volle Ebenbildlichkeit in Raum und Zeit verwirkliche.

Die ganze übrige Schöpfung auf der Erde ist für die Menschheit gemacht. Jedes organische Wesen zwar stellt einen Gedanken Gottes dar, jeder Organismus zwar hat eine Zweckmäßigkeit in sich selbst, nämlich als Ausdruck jenes Gedankens. Aber der Gedanke Gottes ist wesentlich ein Gedanke des Ganzen. Der Mensch ist nicht bloß ein Theil dieses Ganzen wie die übrigen Geschöpfe, sondern er ist der Inbegriff der Welt: er ist es durch seinen Organismus und noch mehr durch sein Gottesbewußtsein. Insofern ist alles für den Menschen geschaffen: er ist der Endzweck der einheitlichen Schöpfung, in der wir leben. Folglich ist er ebenso gut der Letzte wie der Erste: der Letzte in der Reihenfolge, der Erste im Gedanken Gottes. Er ist der erstgeborne Sohn Gottes wie der jüngste Sohn der Erde: jenes dem Geiste nach, dieses nach der Erscheinung. Es kann aber auch in dem Weltall des

Schöpfers Himmel und der Erde keinen andern Endzweck, kein anderes Ziel der Schöpfung geben, als den in Gottes Ebenbildlichkeit geschaffenen und mit entsprechenden Organen ausgerüsteten bewußten Geist.

Da in dem Menschen Gottes Geist ist, so ist des Menschen Geist unsterblich, seinen Anlagen nach; seine Fortdauer ist unabhängig von den Veränderungen, welchen der Mensch unterworfen ist, infolge seines Zusammenhangs mit dem Sterne, welchen man die „Erde" nennt. Denn sein Geist ist nicht von der Erde gekommen. Durch Gott ist er Weltbürger im höchsten Sinne: die Gewähr und Bedingung dieses göttlichen Lebens ist aber nur das bewußte Leben in Gott, die sittliche Persönlichkeit.

Der in Gott gedachte Mensch dieser Erde (und also der Mensch des Weltalls) ist folglich nicht zum Fluche gemacht und zur Verdammniß, sondern zur Seligkeit bestimmt (— wenn er sie nicht durch eigene Schuld verscherzt —), denn sonst wäre Gott nicht gut, nicht die ewige Liebe und Güte.

Durch die Fähigkeit der freien sittlichen Selbstbestimmung ist das Böse, der Möglichkeit nach, in die menschliche Seele gesetzt; und die creatürliche Selbstsucht hat ihre Wurzel im natürlichen Selbsterhaltungstrieb. Aber der Verwirklichung des Bösen ist der Mensch sich bewußt als seiner eigenen That, durch das Gewissen. Vermittelst des ihm einwohnenden sittlichen Gottesbewußtseins erkennt er jedoch dieses Thun als einen leidenden Zustand, und darin, daß er dieses anerkenne und das Bewußtsein von Gott als dem Guten festhalte, liegt die Bedingung seines Sieges über das Böse. Die Schlange ist nicht (nur) die Lust (zum Bösen und unerlaubten Genuß), sondern der selbstsüchtige Verstand. Also die Bibel setzt das Böse in den Menschen: sie weist den Irrthum jenes Dualismus der iranisch-zoroastrischen Religion zurück, sowie den Fatalismus des Islam.

Der Kampf des Menschen mit dem Bösen bringt Gutes hervor, nicht durch den selbstsüchtigen Willen des Menschen, sondern einzig und allein durch das sittliche Grundgesetz der Welt. Alles wirkt zusammen zur Bildung des großen Werks der sittlichen Freiheit, des Gottesreichs auf der Erde.

Der Trieb, jenes Doppelbewußtsein von der Sünde des Menschen und von der ewigen Güte Gottes zu bethätigen ist dem

Menschen eingepflanzt, ist ihm ursprünglicher Lebenstrieb. Die zuerst verlangte Bethätigung ist die durch ein Leben nach Gottes Willen, also im Gehorsam gegen sein Gebot im Gewissen. Erst später wird die Verehrung (in der Genesis) erwähnt „durch Anrufung des Namens des Ewigen," oder der sogenannte Gottesdienst. Damit ist uns denn auch der bezügliche Werth angegeben, welchen allein der äußerliche Gottesdienst (Cultus) und alle ritualistischen Formen haben können. An sich haben sie lediglich nur Kunstwerth: und wenn sie den Begriff einer Vermittelung durch Priester, Opfer, Bilderdienst und Aehnliches hervorrufen oder befestigen, so treten sie dadurch nicht nur mit der Bibel, sondern auch mit der wahren Religion in positivsten, schärfsten Widerspruch, sie eignen göttliche Kraft dem Menschlichen zu. Die biblische Genesis hat (wie Christi Leben) die Unmittelbarkeit des Verhältnisses des Menschen zu Gott in jedem Worte beider Schöpfungsgeschichten zur Voraussetzung, zum Grundgedanken. Gott spricht zum Menschen nach dessen eigenstem Wesen, durch das Gewissen: dieses Gewissen ist aber nichts anderes als die von der Selbstsucht des Verstandes befreite, auf Gott als das höchste Gut gerichtete Vernunft. Alle Offenbarung geschieht also hiernach durch Gewissen und Vernunft im Menschen.

Die Ausbildung des Gedankens der Schöpfung in der Jahvehurkunde stimmt innig zusammen mit dem Namen, womit Gott in ihr genannt wird. Die Bezeichnung Gottes als des „Ewigen" ist nicht willkürlich, noch steht sie einzeln da; sie ist mit Nothwendigkeit aus der Grundanschauung jenes durch Abraham geläuterten und aus schauderhaftem heidnisch-semitischem Mißbrauche wiederhergestellten Gottesbewußtseins hervorgegangen. Denn Jahveh heißt der „Seiende," also der „Ewig-Seiende," also der „Ewige".

Wie dem mosaischen Gesetze mit tiefem Sinne vorangesetzt sind in der Bibel die Urgeschichten, so stehen an der Spitze dieser Geschichten die göttlichen Anfänge, das Urgesetz der Menschheit. Dieses Urgesetz wiederholt sich (im Sinne) in den Geschichten der Erzväter, in den Geschichten der vorfluthigen Menschheit auf der Erde. Auf diesem Gottesbewußtsein der Schöpfungsgeschichte steht unmittelbar das Gottesbewußtsein Jesu (in den Evangelien) als persönliche Vollendung. Die biblische Schöpfungsgeschichte ist das

Evangelium des ältesten Bundes. Die Geschichte der Menschheit, vom Standpuncte des unmittelbaren Gottesbewußtseins, ist die Bestätigung beider, der Heilsbotschaft des Alten und des Neuen Bundes.

Die Grundanschauung der Genesis begünstigt keineswegs die Ansicht, als ob das persönliche Leben des Menschen, das Werden seines Geistes, an die Erde gebunden sei. Der „Himmel" der Genesis und die „Ebenbildlichkeit" Gottes predigen die Unsterblichkeit. Der Himmel verweist uns auf das Weltall, welches wir über uns anschauen, als die höhere Erscheinung der Gottheit: die Ebenbildlichkeit drückt dem bewußten Geiste das Siegel der Ewigkeit auf. Die Astronomie hat uns erst die Herrlichkeit erschlossen, welche in jener Grundanschauung liegt, und den Weg uns verständlich gemacht, welcher darin angedeutet wird. Wir wissen, daß die Erde ein Stern ist unter Sternen, und daß jene Lichter des Himmels uns zahllose Weltensysteme vor Augen stellen. Wie diese nun physisch denselben Gesetzen gehorchen, nach welchen unsere Erde sich um die Sonne bewegt: so muß auch bei der Einheit der Allmacht Gottes, welche die Bibel lehrt, in allen diesen Welten der bewußte Geist, d. h. die sittliche Persönlichkeit des Menschen, das Ziel der ganzen Schöpfung sein. Ein göttliches Sein zeigt sich im fortschreitenden Leben der sittlichen Persönlichkeit; das ist die Grundanschauung der Genesis und der Schrift.

b.

Mit dem Berichte über Eden, das armenische Hochland, den Ursitz des historischen Bildungsmenschengeschlechts, geht in geographischer Beziehung die Bibel gleich in den Mittelpunct der historischen Urgeschichte, nach dem mittleren Urasien. Zwar gibt es auf der Erde keine Landschaft, welche sich aus den uns im hebräischen Texte der biblischen Urgeschichte vorliegenden geographischen Namen dieses urasiatischen Gebietes zur Anschauung und Darstellung bringen ließe. Es würde sich um nichts mehr und weniger handeln, als um eine Landschaft, in welcher auf der einen Seite die beiden großen Ströme Mesopotamiens, der Tigris und Euphrat, ihre Quelle hätten, auf der andern aber, nach dem Sprachgebrauche der Bibel und namentlich der Völkertafel selbst, ein Strom Aethiopiens — also der Nil — und irgend ein unbekannter Strom des östlichen Südasiens. Denn der erste der vier Flüsse, Pischon, wird in das Land Chavila gesetzt, was in der biblischen Völkertafel und sonst in allen anderen Stellen der Bibel eine Landschaft Südarabiens bezeichnet. Der zweite, Gihon, ist der Fluß des Landes Kusch, also der Nil: denn „Kusch" bedeutet in der heiligen Schrift nie etwas anderes als „Aethiopien". Der Stammvater „Kusch" erscheint in der Völkertafel der Genesis als Chamit, als älterer Bruder Mizraims (Aegyptens) und Vater von fünf Stämmen, von denen vier anerkannt südarabische Völkerschaften darstellen. Ob man nun als Nilquelle die wahre annimmt, die des von Süden nach Norden strömenden Flusses, oder einen der abyssinischen Nebenflüsse; so geht doch gleichmäßig bei der einen wie bei der andern Annahme die Wirklichkeit verloren. Eine Landschaft, deren einer Theil das armenische Hochland, das Quellenland des Euphrat und Tigris, wäre, und von dessen Höhe zugleich der Nil entspränge, ist und bleibt ein Land der Dichtung, nicht der wirklichen Erde. Noch unwirklicher sieht es aus mit dem Lande des vierten Flusses, Chavila: denn „Chavila" ist der fünfte jener Ableger des Urstammes, „Kusch", also jedenfalls ein Land des Südens. Man hat nun auch sogar ein indisches „Chavila" angenommen, gestützt auf die Erwähnung der Erzeugnisse Chavilas. Aber man muß offenbar, um hier ins Klare zu kommen, nach anklingenden Namen fragen in Landschaften, von welchen Euphrat und Tigris offenbar die Grenze bilden, welche mit jenem Strompaare des obern Mesopotamien eine geographisch-geschichtliche Einheit bilden. Man kann nicht annehmen, daß die eine Seite des landschaftlichen Bildes auf einer wirklichen Anschauung oder realen Ueberlieferung beruhe, die entgegengesetzte aber sich im Nebel der Dichtung verliere, oder nach ganz abgelegenen und dem Chaldäer fremden Gegenden hinführe. Denn es ist doch unverkennbar, daß die Erwähnung des Euphrat und Tigris (Thibbeqel, der „Schnelle") durchaus nicht ermuthigen kann zu einer mythischen Auffassung des Ganzen. Es entspringen nicht allein beide Ströme auf dem Gebirge des armenischen Hochlandes, sondern das Verhältniß ihres Laufs ist auch richtig angegeben. Vom Euphrat wird nichts Näheres gesagt, er ist der hebräische Hauptfluß, längs dessen sie ihre frühen Wanderungen in Mesopotamien vorgenommen: er ist zugleich der wohlbekannte Fluß Babels, der Stadt, und Babyloniens, der Landschaft Sinear (Sinhar, Singar, Sinkara). Der Tigris dagegen wird mit Assur, d. h. Assyrien, also Ninive, in Verbindung gebracht. Dabei zeigt sich allerdings in dem biblischen Berichte, nach den gewöhnlichen Auffassungen eine Dunkelheit oder eine unerklärliche Ungenauigkeit. Nach dem gewöhnlichen Sprachgebrauche wird vom Tigris gesagt, er fließe auf der „Ostseite Assurs." Nun liegt aber Ninive, die Stadt Assurs, am linken, d. h. östlichen Ufer des Tigris, und dieser Strom bildet die Grenze Assyriens gegen Mesopotamien. Es bleibt also nur die Erklärung jener biblischen Angabe nach dem ursprünglichen Sinne übrig, und die Stelle muß übersetzt werden: „der Tigris fließt vor Assur". Denn Qedem, die Bezeichnung des Ostens oder Aufgangs, heißt wörtlich: „das Vordere, das Voranliegende". Und diese Bezeichnung ist höchst merkwürdig. Man kann allerdings auch von Kanaan oder von Aegypten aus die bezügliche Lage so bezeichnen, daß man sagt, „der Tigris liege vor Assyrien", d. h. man komme zuerst an den Tigris und dann nach Ninive, welches östlich vom Flusse liegt. Aber anschaulich ist eine solche Bezeichnung für den palästinischen Israeliten nicht, auch ist sie ohne Beispiel. Ganz natürlich aber erscheint die Bezeichnung, wenn man die ursprüngliche Ueberlieferung als eine aramäische, d. h. mesopotamische, erkennt. Von da aus ist nichts natürlicher als zu sagen: „der Tigris, unser östlicher Fluß, liegt vor Assur: man muß über den Tigris setzen, um nach Assur zu kommen." Ein Assur und Ninive gab es aber schon lange vor Abraham.

Man ist also genöthigt anzuerkennen, daß man hinsichtlich des zweiten Strompaares, des Tigris und Euphrat, als des dritten und vierten der Flüsse, welche in Eden entsprangen, sich auf rein geographischem Boden befindet, und daß die beigegebene geschichtliche Bezeichnung vollkommen genau ist. Demnach muß man wegen der beiden ersten Flüsse, des Pischon von Chavila, und des Gihon von Kusch, sich doch noch näher in jenem Hochlande Armeniens nach entsprechenden Flüssen und Namen umsehen, ehe man sich entschließen kann, sie geradezu für mythisch zu erklären. Das Hochland Armeniens ist das Eden, der „Garten der Wonne" nach der alten semitisch-hebräischen Tradition, denn dort entspringen Euphrat und Tigris: wie nun sollten mythische oder subindische Flüsse hierherkommen, und mit ihnen eine gemeinsame Quelle haben? Dagegen bieten sich zwei Flüsse von uralter Berühmtheit in demselben Armenien, und zwar mit dicht benachbarten Quellen dar: der Phasis und der Araxes. Beide sind Hauptflüsse des Landes. Der Phasis entspringt an der Westgrenze des alten Iberien, durchfließt das Land der Moscher (Mescheth der Bibel) an den s. g. Moschischen Bergen, an welchen, weiter südlich, der nach Osten strömende Araxes seinen Ursprung hat. Dann durchströmt er das Land der räthselhaften Kolcher (Lazi, Lasier) und mündet bei ihrer uralten Stadt Aea in das Schwarze Meer, durch mehrere Flüsse verstärkt. Die Kolcher selbst dehnten sich einst südwestlich bis nach Trapezus (Trebisonde) aus: das spätere Dioskurias war einer ihrer Häfen. Der Phasis selbst war berühmt durch den Goldsand, welchen er mit sich führte, und Aea war eine Handelsstadt der Urwelt, wie der Mythus vom goldenen Vließ beweist. Der Phasis heißt bei den arabischen Schriftstellern Pasch: dieses ist „Pischon" sehr nahe: denn die beiden letzten Buchstaben dieses Worts sind die sehr gewöhnliche Nennwortsilbe. Chavila nun, als dessen Haupterzeugniß hier gutes Gold genannt wird, liegt nicht so weit ab von Kolchis, als daß man in diesem nicht leicht eine vom griechischen Munde gemilderte Form desselben Worts erkennen könnte: die ursprüngliche Aussprache dürfte nach Maßgabe der mittlern Consonanten Chulla gewesen sein, welches man auch später leicht mit dem so oft vorkommenden Chavila Arabiens verwechseln konnte, eben wie man Tarsis (Tarsus) mit Tarschisch (Tartessus) zusammenwarf. Die Griechen hätten demnach in Kolchis nur den Kehlhauch nach dem L wiederholt.

Aber wie ist es nun mit dem Araxes? Er entspringt nahe an der Westgrenze des alten Armenien in Iberien (Georgien), in den südlichen Gebirgen der Moscher, und fließt, etwas nördlich bei den Euphratquellen vorbei, durch die ganze Breite Armeniens, von Westen nach Osten, bis er sich, vereinigt mit dem Kur oder Cyrus, ungefähr auf der Höhe der Phasismündung, ins Kaspische Meer ergießt. Er bildet die Nordgrenze von Atropatene (Aderbidschan, Nordmedien). Der Name klingt nicht an: aber kein Fluß Armeniens hat größeres Recht als der Araxes, Gihon zu heißen, d. h. der „Brauser": und wirklich wird der Jaxartes, welchen Herodot mit dem Namen „Araxes" benennt, im Lande noch jetzt „Gihon" genannt. Der Anklang des biblischen Landesnamens,

Kuſch (lies: Kus), aber findet ſich ungeſucht und unmittelbar. Die Koſſäer, ſpäter ein ſtarkes Bergvolk im nördlichen Suſiana, hatten ihre Sitze nachweislich bis nach Medien. Madai iſt ohne Zweifel der bibliſche Name der Meder, als Volk: aber nichts hindert anzunehmen, daß man die ganze Landſchaft nach jenen mächtigen Bergbewohnern Kus genannt habe: denn der hebräiſche Buchſtabe am Schluß kann mit gleichem Rechte als Sin wie als Schin geleſen werden.

Alles zuſammengefaßt, muß man bekennen, daß nichts leichter war, als daß die nur hier vorkommenden Bezeichnungen armeni-ſcher Oertlichkeiten mit dem ſehr nahe anklingenden, und mit den-ſelben Buchſtaben geſchriebenen Namen von Chavila und Kuſch verwechſelt, oder wenigſtens wie dieſe allgemein bekannten Namen ausgeſprochen wurden. Piſchon, d. h. Piſch-on, arabiſch Paſch, Phaſis, iſt der Fluß von Chulla, d. h. Kolchis, dem Goldlande: (von dem ſ. g. Punctatoren) gelautet wie Chavila, in Südarabien. Gihon (d. h. Gich-on), der Brauſer, noch jetzt Landesname des Jaxartes, iſt alter Name für den Araxes, den eigentlichen innern Fluß Armeniens längs der Grenze Nordmediens, des Landes Kos oder Kus, welches die Punctatoren wie Kuſch, Aethiopien, gelautet haben. Alle vier Flüſſe aber entſpringen nicht allein in demſelben Lande, der armeniſchen Landſchaft, ſondern ihre Quellen ſind auch gar nicht weit von einander entfernt. Der Ausdruck, daß in jenem Garten der Wonne ein Strom ſeinen Urſprung hatte, der ſich weiterhin in vier Häupter, d. h. Flüſſe theilte, entſpricht dem Sprachgebrauche alter Völker, nach der Anſchauung, daß Ströme, die von demſelben Hochlande, obwohl an entgegengeſetzten Abhängen ablaufen, als Eine Strömung angeſehen werden. Dieſe Ausdrucks-weiſe darf alſo nicht irre machen an der geographiſch genauen und geſchichtlich wahren Beſchaffenheit dieſes Theils der Ueberlieferung.

Der Gihon kann unmöglich der Ganges ſein: denn das Ganges-land tritt ſpät in die Weltgeſchichte ein als ariſches Land und wurde erſt durch Alexanders indiſchen Feldzug bekannter. Was aber den Indus betrifft, ſo kann auch von ihm, ſei es als Piſchon oder als Gihon, unter keiner Bedingung die Rede ſein: abgeſehen von der Unzuläſſigkeit einer ſolchen Anſchauung. Die Arier, und die Weltgeſchichte mit ihnen, ſind aus Baktrien in Mittelaſien (Bagdh) über das Gebirge Hindukuſch nach dem Lande der fünf

Ströme ober dem Induslaube, dem Indien der Veden, gezogen; nie hat Mittelasien von dort die Ueberlieferungen der Vorwelt erhalten.

Aber woher kamen die baktrischen Arier? Nach der ältesten Urkunde des arischen Menschenstammes, ebenfalls aus einem Nordlande, als dem Urlande. Dieses Land ist ihnen das Quellenland des Oxus, die Hochebene von Pamer (Upameru), und es wird bezeichnet als das Land der wahren Reine, ursprüngliche Gabe von Ormuzd, dem guten Geiste. Aber sein Feind, Ahriman, Princip des Bösen, Schöpfer der Schlange, veränderte das Klima des Segenslandes: die Kälte nahm überhand, so daß der Winter zehn Monate dauerte. Da zogen die Väter aus, dem Laufe des Oxus folgend, und gelangten so nach Baghd.

Also der Japhetiten Paradies oder Armenien ist Pamer; das hohe Quellenland eines andern Strompaares, des Oxus und Jaxartes. Diese beiden Landstriche bilden ein großes Naturganzes. So erhält man für das Gesammtparadies der Menschheit den Erdstrich, welcher sich vom Kaukasus und Ararat bis nach Pamer und zum Altai erstreckt: und gerade in der Mitte dieser Landschaft wurden von den Geologen die Spuren einer großen, verhältnißmäßig späten Zerstörung entdeckt, in deren Folge das Kaspische Meer sich bildete und die Umgegend sich zu großem Theile verödete. In der Erinnerung der Semiten lebt der westliche Theil, mit Euphrat und Tigris: bei dem Arier der östliche mit Oxus und Jaxartes: beide werden durch ähnliche Veranlassungen gezwungen, das Urland zu verlassen. Ganz unstatthaft ist die Vermuthung, als hätte eine Urkunde aus der anderen geschöpft: unmöglich ist es aber, das darin sich kundgebende Gemeinsame zu leugnen oder als mythisch zu beseitigen. Das Zendavesta Ostirans hat so wenig etwas von Abraham oder gar von der biblischen Genesis entlehnt als umgekehrt diese von jenen. Beide wissen nichts von einander; aber beide haben gemeinsame Erinnerungen und Ueberlieferungen. Gemeinschaftliche Erinnerungen nun setzen voraus gemeinsamen Ursprung, einstmalige Lebensgemeinschaft: und diese ist thatsächlich — geschichtlich bewiesen durch die wurzelhafte, durchgehende Ur-Sprach-Verwandtschaft beider weltbildender Menschenstämme, der Arier und der Semiten.

Eben war nach der Anschauung der biblischen Urkunde das

ganze Armenien, das Land des Ararat. Edens Flüsse haben ihre Quellen in diesem Urland. Das Paradies war ein Garten oder Park (Parabeisos, Parabies) zum Vergnügen eines Paars. Man sieht übrigens, daß hier in der biblischen Urgeschichte sogleich an die Ur-Menschen-Schöpfung, das was wir historische Urgeschichte nennen, unmittelbar angeknüpft wird: was in der Mitte liegt wird nicht berührt, die Ur-Schöpfung aber wird sofort schon in das historische Urland, nach Urasien verlegt.

Mit der biblischen Urgeschichte treten wir nun sofort auch gleich in den Gang der vorsluthigen asiatischen Urgeschichte, der Geschichte Urasiens vor der Fluth.

———

Auch bei der Auffassung der biblischen Erzählung der Erzväter und der Epochen der vorfluthigen Urwelt muß die geschichtliche Auslegung, welche man der Ueberlieferung von Edens Lage gegeben, nur als geschichtlich gelten können, wenn die ganze Erzählung von der Urwelt, nach Ausscheidung des offenbar idealen Elements — wohin der Baum des Lebens und der Baum der Erkenntniß des Guten und Bösen gehören — nichts enthält, was sich einer geschichtlichen Auffassung entziehen könnte.

In dem Geschlechtsregister „Adams" sind nun zu diesem Zwecke vor allem die scharf begrenzten Zahlen betrachtet worden: und zwar auch hier in den zwei biblischen Urkunden, der f. g. Elohimund der Jahveburkunde, welche beide so vieles Gemeinsame haben, und wiederum so vieles durchaus Verschiedene. Die Namen der Erzväter sind größtentheils in beiden dieselben, mit ganz geringen Verschiedenheiten der Schreibung: daneben jedoch zeigen sich zu Anfang und zu Ende so bestimmte Verschiedenheiten, so daß man in der biblischen Reihe zwei vereinigte, ursprünglich selbstständige ursemitische Ueberlieferungen erkennen mußte. Es ergab sich auch ferner, daß die Zahlen, welche den Namen der Erzväter in der Jahveburkunde beigeschrieben sind als Lebensjahre, ursprünglich etwas geschichtlich sehr Bedeutendes darstellen sollten, nämlich die Epochen der vorsluthigen Urwelt. Dieses Ergebniß gewann eine große Wahrscheinlichkeit durch die Leichtigkeit, jene Zahlen als Epochen der Urzeit aus den einfachsten astronomischen Annahmen und zwar gerade denen der chaldäisch-jüdischen Ueberlieferung zu erklären, und es ward auch durch andere zustimmende Umstände bestätigt. Der Gewinn einer solchen Lösung war unverkennbar: man erhielt statt einer fabelhaften Erzählung mit unverständlichen Namen und unmöglichen Zahlen neben ganz gewöhnlichen geschichtlichen Angaben, ohne alle Künstelei oder Mystik eine in sich aus natürlichste zusammenhängende Kennzeichnung von Epochen: und zwar von dreien.

Die erste Epoche. „Adam" (der Röthliche), geschaffen von Jahveh (dem Ewigen), gleich „Enosch" (Mensch), geschaffen von Seth (dem Schöpfer): die ungeschiedene Menschheit. Der gottgeschaffene Mensch wohnt in einer paradiesischen Landschaft, deren westlicher Grenzpunct näher angegeben wird als das armenische Hochland, das Quellenland der Zwillingsströme Mesopotamiens. (Die vorhistorische Urgeschichte wird hier gleich mit der historischen Urgeschichte in der biblischen Urgeschichte in Eins zusammengefaßt.) Die Menschen werden aus diesem Lande der Wonne vertrieben (ein Cherub mit flammendem Schwerte*) wehrt die Rückkehr). Die erste Auswanderung. Harte Ackerbauarbeit.

Zweite Epoche: Die Entwickelung der Menschheit in der Nachbarschaft der verlorenen (nördlichen) Heimath. Kampf der Hirten und Ackerbauer. Mord. Auswanderung nach Osten. Städtegründung. Warnende Gottesmänner entstehen.

Dritte Epoche. Uebermuth der gemischten Stämme. Vertilgung der Menschen in der neuen Heimath durch eine Fluth. Rettung der Auserwählten. Die Menschen beginnen wieder ein neues Leben, von den Hochgebirgen Armeniens herabsteigend. Neue Scheidung der Hirten und Ackerbauer, nach den Künsten und Fertigkeiten, welche jedem dieser beiden Stämme eigenthümlich sind.

Die mittlere Epoche nun erscheint in der ältesten Form der Ueberlieferung, auf welche die biblische Urkunde uns hinführt, zunächst als aus sechs Gliedern zusammengesetzt. Diese sind folgende:

1. Qajin — der Ackerbauer, Brudermörder, Auswanderer nach Osten, Städtegründer, Erbauer Chanokhs (einer Stadt der Urzeit).
2. Chanokh, sein Erstgeborener: — der Lehrer, Einweiher, Gottschauende. Kain's erste, städtegründende Auswanderung

---

*) Eine im göttlichen Geiste aufgefaßte und auf Gott bezogene gewaltige feurige Naturerscheinung (vielleicht wahrscheinlich vulkanische): „Cherub" = Feuerflamme.

ist östlich von Eden, b. h. von der ursprünglichen Heimath: spätere Züge werden also wohl westlich von Eden gedacht, oder in der Nachbarschaft der westlichen Grenze der alten Heimath.
3. Hirad, „der Städter" und
4. Mechujael, „der Gottgeschlagene"; wiederholen den Qajin, jener als Städtegründer, dieser als Gewaltthätiger, Mörder, Flüchtling.
5. Methuschael, „der Mann Gottes" und
6. Lemech, „der starke Jüngling" tragen wieder die Eigenthümlichkeit, jener Chanochs, dieser Qajius, mit welchem ihn eines der ältesten Lieder der semitisch-hebräischen Ueberlieferung in Verbindung bringt.

Man sieht hier durchgängig zwei Elemente neben einander gestellt:
a) den starken gewaltthätigen, landeinnehmenden, erzbewaffneten, ansässigen Ackerbauer; Nähr- und Wehrstand, Landbauer und Krieger;
b) den Lehrer, Gottesmann, Prediger: Lehrstand, Priester.

Das erste Element ist in vier Persönlichkeiten dargestellt, das andere in zweien:
I. Qajin, der Schmied,
III. Hirad, der Städter,   II. Chanoth, der Einweihende, Lehrer,
IV. Mechujael, der Gottgeschlagene,   V. Methuschael, der Gottesmann,
VI. Lemech, der starke Jüngling.

c.

Die Erklärung der biblischen Erzählung von der Mischung der Stämme und vom gottlosen Uebermuth der letzten vorsluthigen Zeit hat gewisse Schwierigkeiten. Die rabbinische Auslegung, daß böse Geister, welche dabei „Söhne Gottes" heißen, mit den Töchtern der sterblichen Menschen Söhne zeugen, welche durch ihren Uebermuth Gottes Zorn reizen, ist an sich eine widerwärtige und weil mythologisch-physisch, eine durchaus unbiblische Vorstellung. Aber ist es weniger anstößig annehmen zu müssen, das ganze Menschengeschlecht werde bestraft, infolge jenes Uebermuthes der Engel Gottes, sich die Mädchen zu Weibern zu nehmen, indem ihm zuerst seine Lebenszeit verkürzt, und es dann vertilgt werden soll. Man hat eine zweite Auslegung angenommen, wonach Mißheirathen gemeint seien, zwischen Fürstensöhnen und den Töchtern geringer Leute. Ferner eine ethische Auslegung: hiernach wäre der Gegensatz der fromm nach Gottes Gesetze lebenden Familien und der weltlich Gesinnten gemeint. Nun ist aber erstlich dieser Ausdruck für „Gottes- und Weltkinder" dem alten Bunde fremd, und liegt überhaupt weit ab von der ganzen hebräischen Anschauung, welche streng an den Gegensatz auserwählter, gottgefälliger und ausgeschlossener, gottmißfälliger Geschlechter und Stämme hält; auch ist es nicht verständlich, wie daraus Riesen entstehen sollten. Man hat eine vierte Erklärung aufgestellt: die von Heroen, als Söhnen göttlicher Väter und sterblicher Mütter. Diese letztere Annahme steht jedoch an sich für Asien und die ganze vorgriechische Welt in der Luft. Nicht nur die Aegypter, wie Herodot schon bemerkte, glaubten nicht an solche Gottessöhne, sondern es läßt sich dieser Glaube auch bei den alten Asiaten nicht im Geringsten nachweisen. Der Glaube ist rein hellenisch: sie allein hatten Heroen, weil sie allein an die unmittelbare Verbindung des Menschlichen und Göttlichen (aber freilich in heidnischem Sinne) glaubten. Dem Alten Bunde aber liegt kein Gedanke ferner, nächst dem der Vielheit Gottes, als der von „Gotteskindern" in diesem Sinne.

Es bleibt also nur die wohlbegründete Erklärung übrig, daß nämlich hier der Gegensatz von Sethiten und Kainiten dargestellt sei. Jene hätten sich bis dahin von diesem gewaltthätigen Geschlechte fern gehalten, als Gottes Kinder, die nach Gottes Geboten lebten. Allein sehr früh sei diese Scheidewand durchbrochen, indem sethitische Gotteskinder ihre Töchter den übermüthigen Kainiten gegeben: aus dieser Vermischung der beiden Stämme sei ein riesiges Geschlecht hervorgegangen, dessen große Thaten allerdings Gegenstand des Ruhms geworden unter den Menschen, dessen Uebermuth aber auch Gottes Zorn hervorgerufen habe.

Diese Ansicht scheint allerdings durch einen Blick auf die Helden der Epochen der Urwelt ihren Boden zu verlieren. Denn sie sind dieselben in beiden Linien, von Kain und Kainan an bis auf Lamech. Nun ist zwar Lamech in der Jahvehurkunde nicht der Vater Noah's und Großvater von Sem, Ham und Japhet, sondern hat eine ganz andere Nachkommenschaft. Aber in der mit Seth beginnenden Reihe, welche durch Enosch fortschreitet, wie jene durch Adam, hat Noah doch den Lamech zum Vater: also gerade denjenigen Kainiten, der sich Kain's Gewaltthat rühmt, und sich vor keiner Strafe fürchtet.

Nur die Herstellung der beiden Reihen in ihrer Ursprünglichkeit konnte einen Weg zur Beseitigung jener Schwierigkeit öffnen. Die Verbindung Lamech's und Noah's in dem Sethregister kann nun nicht als ursprünglich genommen werden, sondern nur als Folge der Verschmelzung und Gleichmachung beider Genealogien. Die alt-chaldäische Ueberlieferung ebensowohl als die von Ikonium in Kleinasien, kannte den Henoch (Annakos) als den frommen Prediger des kommenden Gerichts, kurz als den letzten Heiligen der alten vorsluthigen Welt. Dieses schließt keineswegs Noah aus als den ersten der neuen Welt, als den Mann, welcher sich hinüberrettete in diese, während Henoch zu Gott aufgenommen ward, vor dem einbrechenden Verderben. Von dieser letzten Zeit der Urwelt handelt es sich hier.

Folgende Uebersicht der Herstellung der beiden parallelen Reihen wird dieses anschaulich machen.

Jahveh=Elohim=Reihe:	Seth=Reihe:
Adam, die Urmenschheit (ursprüngliche, urhistorische.)	Enosch.
Qajin, der Auswanderer.	Qejnan.
Chanoch, der Gottschauende.	Chanoch.
Hirad, der Städter.	Jered.
Mehujael, der Gottgeschlagene.	Mahalael.
Methuschael, der Gottesmann.	Methuschelach.
Lemech, der Starke, Vater von Jabal, Jubal, Tubalqain.	Noach, Vater von Sem, Ham, Japheth.

Nun steht nichts mehr einer Auslegung entgegen, welche sich schon so vielfach empfahl. Man hat auf der einen Seite kainitische Lamechiden, tapfere gewaltthätige Geschlechter, und Seths heilige Sprößlinge, welche in Hanoch und Noah ihre Vertreter fanden, auf der anderen Seite. Die beiden Stämme lebten getrennt (in Urasien). Als sich nun (Ur-) Asien mit Bewohnern füllte, wollten die Gemüther nicht mehr in der bisherigen Vereinzelung verharren. Es trat eine Erscheinung hervor, die sich bei ähnlichen Gelegenheiten gezeigt hat. Die innige Verbindung und Verschmelzung getrennter, obwohl naher und edler Stämme gibt dem daraus erwachsenden gemischten Geschlechte eine größere Thatkraft. Die Römer und Engländer, die Völker der neuern Geschichte, welche die Weltherrschaft am besten zu erhalten verstanden, sind, eben wie die immer rührigen und anregenden Franzosen, volle Mischvölker, im Gegensatze zu den ungemischten Germanen und Slawen. Diese Erscheinung führt auf ein großes Gesetz des geistigen Geschichts-Kosmos: jedes Volk soll die Menschheit in sich darstellen: nun aber verstockt sich jedes, mehr oder weniger, bei starrer Abgeschlossenheit, physisch und sittlich, in Einseitigkeiten und Schwächen. Also muß hier in größerem Maßstabe geschehen, was bei den einzelnen Familien derselben Gemeinde oder desselben Volkes geschieht: es muß das Besonderheitliche geschwächt werden, damit das Gemeinsame sich stärker entwickle. Es ist eine Lebensentwickelung, aber auf Leben und Tod. Insbesondere wird die Thatkraft und das Selbstvertrauen der Männer durch eine solche Verschmelzung von Stammtypen gestärkt. Es soll dadurch eine größere sittliche Kraft hervorgerufen werden, allein nach der Macht der Selbstsucht über den Menschen wird in der Wirklichkeit oft nur das Selbstvertrauen verstärkt, und es entsteht Uebermuth, des Frevels Vater. Das ist die Erscheinung, welche die biblische Urkunde uns auch aus der ältesten Welt berichtet: die Frevler hatten sich selbst zum Gott, also zum Abgotte gemacht.

Es liegt aber in jener rein menschlichen und gewiß urkundlichen Darstellung auch noch eine andere weltgeschichtliche Thatsache verhüllt. Die Verschmelzung nämlich von Stämmen ruft unvermeidlich Vermischung der Sprachen hervor, also im Großen und Ganzen, bei glücklicher Entwickelung, einen Fortschritt. Nun ist aber der große Schritt der alten Welt jener Uebergang von der Sprache der bloßen gegenständlichen Wörter zur Formsprache, oder, mit anderen Worten, zum Aussprechen dessen, was der denkende Sprachgeist des Menschen in die Gegenständlichkeit außer ihm hineinträgt. Dieses ist hier nur angedeutet: man ist zu der Folgerung nur berechtigt durch ein allgemeines Gesetz der Entwickelung. Aber in der ersten Epoche der nachsluthigen Welt findet man in der biblischen Erzählung diese Thatsache ausdrücklich ausgesprochen: nämlich in dem Berichte von der sogenannten Sprachverwirrung bei Gelegenheit der Zerstreuung der Völker, die mit dem Thurmbau in der Ebene Sinhar beschäftigt waren. Man kann wohl annehmen, daß die bezeichnete Thatsache geschichtlich wahr und philosophisch erklärbar sei von jenem Uebergange der einen Satz- oder Partikelsprache zu den vielen Formsprachen, und daß sie zu der Nachricht vom Weltreiche Nimrod's gehört.

Man könnte also versucht sein anzunehmen, daß diese große Thatsache hier nur vorweggenommen sei, daß man die Nachricht von einer frühesten Mischung der Stämme nur als eine Rückspiegelung der nachsluthigen Erzählung zu betrachten hätte. Aber diese Vermuthung dürfte doch eine voreilige sein. Das vorsluthige Alter der ägyptischen Sprache, welche bereits eine Formsprache ist, und andere Thatsachen der Sprachwissenschaft und der ältesten Geschichte beweisen, daß jene große Zersetzung der Ursprache wirklich schon in (Ur-) Asien während der vorsluthigen Zeit begonnen habe.

Das Ergebniß nun der abrahamisch-chaldäischen Erinnerungen von der vorsluthigen Zeit ist Folgendes. Die beiden letzten Epochen tragen schon den Charakter der Erinnerungen von großen Persönlichkeiten: ein übermüthiges Geschlecht mit wunderbaren Helden. Der Anfang dieses Endes ist die Stammvermischung. Aus ihr ging allerdings ein regeres Leben hervor. Aber aus dieser Erhebung erzeugte sich Selbsterhebung, aus dem gehobenen Bewußtsein ging Uebermuth hervor. Da kam das Ende durch die Fluth.

Blickt man nun auf den Anfang zurück: so zeigt die biblische Erzählung hier in schöner und erhabener Einkleidung eine ungeschiedene Menschheit, scheinbar eine unhistorische, vorhistorische, namenlose: thatsächlich aber eine historische im Lande Urasien. Zwischen Anfang (was die Bibel „Schöpfung" nennt) und Ende (Fluth) liegt eine in sich wohl zusammenhängende Entwickelung, ein Fortschritt durch Gegensätze. Das sind Nachklänge ferner geschichtlicher Ueberlieferungen Urasiens. Diese Entwickelung paßt ganz in den Rahmen, welchen man gefunden hat durch die Herstellung des geschichtlichen Elements in der Erzählung von Eden. Die jüdische Ueberlieferung steht hier nicht in der Luft: ihre chaldäische Wurzel ist nachgewiesen; ja es sind weltgeschichtliche Parallelen gefunden, welche über die Scheidung des semitischen und arischen Elements hinausgehen.

J.

Wenn man die Ueberlieferung der Chaldäer von der Fluth und der Arche (wie sie Berosus in seinen chaldäischen Geschichten gab und Eusebius und Syncellus sie uns aufbewahrt haben) mit der biblischen Erzählung nebeneinanderstellt und vergleicht, so stellt sich Uebereinstimmung und Unterschied sogleich scharf heraus. Die Uebereinstimmung in fast allen Puncten, hinsichtlich der Arche und der Fluth und der Oertlichkeit, ist zu sprechend, als daß man sie ableugnen oder übersehen könnte. Ja hier erstreckt sie sich auch über die Elohimerzählung hinaus: denn die Erwähnung des ersten Opfers nach der Fluth berührt einen Punct, den man in der biblischen Urkunde nur durch den Jehovisten kennt. Also ein Beweis mehr, daß das Geschichtliche, welches dieser hier beibringt, auch zur alten Ueberlieferung gehört. Aber welche Verschiedenheit jenseit dieses geschichtlich-epischen Nebeneinandergehens der beiden Ueberlieferungen! In der Bibel ist das Symbolische der Arche, als des Sinnbildes der ununterbrochenen Stetigkeit des bestehenden Lebens auf der Erde, sehr gut behandelt: die Maße sind in kindlicher Unbefangenheit innerhalb des Umfangs eines großen menschlichen Fahrzeuges gehalten: dort (in der chaldäischen Ueberlieferung) sind sie abenteuerlich. In der Bibel ist ferner alles rein menschlich und allgemein gehalten, dort geht alles auf Oertlichkeiten der babylonischen Landschaft aus. Hier endlich (in der Bibel) ist der ewige Bund Gottes mit der Menschheit, als ein sittliches Verhältniß der Schluß: dort (in der chaldäischen Ueberlieferung) fehlt es an jeder inneren Bethätigung des religiösen Gefühls. Wenn also ohne Zweifel die Abrahamiden die Ueberlieferung selbst überkamen von den Chaldäern (denn Abraham war ein aramäisch-redender Chaldäer, als er in Kanaan einwanderte); so ist doch ebenso unverkennbar, daß die abrahamibische, b. h. unsere biblische, Fassung viel mehr Spuren des Alterthums an sich trägt, als die Form, in welcher die babylonische uns vorliegt.

Bei diesem geschichtlichen, vormosaischen und voristaelitischen Charakter der Ueberlieferung, welchen das alte Epos an sich trägt, muß also auch das allgemein menschliche Gesetz, welches nach der Fluth verkündigt wird, ebensowohl als altes Recht der semitischen Stämme anerkannt werden, wie die gemeinbliche Gottesverehrung je am siebenten Tage als vormosaische Sitte der historischen Urwelt (Urasiens). Die Heiligkeit der menschlichen Person ist der ethische Grundgedanke: sie ist unverletzlich; wer Menschenblut vergießt, hat Gottes Ebenbild verletzt. Als äußerlich heilige Sitte tritt nur ein Gebot hervor: das Fleisch soll nicht roh gegessen, oder gar das lebende Thier verspeist werden. Daraus folgt noch gar nicht, daß das Thier beim Schlachten so gänzlich alles Bluts solle entlebigt werden, wie die spätere jüdische Vorschrift es fordert: aber jenes allgemein gehaltene Verbot hat doch wohl eine allgemeine Bedeutung, nämlich den Zweck, das thierische Verschlingen zu verbannen und den Blutgenuß als unmenschlich zu brandmarken.

Inwiefern ist nun die biblische Erzählung von der Fluth geschichtlich? Die ältesten historischen Völkerstämme wissen nichts von der Fluth. Die von den Jesuiten erfundene und von vielen evangelischen Glaubensboten unbedachtsam festgehaltene Fluth der Chinesen ist ein reines Mißverständniß des gleichzeitigen Berichts von jener Ueberschwemmung der zwei großen Flüsse Chinas (im 3. Jahrtausend vor Chr.), welcher Ta-Yû steuerte, und welche also bereits in die neuere Menschengeschichte, kurz vor den Anfang der chinesischen Reichsgeschichte, fällt. Aber die jüngern Stämme Asiens, die Semiten und Arier, kennen die Fluth. So insbesondere die Kleinasiaten und die Jonier.

Eine ausführlichere Behandlung der Ueberlieferungen der historischen Urwelt über eine einstmalige große Unterbrechung der Entwickelung des ältesten Menschengeschlechts in Urasien hat hauptsächlich folgende Thatsachen ergeben.

Erstens. Die Aegypter, von deren religiöser Ueberlieferung wir doch gut unterrichtet sind, theils durch die Griechen, theils durch die hieroglyphischen und hieratischen Denkmäler, hatten entschieden keine Kunde von einem solchen Ereignisse. Daß nun dieses Volk aus den Euphratgegenden nach dem Nillhale gekommen sei in einer, nach allen Annahmen, vorfluthigen Zeit — zwischen dem 12. und 10. Jahrtausende vor Chr.; c. 11,000 vor Chr. —, wird durch viele Umstände höchst wahrscheinlich gemacht. Einmal durch das Alter des ersten Reichskönigs von ganz Aegypten, Menes (c. 4000—c. 3500 vor Chr.), vor welchem nachweislich eine sehr lange, und in den Erinnerungen und der Religion der Aegypter fortlebende Reihe staatlicher Entwickelungen liegt. Dann aber auch durch den Standpunct der Sprache der Aegypter. Man kann aus ihr beweisen, daß diese Sprache Chams („Chami, Chemi" ist der einheimische Name für Aegypten, das „Schwarze"), die westliche, oder semitische Ausbildung der Ursprache Asiens darstellt, und diese in einem Zustande zeigt, welcher weit vor allen geschichtlich-semitischen Sprachresten, insbesondere vor den chalbäischen und hebräischen liegt. Es ist also begreiflich, daß sie nichts wußten von einem Ereignisse, welches erst später in Hochasien (Urasien) eintrat. Endlich ist, hinsichtlich des Alters der historischen Urwelt (Urgeschichte) auch noch zu bemerken, daß in Folge der sehr sorgfältigen und durchaus wissenschaftlich geführten Ausgrabungen Horner's (in den Jahren 1851—1854) unter dem Grundbau des kolossalen Standbildes von Ramses II. in Memphis, sich im Nilschlamme die Reste von Töpferarbeiten gefunden haben, in einer Tiefe, welche, nach dem durch jenes Standbild gegebenen Maßstabe der Erhebung des Bodens in einem Jahrhunderte, bis in das 11. Jahrtausend vor Chr. hinaufführt.

Zweitens. Ebenso wenig findet man eine Kunde von der Fluth bei den ältesten historischen turanischen Völkern, wie in Tibet; während die jüngeren turanischen Stämme, wie die Finnen, in ihren heidnischen Liedern davon zu erzählen wissen.

Drittens. Alle arischen Völker endlich, deren Ueberlieferungen uns bekannt sind, haben in denselben Spuren einer uralten Kunde jener Fluth. So namentlich die arischen Inder, unsere (indogermanischen) Sprachgenossen; und also auch die Baktrier, deren Abkömmlinge die ebengenannten sind. Von derselben Ueberlieferung finden sich Spuren bei den kleinasiatischen Griechen (in Iconium). Die Sage von der deukalionischen Fluth ist eine nur räumlich in die Nähe gerückte Ueberlieferung von jener Katastrophe Mittelasiens: diese Fluth bildet einen großen Einschnitt in den hesiodischen Weltaltern.

Das Zusammentreffen aller dieser Umstände berechtigt also, an der Geschichtlichkeit der biblischen Ueberlieferung von der Fluth festzuhalten. Auch die Fluthgeschichte gehört aber, wie der Bericht des Berosus bezeugt, nachweislich zu dem Erbtheil chaldäischen Wissens, welches Abraham, der Hebräer, aus jenem Urlande mitbrachte und in reinster Gestalt bei den Seinigen bewahrte.

c.

Wie verhält sich nun die Völkertafel der Genesis zum großen urkundlichen Stammbaume der Menschheit, der Sprachwissenschaft?

Die biblische Völkertafel ist mit Recht „die gelehrteste aller alten Urkunden, und die älteste aller gelehrten" genannt worden. Sie ist überhaupt das erstaunlichste und bewunderungswürdigste Denkmal der Ueberlieferung: denn Ueberlieferung waltet hier weit vor über der Forschung, obwohl auch die Forschung nicht mangelt. Alle Versuche ihren Kern als das Werk eines späteren jüdischen Forschers zu erklären, sind mißlungen. Wenn man die israelitische Forschung auch über Hiskia's Zeit (c. 700 vor Chr.) hinaufrücken will; so gelangt man doch höchstens zu Salomo's Zeitalter: und wer hätte damals (c. 1000 vor Chr.) noch die alten Volksstämme aus dem Völkergewirre Asiens herausfinden können. Die Annahme einer so späten Entstehung wird endlich schon dadurch abgeschnitten, daß selbst beim jüngsten Stamme der Japheliten dem javanischen, d. h. den ältesten hellenischen Völkerschaften, Kreta noch nicht griechisch, also noch phönizisch ist. Und doch konnte die Nationalität dieser, alle andern Inseln des Aegäischen Meeres an alter Ueberlieferung, Gesittung und Einfluß überragenden Insel einem Forscher nicht verborgen bleiben, der unbedeutendere hellenische Niederlassungen anzugeben wußte.

So verwirrt nun auch die ältere griechische Zeitrechnung, so wenig gesichtet und geordnet sie noch ist, so besteht doch darüber keine Meinungsverschiedenheit, daß die phönizische Periode Kretas über Salomo hinausliegt: ja über Moses sogar. Deßhalb will man sogar auch die Annahme abweisen, als könne die Völkertafel der Genesis zuerst von Moses durch Forschung zu Stande gebracht sein: denn die abrahamischen Geschlechtstafeln zeigen ja bereits einen großen Fortschritt der Zeit in der Völkergeschichte, verglichen mit dem Standpuncte der Völkertafel; sind jene alt, so ist diese doch noch älter.

Um also einen Haltpunct für diese Ueberlieferung zu finden, muß man das Verhältniß jener abrahamischen Tafeln, der Tafeln des historischen Stammvaters der Hebräer, zu der Völkertafel betrachten. In den abrahamischen Tafeln ist der Mittelpunct Südbabylonien mit Palästina und Arabien: dort kommt selbst das historische Babylon noch nicht vor, nur die uralten Nimrodsstädte werden erwähnt: Sinear und Susiana werden so wenig genannt, als die Kasdim (Chaldäer) selbst, die Erbauer jener Herrscherstadt (Babylon).

Die Ueberlieferung der Völkertafel muß ihrem Kerne nach vorabrahamisch heißen. Dieses schließt keineswegs aus, daß Moses, im Mittelpuncte der ägyptischen Ueberlieferung und im Besitze der Ueberlieferungen seines Volks, eine Forschung darüber anstellen konnte: diese Annahme gewinnt vielleicht noch dadurch einen Anhalt, daß in beiden Urkunden von allen Stämmen die arabischen die ausführlichste Berücksichtigung erfahren: in der Völkertafel die Joktaniden, in den abrahamischen Geschichten die spätern, sei es als Ismaeliter oder Nachkommen (des mythischen) Abraham's und der Ketura. Niemals aber hat ein Hebräer eine solche Kenntniß der alten arabischen Stämme haben können, wie Moses. Die sinaitische Halbinsel war eine der beiden politischen Grundlagen seines großen Unternehmens, des Aufstandes gegen die Pharaonen. Dort lebte er in engster Verbindung mit den Stammfürsten, seinem Schwiegervater und Schwager. Als der Auszug der Israeliten aus Aegypten gelungen war, durchzog und beobachtete er das Land nach allen Richtungen: viele alte Ueberlieferungen mußten damals dort noch lebendig sein.

Allerdings wird nirgends berichtet, daß Moses an der Völkertafel gearbeitet: und aus der gewöhnlichen Bezeichnung der Genesis (als nach dem Namen Mose's benannt) folgt gar nichts dafür: denn der Ausdruck „Erstes Buch Moses" ist ohne Sinn hierfür, weil gerade von Moses darin nicht mit einem Worte die Rede ist, und nach der Analogie aller folgenden Namen, der Sinn nur sein könnte: „die Geschichte des Moses". Allein auf der andern Seite wird Niemand in Abrede stellen wollen, daß Moses wie der frömmste, begeistertste und thatkräftigste Mann seines Volks, so auch der gebildetste und gelehrteste war, und nach jüdischer und ägyptischer Ueberlieferung auch auf der Höhe ägyptischer Bildung und Alterthumskunde stand.

Nach diesen Vorerinnerungen sollen hier die Stammregister der alten asiatischen Menschheit vom Mittelpuncte Armeniens und des semitischen Bewußtseins in übersichtlicher Form aufgestellt werden, nur mit geographischen Nachweisen der Namen, soweit dieselben mit Wahrscheinlichkeit oder Sicherheit gegeben werden können.

I. Die Nachkommen Japheth's oder die Japhethiten.

Japheth (Jepheth).
Gomer, Kimmerier.
   Aschkenas, Ostarmenien.
   Riphath, vergleiche Riphäische Berge (Ural).
   Togarmah, Nordarmenien.
Magog, Scythisches Volk. (Jazyg? Magyar?)
Madai, Meder.
Javan, Ur-Jonier in Kleinasien.
   Elischah, Aeolier.
   Tarsis, Tarsus in Cilicien.
   Kittäer, Kitiäer in Cypern, Stadt Citium.
   Dodanier, Dardaner, in der Landschaft Troas.
Tubal, Tibarener. } Subkaukasische Völker.
Mescheth, Moscher. }
Tiras, Turan.

Es ist sofort auf den ersten Blick zu ersehen, daß das Hochland Armenien der Mittelpunct der ganzen Darstellung ist. Die Nachkommen Gomer's, welche man wohl mit gutem Rechte für die Kimmerier der Griechen hält, und deren Stammname sich in den Kymri erhalten hat (den noch jetzt in Wales lebenden Briten) nehmen Ost- und Nordarmenien ein: und nördlich an diese grenzen die Riphatäer, für deren Berge (Riphäische) man nur zwischen dem nördlichen Kaukasus oder südlichen Ural zu wählen hat.

Die Griechen dachten bei diesem Namen entschieden an ein nördlich von ihrem „Kaukasus" gelegenes Gebirge: die Frage ist nur, ob sie die nördlichen Ausläufer des wirklichen Kaukasus hinlänglich kannten, um nicht aus ihnen einen eigenen Gebirgsstock zu machen. An Armenien, d. h. die Landschaften von Ar (vergleiche: Ar-arat) und Minni, schließt sich auch Japheths zweiter Sproß an, Magog. Ezechiel hat diesen Namen aus der Völkertafel genommen, und erklärt ihn sich als „Land Gog's": aber „Gog" ist kein geschichtlicher Name.

Mit Ausnahme von „Javan" sind auch alle noch übrigen Stämme Japheths nördlich oder östlich von Armenien: angenommen, daß man in „Tiras" die Bezeichnung der „Turanier", also namentlich der „scythischen" Völkerschaften hat. „Medien" („Mittelland") bedarf keiner weitern Auseinandersetzung: es ist zwar nicht das Stammland der Arier, aber war doch schon frühe arisch: „Arier" nannten sich die uns bekannten Meder ursprünglich: „arische Könige" herrschen seit der Mitte des 9. Jahrtausends über 200 Jahre lang in Babylon. Daß die Perser nicht genannt werden, ist ein großer Beweis für das Alter der vorliegenden Ueberlieferung: sie fehlen auch im Zendischen Verzeichnisse der „Züge der Arier". „Javan" hier übergehend, gelangt man zu „Tubal" und „Mesech", die in den späteren biblischen Büchern fast immer zusammen genannt werden, und in denen man längst die „Tibarener" und „Moscher" der griechischen Erdkunde erkannt hat: sie grenzen an einander und die Landschaft „Iberia" ist gewiß in ihren Sitzen einbegriffen. Diese also sind nördlich vom Lande des Ursprungs, Armenien, wie Medien südöstlich ist. Wenn man nun auch „Tiras" nicht für die Scythen nehmen will, sondern für die Thraker (und diese Ansicht ist die verbreitetste): immer kommt man durch sie nicht bedeutend über die nördliche Grenze der übrigen Stämme hinaus, deren Sitze zwischen dem Kaspischen und Schwarzen Meere liegen.

Daß die Kunde der westlichsten Japhethiten Asiens der Völkertafel nicht fremd sei, beweist entschieden die Aufführung von „Javan". Da die Kinder Javans sämmtlich drei Küstenländer einer Insel, Cyperns (Cyprus), sind; so wird die semitische Ueberlieferung den Stammsitz nicht in Europa, sondern in Kleinasien gesetzt haben. Und dieses stimmt mit der griechischen Ueberlieferung:

die Heimath der Jonier ist nicht in Hellas, sondern in Kleinasien zu suchen.

Für „Javan's" Sprößlinge hat man einen festen Haltpunct an den „Kitiäern", „Kittim". „Kition" (Citium) ist noch später Name einer Stadt auf Cyprus: hier aber ist es Name der ganzen Insel, wie späterhin die westlichen Inseln und Länder überhaupt „Kittim" heißen in der Bibel, streng geschieden von dem großen kanaanitischen Stamme der Hethiter (von dem sie ursprünglich den Namen erhalten hatten). Daran schließt sich das cilicische (kilikische) Küstenland an: man erkennt in „Tarsis" das phönizische „Tars", der Griechen „Tarsus", sobald man sich von der jetzigen Lautung „Tarschisch" losgemacht hat, durch welche aus diesem Orte das allandische „Tartessus" des späteren alten Welthandels geworden ist. Bei den „Dodanim" an Dodona zu denken, die ganz abgelegene Stadt des europäischen Mittellandes in Epirus, bringt seine Bedenken mit sich: aber die Annahme von „Dardanern" bietet sich als sehr natürlich dar. Es ist bekannt, daß diese Völkerschaft in uralten Zeiten in Samothrake und Troas saß. Allerdings kein hellenischer Stamm, gehören sie doch zu den sogenannten pelasgischen Völkerschaften, welche früh mit den Hellenen verschmolzen. Daß der Name der „Pelasger" selbst aber fehlt, könnte man wieder für das Alterthum der Urkunde (der Völkertafel) geltend machen: denn man will annehmen, daß dieser nicht vor dem 15. Jahrhundert vor Chr. entstanden sein könnte. Sollte man nun bei „Elischa" an Elis auf der abgelegenen Westküste des Peloponnes denken, statt an die am Aegäischen Meere sehr früh ansässigen „Aeolier"? Es heißt ferner in der Urkunde, was sich offenbar nur auf Javans Stämme beziehen kann, daß sie sich an den Küsten und auf den Inseln ausbreiteten. Wäre unter diesen damals schon Kreta gewesen, so würde die Erwähnung dieser Königin der Inseln des ägäischen Meeres gewiß nicht fehlen. Man ist also berechtigt, darin daß Kreta (Candia) nicht erwähnt wird, einen Beweis für die Annahme zu sehen, daß in Kreta damals nur die Phönizier angesiedelt waren und herrschten.

Faßt man alles Dieses zusammen, so haben wir in der Völkertafel einen ziemlich beschränkten Kreis uralter Ueberlieferung, deren Mittelpunct Armenien ist. Dasselbe Armenien war nun auch der Mittelpunct des Paradieses: doch ist man deßwegen noch nicht gerade berechtigt, für die japhethitische Tafel dieselbe Quelle anzunehmen, aus welcher die geographisch-ethnographischen Bestimmungen der ursemitischen Paradiesesüberlieferung flossen. Wir haben die „Meder", nicht die „Kossäer": das Volk und Land „Chuila" sind nicht genannt. Die Ueberlieferung von der Lage des Urlandes berührt somit tiefere Schichten der Erinnerungen des Menschengeschlechts als die Völkertafel.

Auch die alt-chaldäische Ueberlieferung von der Fluth nennt Armenien als den Ausgangspunct, von wo die Menschen nach Sinear (Babylonien) zogen: eine aramäische Stammüberlieferung muß dort wie hier zu Grunde liegen. Sie kam wohl durch Abraham an die Israeliten, bei ihrer jetzigen Fassung mag Moses am meisten betheiligt sein (zum völligen Abschlusse aber kam sie erst im 10. Jahrhundert vor Chr.). Die späteren Zuthaten sind jedoch geringe gewesen: die Urkunde wurde immer jeweils mehr als Ueberlieferung behandelt, denn als Gegenstand weiterer ausgebreiteter ethnographischer Forschungen.

Indessen hat sich die Grundanschauung der Völkertafel von einer wunderbaren geschichtlichen Wahrheit erwiesen. Alle jene bekannten Landschaften, welche von Mesopotamien aus nördlich und östlich liegen, erkennt diese alte Urkunde als Japhethiten, unter sich gemeinsamen Ursprungs, aber verschieden von den Semiten, obwohl von gemeinschaftlichen Anfängen ausgegangen. Die Verschiedenheit nun ward früh von der Sprachwissenschaft anerkannt; daß dabei aber auch, wie die Urkunde unzweideutig behauptet, eine ursprüngliche, geschichtliche, also stammverwandte Verwandtschaft bestehe, erst später. Nun ist aber die ursprüngliche Verwandtschaft so sicher, als die nachherige Verschiedenheit.

II. Die Nachkommen Schem's (in der Linie des jüngern Sohnes von Heber, Joqtan's) oder die Semiten.

Schem (Sem).

Helam, Elymäer, besonders am Persischen Meerbusen.

Aschschur (Assur), Assyrer im Osten des Tigris.

Arpathschad, Arrapachitis, liegt nördlich von Assyrien:

Schelach, d. h. Entsendung, Auswanderung (aus dem Urlande);

Heber, d. h. der über (den Fluß Tigris) Gehende.

Peleg, d. h. Theilung.

Joqtan (von diesem kommen die Joqtaniden: die Kachtaniden der Araber):

Almobab in Jemen (dessen Hafen Aben ist).

Scheleph: ein in neuerer Zeit wieder gefundener Stammesname in Jemen, also wohl an dessen Ostgrenze; vielleicht die Alapener, Salapener des Ptolemäus, welche an die Westgrenze von Habramaut gesetzt werden (was kein bedeutender Unterschied ist).

Chazarmaveth: Habramaut, Landschaft an der Küste Südarabiens, östlich von Jemen.

Jerach: die Bewohner der Mondküste, im östlichen Habramaut.

Haboram: dieselbe Wurzel, wie Chazarmaveth, Habramaut: sie werden von den Griechen unterschieden, als Habramiten, von den Chatromoliten, den östlichsten.

Uzal: Ausalier, Ausarlten: Zanaa, ist noch jetzt die Hauptstadt Jemens.

Diqlah: d. h. Palme; die Bewohner des dattelreichen Wadi Nedschran, südlich von Kachtan, im nordöstlichen Jemen, nördlich von Zanaa, verehren die Palme göttlich.

Hobal (Ghobal): die Gebaniten des Plinius; Ausfuhr des Weihrauchs durch ihre Häfen, Ocila, an der Meerenge von Babelmandeb in Jemen.

Abimael: Landschaft Mahra, die Heimath des Weihrauchs, östlich von Habramaut.

Scheba: in Himjar (Land der Homeriten), die Sabäer der Griechen, mit der Hauptstadt Mariaba (Mareb), 76 englische Meilen östlich von Zanaa.

Ophir: in demselben Lande, eine Küstenlandschaft: wohl unweit von dem Bezirke der Sabäer; da Schebu und Ophir neben einander genannt werden als Länder des Goldes.

Chavilah: Chaulan, zwischen Mekka und Zanaa, an Jemens Nordgrenze.

Jobab: bei Ptolemäus Jobariten (lies: Jobabiten) in der Nähe der Sachaliten, welche zwischen Habramaut und Mahra wohnten, wo Dschebel Saber, Stelle der uralten Stadt Saphar, Sapphara, zwischen Mareb und Aden.

Lud, im Lande der chamitischen Lubim (oder auch die Lyder, der bedeutendste, mächtigste und cultivirteste Stamm der Semiten Kleinasiens: als der Vertreter und Stammvater des gesammten Zweiges der westlichen Semiten).

Aram, das Hochland: von der westlichen Grenze Armeniens bis nach Kleinasien; — oder: das Oberland, d. h. das Land am mittleren Laufe des Euphrat bis zum Tigris hin.

Huz, östlich von Edom.

Thul, vergleiche Cölesyrien.

Gether, wahrscheinlich im nördlichen Arabien.

Masch, östlich von Babylon.

III. Die Nachkommen Ham's oder die Chamiten.

Ham (Cham).

Kusch, das südliche Arabien der Urzeit (westlich und östlich) oder das oberste Nilland bis nach Habesch.

Seba*), das Weihrauchland der Sabäer an der Ostspitze Arabiens.

Chavilah, das Land der Avaliter, woher der Meerbusen südlich von Babelmandeb den Namen hat.

Sablah, oder Sabatha, Hauptstadt von Habramaut in Südarabien.

Rahmah, Regma heißt eine Stadt und Bucht im südöstlichsten Arabien (Oman).

Scheba: ist gleich Mareb (Mariaba) in Himjar.

Dedan: in Südarabien, wahrscheinlich Dirin am Persischen Meerbusen.

Sabtekha, vergleiche Samydake an der Küste Gedrosiens bei der Einfahrt in den Persischen Meerbusen.

---

*) Dasselbe, wie auch folgende Namen, wird zugleich in der Völkertafel als unter Sem (den Semiten) aufgeführt.

Mizraim:
- Ludiler, wahrscheinlich an der nordwestlichen Grenze Aegyptens.
- Anamiter, bei den Alex. Enemetiim, koptischer Name Nordägyptens.
- Lehabiter, Lubim = Libyer, also wahrscheinlich an der Westgrenze des Delta.
- Naphtuchiter, in Nordägypten, dessen Göttin Nephthys heißt, nach der östlichen Grenze hin.
- Patrusiter, Bewohner der Thebais (Patros), wörtlich die Südlichen.
- Kasluchiter, am Mons (Berg) Kasius (Casius), in Cassiotis, östlich von Pelusium.
- Kaphtoriter, Ureinwohner von Kreta; (Kaphtor kann aber auch ein Stück der unterägyptischen Küste sein.)

Put, Mauretanien, wo ein Fluß Put erwähnt wird.

Kenahan, Kanaan*):
- Zidon, der Erstgeborene, die älteste Stadt und Landschaft.
- Cheth, Hethiter (ägyptisch Kheta) um Hebron.
- Jebusiter, auf dem Gebirge Juda bis Jerusalem (Jebus).
- Amoriter, ein Theil des großen Stammes zu beiden Seiten des Jordan.
- Girgaschiter, wahrscheinlich den Amoritern benachbart.
- Chiwwiter, Heviter am Libanon.
- Harqiter, Arkiter, am nördlichen Abhange des Libanon (Arko).
- Siniter, etwas nördlicher (Sini).
- Arvabiter, die von Arabus, auf dem Festlande.
- Zemariter, vergleiche Simyra.
- Chamathiter, die von Hamath, an der syrischen Grenze.
- (Sämmtliche hier aufgeführte Kanaaniter waren ächte Semiten).

---

*) Kanaan war bekanntlich von Semiten bewohnt. Hier wird „Kanaan" deswegen unter die Kuschiten gesetzt, indem darunter die in der Urzeit aus Unterägypten zurückgewanderten Semiten Palästinas, im weitesten Sinne, gemeint sind.

f.

Wir gelangen nun zur ältesten völkergeschichtlichen Meldung, dem Reiche Nimrob's, dem Thurmbau und der Zerstreuung der Völker.

Das der Erwähnung Nimrob's und seines Reiches vorhergehende Stammregister von Kusch weiß durchaus nichts von „Nimrob": es führt Völkerstämme auf, die wir sämmtlich als solche kennen: Nimrob dagegen ist uns nur als biblischer Personenname bekannt: es gibt keine geschichtliche Landschaft, die mit demselben auch nur entfernt zusammenzubringen wäre. Wohl aber ist Mesopotamien, vom Süden bis zum Norden mit Trümmern und Oertlichkeiten bedeckt, an welchen der Name „Nimrob" klebt: wie in Babel, so findet er sich in Ninive, ferner auch östlich vom obern Mesopotamien: ja das Land der Riphaischen Alpen, das Quellland des Tigris, also der Theil von Armenien, welcher nördlich von Ninive und westlich vom See Van liegt, hat einen Nimrudberg.

Die Kunde von diesem Helden der Urzeit und seinem Reiche verdanken wir dem „jehovistischen Ergänzer", der sie mit richtigem Gefühl der Völkertafel anfügte, weil sie weit vor allen andern geschichtlichen Nachrichten asiatischer Eroberung und Reichsgründung liegt.

Was meint aber die Ueberlieferung damit, wenn sie Nimrob den „Sohn von Kusch" nennt? Das Beispiel „Kanaans" zeigt, daß Geschichtliches und Geographisches geschieden werden muß. Nimrob könnte ein „Kuschit" heißen, weil er aus Kusch (Aethiopien) hervorbrach nach Asien: wodurch keineswegs ausgeschlossen würde, daß sein Stamm blutsverwandtschaftlich und geschichtlich nach Asien gehörte. Allein der Sprachgebrauch der geschichtlichen Zeit konnte leicht eine Verwirrung hervorbringen in der Lautung ähnlicher aber doch verschiedener vorgeschichtlicher Namen; so konnte aus Kos „Kusch" werden und aus Thuila „Thavila". Nun findet man eben in jenem uralten Volke der „Kossäer" einen sichern Anhaltspunct für das urweltliche Kos (oder Kus). Man hat demnach angenommen, daß Nimrob aus dem Lande der Kossäer, östlich vom Tigris hervorgebrochen sei, und sich von dort zuerst auf die Ebene Sinear geworfen habe. Der Rückhalt des Eroberers wären alsbann außer Susiana und Medien die turanischen Stammländer des später arisch gewordenen Baktrien gewesen. Mit andern

Worten: wir hätten als ältestes Reich ein turanisches, oder wie die Alten sagen, ein „scythisches". Daß die Scythen nach ihrer Ueberlieferung einmal in der Urzeit ein solches Reich gehabt, geht unleugbar aus der Darstellung des Pompejus Trogus bei Justin hervor. Sie machten Asien zinsbar und drangen selbst in Aegypten ein. Ihre Herrschaft begann „1500" Jahre vor Ninus (nach Justin). Da nun von demselben Gewährsmann der assyrischen Herrschaft 1300 Jahre gegeben werden bis auf „Sardanapal", so würde der Anfang der scythischen Herrschaft vor 3500 vor Chr. fallen. Diese Rechnung bedeutet aber nichts weiter, als daß wir für das älteste Scythenreich auf die vorassyrische (vor-aturische) Zeit gewiesen werden. Und diese Ueberlieferung wird nicht über den Haufen geworfen durch das, was Herodot (in Olbia) von den Kindern des Zeus und der Tochter des Borysthenes (Dniepr) hörte, daß ihr erster König „1000" Jahre vor dem Einfall des Darius gelebt habe. Die scythischen Stämme haben nie eine Nationalgeschichte und ein Bewußtsein ihrer Einheit gehabt; das alte Scythenreich kam auch nicht vom Ural oder Dniepr her, sondern von Baktrien (dem vorarischen Iran) und dem Imaus, und die dortigen scythischen Völkerschaften wußten ebenso wenig von den Saken jenseit des Oxus als ihre jetzigen Nachkommen.

Nimmt man aber auch statt „Kossäer" an, daß der Name doch wirklich „Kuschiten" b. h. Aethiopier habe besagen wollen: so würden doch auch diese „Kuschiten" einer sehr alten Völkerstufe angehören, der vorarischen und vorsemitischen. Es steht durch Sprachuntersuchungen fest, daß die Aethiopier der Alten weder eine semitische, noch eine aegyptische Mundart redeten: ihre Sprache scheint vielmehr auf dem Standpuncte der arischen gegenüberzustehen, welcher bei den semitischen dem Chamismus entspricht: und dieses ist nichts anderes als was man „Turanismus" nennt. Jedenfalls ist also das älteste Weltreich, das Nimrod's, ein turanisches gewesen.

Daß nun der Name Nimrod selbst ein turanischer sei, folgt daraus wiederum nicht. Es kann ja ebenso gut ein von den besiegten Mesopotamiern ihm gegebener Name gewesen sein. Daß die Aegypter einen solchen Namen in ihren fürstlichen Geschlechtern hatten, beweisen die königlichen Namen der zweiundzwanzigsten Dynastie, unter welchen man Nimrut findet, und Taflut: beide sind offenbar nicht ägyptisch: Talsul entspricht aber genau Tiglat (in Tiglatpileser).

Soviel ist gewiß, daß es ein Reich des Nimrod gab, welches in die ganze Geschichte der mesopotamischen Menschheit zerstörend eingriff, und Denkmäler kriegerischer Natur, Thürme, Schanzen, befestigte Städte zurückließ, wie in der neuen Welt der macedonische Alexander.

Die großen Städteanlagen, welche Nimrod, d. h. dem scythischen Reiche der Urwelt zugeschrieben werden, zerfallen in zwei Gruppen, obwohl nur bei der zweiten gesagt wird, daß er die Städte baute. Die erste hat Babylon zum Mittelpunct, die andere Ninive, die Oertlichkeit der beiden größten Städte des geschichtlichen Asien.

Die Städte der ersten Gruppe liegen alle in der großen Ebene Südbabyloniens, welche in der Genesis „Sinhar" heißt, und später durch Babylon unsterblich geworden ist. Die südliche Grenze ist durch die Natur gegeben: die äußerste nördliche wird durch Kalne bezeichnet. Hier haben wir den einzigen sichern Haltpunct in der uns bekannten Lage der babylonischen Landschaft Chalonitis. Wir wissen durch Strabo, daß sie sich am Berge Zagros herzog, also nordöstlich von Babylon, durchströmt vom Flusse Delas (Dijala). Und wirklich ist der Name ihrer uralten Hauptstadt noch erhalten im jetzigen Holwan, dem alten Chala oder Kalône, bei den Syrern Chalawân. Sie ward offenbar hier angelegt als Schlüssel zu der Ebene von Osten: sie liegt etwa 30 Millien von den zagrischen Pässen, welche Babylonien beherrschen.

Die zweite Stadt, Akkad (bei den Alex. Arkad), ist uns in Akkate erhalten, welches in Babylonien, nicht weit von Sippara, gelegen haben muß.

Auch für die dritte Stadt, die einzige, welche südlich von Babylon zu suchen ist, haben wir einen untrüglichen Haltpunct. Erech (von den Alex. Orech geschrieben) ist bezeugt durch das Orchoe der griechischen Geographen, und den Namen der Orchener, südwestlich von Babylon.

Ueber die Lage Babels, d. h. der mit dem geschichtlichen Babylon gleichnamigen Stadt, ist es unnöthig etwas Weiteres zu bemerken.

Die zweite Gruppe hat Ninive zum Mittelpunct. Dem Nimrob wird außer der Anlage dieser größten Stadt der Alten Welt, noch die Erbauung von drei zum assyrischen Reiche Nimrod's gehörigen Städten zugeschrieben.

1) **Rechóboth, d. h.** die Gassen: Das darauffolgende Wort „Hir" (Stadt) kann wohl nur als Erklärung oder Glosse angesehen werden, da Rechoboth-Hir, Straßen der Stadt, nichts heißt, und die Erklärung „Stadt der Straßen" im Semitischen nicht zulässig ist. Dazu kommt, daß ein solcher abenteuerlicher Name nirgends vorkommt, weder in der Bibel noch anderwärts; wohl aber hat man etwa drei Wegestunden südlich vom Einfluß des Chaboras in den Euphrat und von Circesium (Karthemisch) die Ruinen des Schlosses von Rechabah wiedergefunden: in geringer Entfernung vom westlichen (rechten) Euphratufer. Dieses ist dasselbe Or-Rechabah, welches der arabische Geograph Abulfeda nach einem alten Gewährsmann als drei Parasangen südlich von Circesium angibt, und wohin Benjamin von Tudela in drei Tagereisen, von Mosul aus, also quer durch Mesopotamien hindurch, gelangte. Dieses Or-Rechabah, oder Hir-Rechoboth, gehört zum assyrischen Mesopotamien durch den Chaboras, und erstreckte sich vielleicht bis an die Mündung dieses Flusses, an dessen oberm Laufe Sindschar, das alte Sinkara Mesopotamiens liegt.

2) Wie die Gassenstadt die westlichste und südlichste Spitze von Nimrod's Reiche, Assur, darstellt, so das an zweiter Stelle angeführte **Kalach** die nördlichste. Denn hier hat man einen unfehlbaren Haltpunct an der assyrischen Landschaft **Kalachênê**, welche nach den übereinstimmenden Angaben von Strabo und Ptolemäus sich nördlich von der Ninusstadt nach den karduchischen Bergen, der Grenzscheide von Armenien hinzieht.

3) **Resen** (Resaina; jetzt Ras-el-Ain, Quellenspitze) wird von den Alten bereits genannt: es ist die berühmte mesopotamische Stadt am westlichen Arme des oberen Chaboras, südöstlich von Karrhä (Haran) und nordöstlich von Nisibis.

Nun scheint es aber im biblischen Texte zu heißen: „Resen liege zwischen Ninive und Kalach". Da nun Ninive (Mosul) östlich von Resen liegt, so müßte hiernach Kalach der westliche Grenzpunct sein. Das ist und bleibt nun offenbar eine Unmöglichkeit: denn auf dieser westlichen Seite hat man vergebens nach einem Kalach gesucht. Die Angabe bleibt also unerklärt.

Allein es handelt hier sich noch um eine andere Schwierigkeit. Es heißt da zum Schlusse: „dieses ist die große Stadt". Nach dem Wortlaute müßte dieses auf Resen gehen, welches schon seiner Lage wegen nie eine große Stadt sein konnte, und von der auch Niemand dieses je ausgesagt hat. Es war eine Bergfestung an den Quellen eines Arms des Chaboras. Die große Stadt könnte neben Ninive höchstens noch das Babylon Nebukadnezars heißen, obwohl Strabo ausdrücklich sagt, Ninive sei viel größer als Babylon gewesen. Des Klesias Angabe (bei Diodor) eines Umfangs von 480 Stadien (20 Wegestunden), 5¹/₂ Stunden lang, zu fast 4 Stunden in der Breite (also so groß wie London) rechtfertigt sich vollkommen durch die neuern Ausgrabungen und wird bestätigt durch die neueste Vermessung.

Man könnte also diese Worte als eine ungeschickt in den Text aufgenommene Glosse ansehen wollen. Allein wenn man sie mit der eben erwähnten unlösbaren Schwierigkeit der ihnen unmittelbar vorangehenden Worte in Verbindung bringt, so wird es ganz klar, daß nur die Annahme die richtige sein kann, daß die ganze Aussage so gelautet haben müsse: „Von diesem Lande zog er aus gen Assur, und erbaute Ninive und Rechoboth (Stadt) und Kalach und Resen: (Ninive ist zwischen Resen und zwischen Kalach: das ist die große Stadt)." Damit ist aber auch zugleich angenommen, daß dieser Zusatz eine in den Text verschlagene Randbemerkung ist: und zwar eine Anmerkung nicht älter als Esra. Denn Jerusalem ward 586 vor Chr. zerstört, nur 20 Jahre nach Ninive (606 vor Chr.): aber als Esra im Jahre 458 vor Chr. nach Jerusalem kam, waren bereits anderthalb Jahrhundert über Ninives Trümmer hinweggegangen: im Jahre 401 vor Chr. (Herbst) zog Xenophon zwei Tage in ihren Trümmern umher, ohne von Ninives Dasein und Assyriens Macht ein Wort zu erfahren oder zu ahnen. In der nachexilischen Zeit verwechselte man bei den Juden selbst leicht assyrische und babylonische Herrschaft. Da war es denn ganz begreiflich, daß man jene Glosse an den Rand schrieb, wovon, wie so oft in ähnlichen Fällen, die Folge war, daß man sie in den Text nahm und daß daraus Unverständliches entstand.

Nimrods Züge sind mythisch: die Gründung und Ausdehnung eines großen turanischen Weltreichs der Urzeit aber ist geschichtlich, und man will annehmen, daß dasselbe von Osten her gegründet ward, zuerst in dem fruchtbarsten und gesegnetsten Lande der Welt, Südbabylonien, von da sich ins nördliche Mesopotamien, und bis nach den karduchischen Bergen erstreckte. Wie dort der Mittelpunct die Oertlichkeit des späteren Babels war, so hier die des späteren Ninive. Nicht bedeutungslos ist, daß nur hier gesagt wird, Nimrod habe Städte angelegt.

In der Ebene Sinear gab es wohl schon Städte, wie auch Berosus als geschichtliche Ueberlieferung anführt, vor der Zerstörung des Urlaubes (Urasiens), gewiß aber vor jenem Einfalle Nimrod's. Nimrod gründet dort nicht eine städtische Gesittung, sondern zerstört, oder wenigstens unterbricht sie. Anders in der späteren Stammlandschaft der Assyrer, Aturia, und den an sie angrenzenden gebirgigen Landen.

Wenn nun aber Ninive, d. h. Ninua, der Aegypter und Griechen Ninya, Ninusstadt ist, wie kann nun von einem Ninive vor Ninus, also vor dem Jahre 1273 vor Chr. die Rede sein: könnte gefragt werden. Dagegen ist jedoch bekannt, daß der Name „Ninya" sich auf ägyptischen Denkmälern schon in der 18. ägyptischen Dynastie (im 16. Jahrhundert vor Chr.) findet. Dann aber, in welchem Verhältniß steht der Name des Königs Ninus zu Ninive; ist die weitere Frage. Nach der Analogie von Babel und andern muß „die Stadt Assurs" einen Gottesnamen in sich führen: Ninus und Ninyas sind assyrische Gottesnamen, des Herakles-Sandan. Vielleicht auch Anu, der oberste Gott, der Gott der Bergesgipfel (— nebenbei bemerkt, einer der ältesten vorkommenden Namen der geschichtlichen Menschheit, aus der Urzeit —); Ninus und Ninua wären also davon abgeleitete Namen („dem Anu gehörig") für König und Stadt, unabhängig von einander („Nin" als Gottesname kommt selbst in den Annalen Tiglat-Pilesars I. vor). Außerdem: eine landschaftliche Hauptstadt Assyriens an dem beherrschenden Puncte gegenüber Mosul am Tigris, konnte es Jahrhunderte, ja Jahrtausende geben, ehe ein Weltreich mit der Hauptstadt Ninive, der historischen Stadt dieses Namens, gegründet ward: mag sie nun auch bereits von einem Gott Ninya geheißen haben, oder mag diese Benennung nur von der geschichtlichen Stadt auf die Urstadt übertragen worden sein. —

Der innige Zusammenhang der nun folgenden Erzählung vom Thurmbau mit der Nachricht vom Reiche Nimrod's ist unverkennbar. Erstlich sind beide unleugbar jehovistisch. Zweitens wird ein großes Weltreich, wie das Nimrod's, hier vorausgesetzt. Die verschiedenen Völkerschaaren kommen nach der Ebene Sinear: dort aber beginnt ja Nimrod's Reich. Nimrod kommt von Kuß (Kos, Land der Kossäer): also von Osten. Nun aber heißt es gerade ausdrücklich, daß jene Schaaren „von Osten" kamen: das wenigstens ist die natürliche Bedeutung des hebräischen Worts. Für die umgekehrte Bedeutung „ostwärts" kann man nur da Belege suchen, wo kein anderer Sinn möglich ist als „ostwärts", gen Morgen. Nimmt man diese Auslegung auch hier an, so muß man aber auch „Kusch" als Aethiopien fassen. Gewiß aber geht man sicherer, wenn man die zunächst liegende Auslegung annimmt. Jene Stämme kommen in Sinear an: sie sind Fremde, Auswanderer, welchen ihre Heimath zu eng wird.

Die natürlichste erste Frage ist doch die, woher sie kommen. Denn wohin sie kommen, wissen wir ja. Aber von dem Lande des Auszugs ist uns sonst nichts gesagt. Sollte also jene Bestimmung „von Morgen" nicht auch schon deswegen hier die allein zulässige sein? Kommen sie von Osten, so kommen sie aus den ältesten Sitzen der Menschheit. In Osten (nördlich) ist das Urland: östlich geht der Zug der ersten vorsluthigen Auswanderer: östlich von Eden, also noch mehr östlich von Mesopotamien, wohin der Völkerzug ging. So wird man also von allen Seiten auf die buchstäbliche Auslegung hingewiesen. Die Völkerfluth ging nicht nach Osten, sondern kam (wie sie fast noch immer thut) von Osten, und zog nach Westen. Darauf führt auch die Auslegung der Nachricht von Nimrod, als den „Kossäer" (vor-arischen Iranier).

Was ist nun der Thurm, den sie errichteten? Sicherlich nicht der Tempel des Bel, welchen Herodot beschreibt: er gehört einer ganz anderen Zeit an, auch wenn er wirklich schon gegen 3000 vor Chr. von jenem alten Könige erbaut sein sollte. Der Bericht weiß hier nichts von einem Tempel, sondern sagt geradezu, daß der Thurm eine Warte, also ein militärischer Bau war. —

Die biblische Erzählung vom Thurmbau geht über in die von der Sprachverwirrung und Zerstreuung der Völker, sie ist gewissermaßen nur die Einleitung dazu. Geschichtlich aufgefaßt bedeutet sie wohl nicht weniger, als daß ein großes Weltreich, welches viele Stämme und Völker in sich vereinigte und in der gesegneten Ebene Babylons seinen Mittelpunct hatte, sich dort auflöste, und zwar bei Gelegenheit, oder in Folge, eines übermenschlichen Riesenbaues. An welches Weltreich aber könnte man hier anders denken als an das von Nimrod, dessen Mittelpunct eben Babylonien war, welches er, von Osten kommend, eroberte, und von wo er zu seinen Eroberungen im nördlichen Euphrat- und Tigrisgebiet ausging?

Die hier in kindlicher Form aufbewahrte Thatsache ist nun gerade das Ereigniß, welches die Thatsachen der ältesten Sprachbildungen erheischen, und zwar ein solches, wovon die Sprachgeschichte aller Zeiten unzählige Beispiele liefert. Alle neuen Sprachen entstehen durch die Zerstörung eines staatlichen Verbandes, welcher eine gemeinsame Sprache hatte: so sind die fünf oder sechs romanischen Sprachen aus dem Untergange des Römerreichs in Italien, Frankreich, Spanien und in der Walachei hervorgegangen. Stellt man sich nun die gewaltsame Auflösung oder das Zerfallen eines großen Weltreichs der Urwelt vor, wie das von Nimrod jedenfalls war; so liegt es doch sehr nahe, in jenem kindlich-einfachen Berichte den Nachklang der ältesten geschichtlichen Ueberlieferung zu erkennen: also ein ähnliches Ereigniß, wie die Bildung der romanischen Sprachen, nur in einem größern Maßstabe, und weitergreifend als jenes. Die Annahme eines Mythus zur Erklärung der Verschiedenheit der Sprachen ist unzulässig, da die biblischen Erzählungen in diesem Sinne keine Mythen kennen: die hier angedeutete Erscheinung geht aus dem menschlichen Organismus und dem Princip der Entwicklung des Menschengeistes mit Nothwendigkeit hervor.

Ebensowenig als einen (heidnischen) Mythus, haben wir eine sogenannte Legende vor uns, d. h. eine fabelhafte Erzählung aus der spätern Völkergeschichte. Die Spitze der Erzählung ist eine große Zerstreuung der Völker von Südbabylonien aus, wodurch neue Sprachen entstanden, viele aus einer. Dieses ist wirklich einmal geschehen, in allen Theilen Asiens wo es Formsprachen gibt, und seit unvordenklichen Zeiten gab. Es ist übrigens hier bei diesem Berichte nach Analogie der alten chaldäischen und biblischen Fluthgeschichte zu verfahren, und das Allgemeine auf etwas Oertliches, wenngleich sehr Bedeutendes zu beschränken, das angedeutete Ereigniß aber mit dem Untergange des ältesten Weltreichs in Verbindung zu setzen, was sehr nahe liegt.

Geht man nun tiefer auf eine solche Annahme ein, so hat man sich zu fragen: welchem Standpuncte die damals zersplitterte Sprache und welchem also die daraus hervorgegangenen vielen Sprachen und Mundarten zugehören möchten? Nach dem Gange der Sprachentwicklung muß die ungetheilte Ursprache (die noch keine Redetheile hat, sondern nur Eigenschaftssilben, welche Wörter sind) in Mittelasien Jahrhunderte (d. h. Jahrtausende) lang bestanden haben, und von dort nach China gekommen sein, wo sie starr wurde. Dort (in Urasien) hingegen war sie nur die Grundlage der organischen Sprachen des bewußten Geistes. Es muß also dort auch einen Zeitpunct gegeben haben, wo das Eis des unbewußten Geistes brach, und die Menschheit sich individualisirte, also in selbstständige Völker spaltete. Nur ein großes Ereigniß, nur eine ungeheure Bewegung der Geister konnte eine solche Umwälzung hervorbringen: denn da das Gottesbewußtsein der historischen ur-asiatischen Bildungs-Menschheit ein einziges ist, so schließt dieses Besteigen einer neuen Sprachstufe die Bildung eines eigenen oder angeeigneten Gottesbewußtseins, also neuer Religionen, in sich.

Ein solches Ereigniß muß das älteste in der Völkergeschichte der neuen, nachfluthigen Welt sein. Es mußte ferner einen unverlöschlichen Eindruck auf Stämme von weltgeschichtlichem Bewußtsein ausüben. Ein solcher Stamm nun ist der ursemitisch-abrahamische, dessen weltgeschichtliches Bewußtsein in Chaldäa ursprünglich wurzelt, während das Gottesbewußtsein des Ewigen ihm ein treues Gedächtniß für die Geschichte des Geistes bewahrt hat. Die biblische Genesis (oder das 1. Buch Moses) ist das Buch der auf die Nachwelt gekommenen Ueberlieferungen aus dem Bewußtsein Abrahams und der Abrahamiden. In ihr nun ist die ganze Nachricht von Nimrod, seinem Reiche, dem Thurmbau und der Sprachverwirrung, der älteste Völkerbericht, und jenes Ereigniß selbst ist das bedeutendste der Urgeschichte des historischen urasiatischen Menschengeschlechts.

Was könnte also passender sein als anzunehmen, daß jener Bericht uns von der Spaltung der mittelasiatischen Menschheit in jene drei großen weltgeschichtlichen Stämme rede, welche in sich eine Einheit bilden, und auf welche man jetzt im Stande ist, alle uns sprachlich bekannten historischen Völker Asiens und Europas zurückzuführen? Man sieht diese Stämme, östlich zuerst als Turanier und dann als Arier, die ganze Welt erobernd und bildend durchziehen, dagegen westlich, in mehr priesterhafter Stellung, und aus engeren Gebiet heraus, in Chaldäa, Mesopotamien, Syrien, Palästina, Arabien, ja bis tief in Afrika hinein, als Semiten ihren nicht minder bedeutungsvollen Entwicklungsgang verfolgen, nachdem die frühere Stufe ihres Sprach- und Gottesbewußtseins sich im Lande Ham's als Chamismus abgelagert hatte und dort erstarrt war. Die Forschung über diese drei Stämme, die Turanier, die Semiten und die Arier, führt auf einen großen gemeinschaftlichen Mittelpunct, nach den Landschaften, welche von den Gebirgen Mittelasiens begrenzt werden, westlich vom Kaukasus, und dem Ararat, östlich vom Altai. Insbesondere ist bekannt, daß die Chaldäer, deren älteste und reinste Ueberlieferung uns in der Genesis bewahrt ist, von Armenien und den benachbarten Hochgebirgen herabgestiegen waren: sie nun wurden in Mesopotamien die Erben der ältesten Erinnerungen, in Babylon aber die Leiter der größten Entwickelung Westasiens.

Dieses höchst wirkliche und urkundliche (nicht mythische oder sagenhafte) Weltalter, die Zeit der Bildung von Sprachen mit Redetheilen, ist die letzte Epoche der Urwelt, und mit ihm schließt die biblische Urgeschichte der nachfluthigen Menschheit in der Genesis.

2.
Uebersicht der biblischen Urgeschichte der Abrahamiden.

Bald nach der großen Völkertafel folgt in der Genesis das Geschlechtsregister Abram's, des Semiten, aus dem Stamme Arpakhschad, durch die Linie von Peleg, dem ältesten Sohne Hebers. Diese Urkunde macht die Verbindung jener Völkertafel mit den Geschlechtsregistern desselben Abram, als angeblichen Vaters der jüngern aramäischen und arabischen Völkerschaften: Register, welche wiederum in Verbindung stehen mit den Stammregistern der von Esau abgeleiteten Edomäer und Horiter.

Diese abrahamischen Tafeln zusammen gewähren eine höchst merkwürdige Uebersicht der verhältnißmäßig neuern aramäischen und arabischen Welt. Sie folgen deßhalb hier hintereinander: die Tafel der Vorfahren Abram's vorangestellt (mit der nöthigen geographischen und ethnologischen Nachweisung dieser Tafeln). Hierauf soll die Erklärung des Verhältnisses derselben zu der großen Völkertafel der Genesis folgen: zuletzt kommt die Veranschaulichung ihres Verhältnisses zur persönlichen Geschichte Abraham's, des Vaters Isaak's und Großvaters von Jakob-Israel.

Uebersichtstafel des Stammes Arpakschad's, des Sohnes Schem's, in der Linie des älteren Sohnes von Heber, Peleg, bis auf Abram:

Schem.
|
Arpakschad.
|
Schelach.
|
Heber.
|
Peleg. — (Bruder: Joktan: von dem die „Joktaniden".)
|
Regu,
d. h. Hirtenflur, Rohi bei Edessa.
|
Serug,
Osrhoene.
|
Nachor.
|
Terach.
in Ur der Chaldäer, Nisibis, zieht nach Haran, Karrhä, im nordwestlichen Mesopotamien.

| Sarai | Abram, der Hebräer. | Nachor II., bleibt in Mesopotamien. | Haran, stirbt noch zu Ur. Milkah; Lot; Jiskah. |

Ueberſichtstafel der dem Abram verwandten Stammregiſter der Aramäer und Araber:
I. Die zwölf Stämme der Nahoriten.
1. Teraͤch:
   a. Abraham.
   b. Nachor 1. (durch Milla Vater folgender Stämme):
      Huz, in der Nähe von Edomitis.
      Buz, Stamm in der Nähe von Dedan und Tema.
      Demuel, ſcheint der Stellung nach ein Stamm dieſſeits des Euphrat zu ſein.
      Aram, vergleiche das Geſchlecht Ram, aus dem der Buzit Elihu war.
      Keſed, wohl Stammvater der Kasdim (bei Hiob).
      Chazo, in Meſopotamien, vergleiche Landſchaft Chazène am Euphrat. (Strabo kennt auch ein Chazène in Aſſyrien.)
      Pildaſch.
      Jidlaph, unbekannt, aber der Stellung nach gewiß jenſeit des Euphrat; ein Ort „Rhipalthas" kommt im nordöſtlichen Meſopotamien vor.
      Bethuel, vergleiche „Bethallaha", Ort Meſopotamiens. Er wohnte zu Haran im nordweſtlichen Meſopotamien.
      Ribqah, die Jizchaq's Weib ward.
2. Nachor II. (durch ſein Kebsweib Reumah Vater folgender Stämme):
      Tebach, Hieron. Tabee, vergleiche Thaëbata im nordweſtlichen Meſopotamien.
      Gacham, vergleiche Beni Gohma, Stamm im alten Baſan.
      Tachaſch, vergleiche „Alachas, nordweſtlich von Niſibis.
      Mahalhah, „Aram Mahalhah", Stamm im Hermongebiete, im nördlichen Oſtjordanlande.

(Man hat alſo hier arabiſche Stämme, gemiſcht mit aramäiſchen. „Aramäer" hat man aber ſowohl im ältern Sinne zu faſſen, als Meſopotamier von Padban = Aram, wie im ſpätern, als Syrer von Damaskus.

Im Allgemeinen gehören ſie in eine Klaſſe mit den Jsmaeliten, den nördlichern Arabern, im Gegenſatze zu den Joqtaniden oder Kachlaniden. Als geſchichtliche Perſönlichkeit iſt man nur berechtigt Bethuel, der Rebekka Vater, anzunehmen. Damascus kommt hier nicht vor, weil dieser Ort vorabrahamisch ist. Die „Kasdim" müssen allerdings als Kinder „Keseb's" angesehen worden sein: allein es ist dabei nicht an die alten, nördlichen Chaldäer zu denken, sondern an chaldäische Stämme der spätern Zeit, welche in Südbabylonien ansässig waren.)

II. Die Ismaeliter (hebräisch Jischmahelim) oder die Söhne der Hagar.

Abraham erzeugt mit der Hagar*) den Jischmael; von diesem stammen die zwölf Stämme der Ismaeliter:

Nebajoth, bei Jesajas mit Cedar verbunden, wie bei Plinius die Nabatäi und Cedrei. Die Nabatäer erscheinen nicht sehr fern von Kanaan, da Esau eine Schwester Nebajoth's heirathete. Sie wohnten im Peträischen und Glücklichen Arabien und südlich von Syrien.

Cedar, nach Jesajas gute Bogenschützen, bei Jeremias Volk der Heerden und Zelte, wohnten östlich von den Nabatäern, in der Wüste zwischen dem Peträischen Arabien und Babylonien.

Abdeel (arabisch „Wunder Gottes"): vielleicht ein ismaelitischer Stamm bei Hibschr, nördlich von Medina, wo nach arabischer Sage in alter Zeit die Tamudener wohnten, unter denen der Gottesmann Saleh ein großes Wunder that.

Mibsam, d. h. Balsamort, wahrscheinlich ein Stamm zwischen Medina und Mekka, wo das Bergland der Beni Sobh ist, die eigentliche Heimath des Mekkabalsams.

Mischmah (bei den Alex. Masma), wahrscheinlich die Mäsämaner des Ptolemäus, nordöstlich von Medina.

Dumah, eine bedeutende Strecke nördlich von Mischmah, nach Abulfeda sieben Tagereisen (südöstlich) von Damas-

---

*) Die Aegypterin, d. h. die Araberin, aus einem Geschlechte, welches zur Hochzeit in Aegypten saß, die Magd der Sarah; vergleiche das Volk der Hagräer, das an verschiedenen Stellen des Alten Testaments neben den Ismaelitern erscheint. (Nach Cratosthenes sind sie wie die Nabathäer und Chaulotäer Bewohner des nördlichen Arabien.)

tus und dreizehn (nördlich) von Medina, auf der Grenze von Syrien und Babylonien.

Maffa, die Mafaner des Ptolemäus, nordöstlich von Dumah, verschieden von den Mesenern am Persischen Meerbusen.

Chabar (richtiger nach der hebräischen Chronik „Chabad"), vergleiche Chatt, das durch seine Lanzen berühmte Küstenland zwischen Oman und Bahrein, am Persischen Meerbusen, wo die Gerrhäer wohnten.

Thèma, Tema der jetzigen Araber: nördlich von den Gerrhäern am Persischen Meerbusen erwähnt Ptolemäus die Thamer oder Themer. Dieser Stamm wird in der Hamâsa als sehr tapfer gepriesen.

Jetur, vergleiche die am Libanon wohnenden Ituräer; sie werden von den ostjordanischen Israeliten bekriegt, wie auch Naphisch.

Naphisch. Der Name hat sich vielleicht erhalten in Nawsia, einem Orte am Euphrat des untern Mesopotamien.

Oebmah geht wahrscheinlich auf die im Buche der Richter im engern Sinne „Kinder des Morgenlandes" genannten Araber, in der Nähe des Ostjordanlandes.

Aehnlich erscheint bei den Alten der dasselbe bedeutende Name „Saragener" als Bezeichnung eines besondern arabischen Stammes.

III. Die Deturiter oder die Söhne der Deturah.

Abraham erzeugt mit der Deturah (Name eines arabischen Stammes, der mit dem Stamme Tschorhom in der Gegend von Mekka zusammenwohnte) folgende Stämme (sie werden hier aufgezählt mit ihren Abkommen):

Bimram, vergleiche Zabram, die Königsstadt der Kinäbokolpiter, westlich von Mekka am Rothen Meere.

Jogschan, Kassaniter am Rothen Meere, südlich von den Kinäbokolpitern.

Scheba, die Sabäer welche bei Hiob erwähnt werden, Nachbarn der Nabatäer in der Nähe Syriens.

Dedan, der edomitischen Landschaft Teman benachbart.

Aschuriter, die Stämme der Hasir im Süden von Hedschas, in der Nähe von Dachlan und Chaulan.

Letuschiter, die Heleim in der Nähe von Leits, vier Tagereisen südlich von Mella, auch sonst verbreitet.

Leummiter, Beni Lâm, ein sehr weit verbreiteter Stamm, nicht nur im Bereiche der Joqschaniter, sondern auch in Babylonien und Mesopotamien.

Medan, Mediana auf der Ostküste des Aelanitischen Meerbusens.

Midjan, nordöstlich von Medan. Die Stadt Madjan lag fünf Tagereisen südlich von Aila (Elath).

Hephah, trieb Handel zwischen Sabäern und Hebräern.

Hepher, Banu Ghiphar, gehören zum Stamm Kenana im Hedschas.

Chanoch, Ort Chanuka, drei Tagereisen nördlich von Medina.

Abidah,

Elbahah, vergleiche Abidah und Babaka, zwei bedeutende Stämme in der Nähe der Hasir.

Jischbaq (vergleiche Schobek, einen Ort im edomitischen Lande) ist unbekannt.

Schuach, lag wohl nicht fern vom Edomiterlande. Vergleiche den Ort Schichan in Moabitis.

(Faßt man diese beiden Stammlisten zusammen, so stehen sie auf einer Linie: sie sind beide ethnologisch, aber episch angeknüpft an den geschichtlichen, späterlebenden Abraham. Hagar hat ebenso wohl eine ethnographisch-geographische Bedeutung als Qeturah: der Patriarch Abraham, Isaak's Vater, weiß von keinen Kindern, als er mit Schmerzen daran denkt, wie der ihm fremde Damascener, sein Hausverwalter Elieser, sein Erbe sein wird: Qeturah hat gar keine Geschichte: und Hagar's Geschichte ist aus dem Stammregister entstanden. „Abraham" stellt den alt-aramäisch-chaldäischen Stamm dar, welcher sich in der Wüste zwischen Babylon und Arabien, sowie in Nordarabien mit Arabern mischte, oder dort ansässig wurde und die Landessprache annahm, wie Abraham die kanaanitische oder phönizische. Die Hagariter oder Hagräer haben ihren größten Vertreter in den Nabathäern, den Kindern Nebajoth, südöstlich von Babylon: von da aus erstreckt sich der Stamm nach Duma und Thema, und bis Medina und

Meffa. Die Oeturiter — Dschorhomiten bei Meffa — haben ihren Sitz östlich von Ailath — Meban, Midjan — bis nach Meffa, am Meere: durch Scheba grenzen sie an die Nabathäer.)

IV. Die Edomiter.

a) Hesav, b. i. **Edom** erzeugt mit Habah (Tochter Elon's, des Hethiters) folgende Stämme:

Eliphaz:

Teman, Landstrich im nördlichen Edom; wahrscheinlich im nordöstlichen Edom.

Omar, der Stamm der beni Hammer im nördlichen Edom.

Zepho, Zephi, vergleiche Zaphijeh, Ort am Südende des Todten Meeres.

Gahtam (bei den Alex. Gothom) ist unbekannt; doch vergleiche den Stamm Gojam, dessen Hauptmasse außerhalb Edoms wohnte.

Qenaz, vergleiche Haneizeh, eine Burg nordöstlich von Petra.

Eliphaz erzeugt mit der Timnah, seinem Kebsweibe, Schwester des Lotan: den

Hamaleq, ein in der Genesis erwähnter Theil des großen amalekitischen Volks, der sich mit dem Stamme Esaus vermischte:

b) Hesav, b. i. **Edom** erzeugt mit Basmath, Tochter Ismael's, Schwester Nebajoth's, den

Rehuel: von diesem stammen:

Nachath,

Zerach, unbestimmbar.

Schammah, vergleiche die Samener bei Steph. Byz, ein Volk der nomadischen Araber.

Mizzah, ungewiß.

c) Hesav, b. i. **Edom** erzeugt mit Oholibamah, Tochter des Hanah und Enkelin des Zibehon, der ein Horiter war, folgende Stämme:

Jehilch (Jehusch) ist unbestimmbar. (Vergleiche den Stamm Haisi in Hauran.)

Jahlam, unbekannt.

Dorach, vergleiche Wadi Curahi, Name des vom Südosten in das Südende des Todten Meeres fließenden Wadi al Achsa. (Hier ist man des Mittelpunctes sicher: das neuere, geschichtliche Edom ist unzertrennlich von Petra. Aber wie viel tiefer seine Wurzeln liegen, sieht man schon aus dem berühmtesten der hier aufgeführten Stämme, den Amaleqitern. Denn sie sind die Amaliqu, welcher nach den arabischen Jahrbüchern 300 Jahre Aegypten besaßen, d. h. an der Spitze der semitischen Stämme sich befanden, deren Könige als Hyksos in Memphis regierten. Aber Edom hieß auch der große Stamm, welcher in Folge von Naturereignissen sich an der phönizischen Küste festsetzte*): denn „Phöniz" ist die Uebersetzung von „Edom": „Puni", „Pöni" sind dasselbe. Vielleicht hat Edom auch seinen Theil an dem Namen von Damaskus, wenn dieser „Edom-Meseq" bedeutet. Jene geschichtlichen Edomiter erkannten sich selber als den Israeliten stammverwandt.)

V. Die Horiter.

Sehir, der Horiter (hebräisch Chori, d. h. Höhlenbewohner), vergleiche Petra, das reich an Felsgrotten ist: erzeugt folgende Stämme:

Lotan, vergleiche Lijathene, Stamm in der Nähe von Petra, zusammen mit dem Stamm Najmal.

Chori, wohl besonders in dem an Felsgrotten reichen Petra.

Hemam, Homam, vergleiche Chomaima, eine südlich von Petra liegende Stadt.

Schobal, vergleiche Syria Sobal. Die Beschreiber der Kreuzzüge nennen so den Theil Arabiens südlich von Kerek, also Edomitis, wenden aber den Namen auf das in der Genesis sonst einmal erwähnte Schobek an.

Halvan, Halaviu ist ein Beduinenstamm nördlich von Aqaba.

Manachath, westwärts von Petra liegt nach Ptolemäus die Gegend Munychiatis.

Hebal, unbekannt.

Schepho, Schephi, vergleiche Dschebel Scha'feh nördlich von Aqaba.

Onam, vergleiche Hamajeme, ein mit den Haweitat verwandter Stamm.

---

*) Diese Wanderung der Phönizier vom erythräischen Meere an ihre Küste müßte jedenfalls vor das Jahr 3000 vor Chr. fallen.

Zibehon.

Ajjah, Avvah, vergleiche Stamm Chaiva, nordwestlich vom Aelanitischen Meerbusen.

Hanah fand die heiße Quelle, welche südöstlich vom Todten Meere entspringt und den Wadi al Achsa lau macht.

Hanah, nicht zu verwechseln mit dem Sohne Zibehon's. Außer einer Tochter Oholibama wird ein Sohn erwähnt.

Dischon.

Dischon (so ist mit den Alex. für Dischan zu lesen). Man kann den übelberüchtigten Stamm der Omran oder Amran östlich und südöstlich von Aqaba vergleichen.

Chemdan, unter den Geschlechtern der Omran findet sich ein Chumaibi und Chamabi.

Eschban, ein Geschlecht der Omran heißt Uzbani.

Jithran,

Keran, sind unbekannt.

Ezer, ist unbekannt, sowie sein zweiter Sohn Jahavan.

Bilhan, zum Namen dieses ersten Sohnes des Ezer, vergleiche den Stamm Mellachin bei Schobel.

Haqan, Jahaqan auf der Westseite vom Edomitenlande.

Dischan. Dieses ist das drittemal, daß der Stamm Disch erscheint (on und an sind Endungen), der also in verschiedene Abtheilungen zerfiel, im östlichen Horiterlande. Den arabischen Stamm Deisch stellt Abulfeda zusammen mit den Banu Dedan, d. h. den Dedanitern in der Nähe vom Edomiterlande.

Huz, im östlichen Edomitis, das Land Hiob's.

Aran, vergleiche die Arener, die bei Plinius neben den Thimanäern, also im östlichen Edomiterlande, vorkommen. Die Alexandriner lesen „Aram", so daß ein durch Mischung aus Aramäern und Horitern entstandener Stamm gemeint wäre.

(Dieses Stammregister hängt aufs engste zusammen mit dem vorhergehenden: sehr natürlich, denn „Edom, Seir, Esav", sind Bezeichnungen desselben Geschlechts und derselben Landschaft. Wir haben hier aber ohne Zweifel die älteren Bewohner des Gebirges Seir vor uns: die Horiter nehmen ab, verschwinden,

während die Edomiter noch in den Idumäern zu Christi Zeit fort-
lebten. Sprachlich fallen sie in der Hauptsache zusammen mit den
Ismaeliten: geographisch mit den Edomitern; und so findet man
denn auch hier wieder das Land Hiob's: Uz oder Huz.)

Das Ergebniß hinsichtlich des Sinnes und der Bedeutung
dieser Register liegt klar vor Augen durch die geographischen,
ethnologischen und geschichtlichen Thatsachen, welche die vorstehen-
den Uebersichten darstellen, nach den Errungenschaften der modernen
Forschung. Unsinnig als persönliche Genealogien sind sie echt
und geschichtlich als Darstellungen der ursprünglichen Verhältnisse
von Stämmen.

Es ist aber auch vergönnt einen Schritt weiter gehen zu können,
der von großer Wichtigkeit ist, sowohl für das Verständniß
und die Würdigung der Urkunden der Genesis, als auch für die
Erkennung der Schichten der ältesten Völker- und Stammbildungen.
Es dürften nämlich solcher Schichten, also Epochen, viel mehr sein
als man bisher geglaubt.

Faßt man zuerst die beiden großen Hauptmassen, die alte Völkertafel und die abramischen Geschlechtsregister in ihrem Gegensatze
auf; so springt sogleich in die Augen, wie sie zwei ganz verschiedenen Epochen der Völkergeschichte angehören, man könnte fast
sagen, zwei verschiedenen Welten. Die jüngere Masse gehört in
die Geschichte der Völkerbewegung der nordarabischen Stämme,
von der Wüste Babylon's bis nach Mekka und dem Nedscheb, und
ihre Stämme bilden die damaligen Vertreter jener Sprache, welche,
mit Ausnahme Himjar's, durch Mohammed die Sprache Arabiens
geworden ist. Ihr Kreis ist also beschränkt, füllt aber eine Lücke
aus in der alten Völkertafel: nämlich zwischen den Joktaniden Südarabiens (Jemens und Habramauts) und den nördlichen Semiten.

In der uralten Masse der Völkertafel nun ist Armenien der
Mittelpunct, und der Umfang ist begriffen zwischen dem 45. und
35. Grade nördlicher Breite, und den Längengraden vom 50.
bis zum 85. Die Semiten sind also das Volk der Mitte, und
der Mittelpunct der Darstellung. Unter ihnen ist der Stamm
von Arrhapathitis der einzige, von welchem eine zusammenhängende
Tafel seiner Wanderungen gegeben wird.

Der Ursitz der eigentlichen Stammvölker — in der Völkertafel — ist allenthalben im Hochlande, in den Gebirgen vom Ararat bis Kurdistan. Von da geht der Hauptzug nach dem Flußgebiet der beiden großen Ströme, Mesopotamien, mit der uralten Herrscherstadt Babel. Der Mittelpunct der abramischen Geschlechtsregister dagegen ist Südpalästina, und die Hauptrichtung geht nach Arabien. Auch hier kommen die alten Stammvölker wieder vor, aber sie sind weit südlich gerückt. (Der Vater der Chaldäer wohnt in Südbabylonien.) Alles dieses zeigt die große Kluft zwischen beiden Tafeln: man hat zwei ganz verschiedene Schichten vor sich.

Der Unterschied und der Fortschritt der beiden Tafeln (der Völkertafel und der abramischen) zeigt sich schon in der Geschichtlichkeit. In der vorabrahamischen Ueberlieferung der Joktaniden hat man nur schwache Andeutungen von den Wanderungen der Völker und den daran geknüpften Ereignissen. Die Bedeutung des Namens vom Sohne Hibri's, Peleg (nämlich „Theilung") muß uns als schwacher Fingerzeig dienen, daß in jener Periode der alten historischen Menschheit eine große Sonderung stattfand, indem einige der urhebräischen Chaldäer (Hibri) nach Arabien zogen, andere in Mesopotamien blieben. Außerdem haben wir nur noch den Namen „Hibri", welcher den Uebergang über einen Fluß, das Kommen von jenseits nach diesseits anzeigt. Dieses führt zu der Annahme, daß der gedachte Stamm zuerst so hieß, weil er den Tigris überschritt, wie später Abraham „Hibri" genannt ward, als der Ansiedler von jenseit des Euphrat. Das Alles weist auf sehr verblaßte Stammerinnerungen hin. Aber schon die Namen der nächsten Epoche nach Peleg, in der unmittelbar auf Abram führenden Linie, bezeichnen entweder bestimmte, eng begrenzte Landschaften, oder sind entschieden persönlich, wie Nahor und Tharah. Da haben wir also einen naturgemäßen Fortschritt der historischen Erinnerung. Ebenso ist die geographische Auflösung sehr einfach und natürlich. Trägt man jene Landschaft in die Karte Mesopotamiens ein, so gewinnt man, geographisch, eine in der angenommenen Richtung fortschreitende Linie, und innerlich eine sehr befriedigende Erklärung des besondern Gedeihens dieses Zweigs, welcher sich seine Freiheit bewahrte, und allenthalben die besten Wohnsitze wählte, — der Israeliten.

Da das chronologische Bewußtsein des babylonischen Reichs bis in das 5. Jahrtausend vor Chr. zurückgeht, so ist es von vornherein zu erwarten, daß die Erinnerung Abrahams über seine (ur-) chaldäischen Vorfahren ziemlich weit hinaufgehen mußte. Mit Abrahams Einwanderung in Kanaan (im Jahre 2140 vor Chr. nach der biblischen Zeitrechnung) und Religionsstiftung beginnt das Bewußtsein der sittlichen Persönlichkeit, und deßhalb auch naturgemäß das der persönlichen Zeitbestimmungen. Ganz zu Anfang der durch Abraham vermittelten und krystallisirten Ueberlieferungen von der Urzeit nach der Fluth finden wir nur rein astronomische Zeitbestimmungen, und zwar nach dem Kreise von 600 Jahren (Neros). Diese gehen bis auf Noah und Sem; jedem dieser beiden Urväter wird eine solche Periode gegeben, welche weiter nichts ist als die „Nere" der alten chaldäischen Astronomen; eine Periode von zehn Sossen (d. h. sechzigjährigen Cyklen). Es ist daher das Naturgemäße anzunehmen, daß die Zwischenzeit von Arpakschad, dem Sohne Sems in jener Ueberlieferung, bis auf Tharah, Abrahams Vater, weder astronomisch und symbolisch noch persönlich sei, sondern vielmehr geographisch-geschichtlich, nach Stämmen und Epochen. Und wirklich zeigt die folgende Zusammenstellung, daß die Ueberlieferung hier nach geschichtlichen und geographischen Epochen fortschreitet.

A. **Sem.**

    Elam (Elymäer), Stamm des babylonischen Reichs, östlich vom Tigris, in Susiana (Südbabylonien).

    Assur, Stamm des Reichs von Ninus, am obern Tigris.

    Arpakschad (Arrhapachitis), d. h. das Urland der Chaldäer, das Grenzgebirge von Armenien nach Assyrien zu. 438 Jahre.

    Lub (Lydi), d. h. die ursprünglichen Einwohner Kleinasiens von Pontus und Kappadokien bis über den Halys, wo die geschichtlichen Lyder.

    Aram, d. h. das ursprüngliche „Hochland", Südwestarmenien (Ar-Minni), das Land zwischen den Quellen des Euphrat und Tigris (das eigentliche Mesopotamien ist „Aram-Naharaim": „Aram" für Syrien ist spätester Gebrauch.)

B. **Schelach** (Sohn des Arpathschab): d. h. Entsendung. 433 Jahre.
Heber, d. h. der über den Fluß (Tigris) Setzende. 464 Jahre.
Peleg (Sohn Heber's), d. h. Theilung. 239 Jahre.
Jollan, Vater von dreizehn südarabischen Stämmen.

C. **Regu** (Sohn des Peleg), d. h. Hirtenflur, Gegend von Edessa (arabisch Roha). 239 Jahre.
Serug, in Osrhoene (Sarug bei den Syrern), westlich von Edessa. 230 Jahre.

D. **Nahor** (Sohn Serug's), zieht nach Ur der Chaldäer. 148 Jahre.
Tharah, verläßt Ur der Chaldäer und zieht nach Haran (Carrä), eine Tagereise südlich von Edessa. 275 Jahre.

Vorstehende Tafel zerfällt in vier Abschnitte. Der erste geht von einer allgemeinen geographischen Angabe über zu geschichtlichen Andeutungen. Arpathschab ist Arrhapachitis; diese Landschaft ist einer der südwestlichen Abhänge der Gebirge, welche den Ursitz des historischen Menschengeschlechts einschlossen, und auf welche die geflüchteten Einwohner der nördlichen Flächen sich retteten. Der ganze Semitenstamm bewegt sich aber im Großen auf dieser, in Beziehung auf die Ursitze, westlichen Hälfte, und die Folge der weltgeschichtlich gewordenen semitischen Ansiedelungen geht von Arpathschab, dem Anfangspuncte der abrahamischen Erinnerungen, von Osten nach Westen. Schelach, d. h. Aussendung, bezeichnet, daß die Wohnsitze des Stammes vorgerückt waren: es ist die Epoche des ersten Herabsteigens von den Höhen des rauhen Berglandes in die schönen Triften und Auen Mesopotamiens. „Die Theilung" (Peleg) wird anschaulich erklärt als Abzweigung des nach Südarabien ziehenden Stammes der Joktaniden, wodurch mehrere Reiche gestiftet wurden, jene uralten Reiche der Abiter in Jemen, welche sich bewußt sind, vom heiligen Norden ausgewandert zu sein. „Der Uebergang" (denn dieses liegt in dem Namen „Heber", Hibri, der Jenseitige) kann nur der über den obern Tigris sein, da erst Abraham den Euphrat überschritt. Von da bewegt sich die Geschichte des Stammes in Mesopotamien, in südwestlicher Richtung, nach der Gegend von Edessa und in die westlich davon gelegene Landschaft Osrhoene. Mit „Serug" hört die Angabe der Wanderungen des Stammes als Hirtenstammes entschieden auf: wir finden uns auf einmal in Ur der Chaldäer, d. h. bei

Nisibis. Die jetzt folgenden Namen (Nahor und Tharah) sind ebensowenig geographisch als Abram es ist, und bezeichnen Abram's Vater und Großvater.

Werfen wir nun einen Blick auf die Zahlen. Da der Erzähler nicht die Summe zieht, so könnten die Angaben des Alters bei der Zeugung und des Lebensrestes als das Ueberlieferte erscheinen. Allein bei den unmittelbar vorhergehenden Angaben über Noah und Sem kann man nachweisen, daß die volle Summe die überlieferte Zahl ist, denn 600 Jahre sind die uralte chaldäische Gleichung zwischen Mond- und Sonnenjahren. Man muß also annehmen, daß auch hier die Gesammtzahl das Ueberlieferte ist.

Die drei ersten Zahlen (Arpathschab 438, Schelach 433, Heber 464 Jahre) stehen sich merkwürdig nahe. Denkt man sich nun Arpathschab als die Dauer des vorbeuflichen, erinnerlichen Ansiedelns der Semiten in Arrhapachitis, so würde „die Entlassung" den Anfang des Zugs nach den Ebenen fünf Jahre vor die Beendigung dieser Auswanderung stellen, und Heber den Zeitraum bezeichnen, wo der ausgewanderte Stamm über den Tigris setzte: das Jahr 464 wäre also das Jahr des Eintritts in das eigentliche Mesopotamien. Damals nun wäre die große „Theilung" eingetreten, indem die Joktaniden sich abzweigten; aber der Hauptstamm blieb in Mesopotamien, so jedoch, daß er allmählich südlich und nach dem Euphrat zu vorrückte. Die Tafel lautet dann so:

Wohnen in Arrapakitis	438 Jahre.
Umherziehen und Ausbreitung längs des Tigris	433 „
Ueberschreiten des Tigris und Festsetzung jenseits	464 „
Wohnen am Tigris nach Abzug der Joktaniden	239 „
Wohnen um Edessa	239 „
Wohnen in Osrhoene	230 „
Wohnen in Ur-Kasdim	148 „
Die unmittelbaren Vorfahren Abraham's . .	275 „

Die Summe (2466 Jahre) stellt sich als die höchste mögliche Zahl dar: sie würde uns, da Abraham's Einwanderung in Kanaan nach der biblischen Zeitrechnung in das Jahr 2140 vor Chr. fällt, zum Jahre 4606 vor Chr. führen. Man könnte also den Anfang der Stammregister in runder Zahl gegen 5000 vor Chr. setzen. Denn nur von annähernden Bestimmungen kann hier die Rede sein: die Frage, worauf es ankommt, ist nur, ob wir in Zahlen, die dem Buchstaben nach durchaus keinen Sinn geben, eine geschichtliche Ueberlieferung von Epochen erkennen dürfen. Zur Annahme der Erdichtung berechtigt uns nichts; vielmehr weist der innere, geographische und historische, Zusammenhang der Darstellung auf eine geschichtliche Ueberlieferung hin, die man später als genealogisch mißverstanden hat. —

Es würde nun ungeschichtlich sein, wenn man die persönliche Geschichte Abraham's deßwegen für einen Mythus erklären wollte, weil der chaldäische Abraham als der Stammvater vieler Völker (nicht blos der Israeliten allein) dargestellt wird. Die umgekehrte Ansicht ist die einzige, welche dem wirklichen Charakter der Erzählungen Rechnung trägt. Gewiß ist in beiden Formen dieselbe Persönlichkeit gemeint. „Abram" ist hebräisch (kanaanitisch) dasselbe wie „Abiram" und bedeutet „Vater der Höhe", „erhabener Vater". „Abraham" ist chaldäisch und bedeutet „Vater der Menge", „Völkervater". Aber nur weil die Persönlichkeit des geschichtlichen palästinisch-hebräischen Abraham in der Ueberlieferung vieler südlichen Stämme in so hohem Glanze bestand, konnte man auf den Gedanken kommen, die verwandten Stämme auf ihn zurückzuführen. In der Ausführung waren gewiß die alten Ueberlieferungen der Stämme maßgebend; nur die Anreihung derselben an Abraham als natürlichen Stammvater war das Poetische, Epische.*)

Entkleidet man die Geschichte Abraham's von der epischen Form der mündlichen Volksüberlieferung, so kommt ein echt geschichtlicher Kern zum Vorschein: nämlich jene hohe Persönlichkeit des Mannes, welcher den Gott des Gewissens zum Gotte seiner Verehrung machte, also den Ewigen, wenn er ihn auch noch nicht mit diesem Namen nannte. Ebenso geschichtlich sind im Großen und Ganzen die Berichte von Abraham's Sohn und Enkel und dessen Söhnen. Die persönlichen Familiengeschichten von Isaak und Rebekka, von Jakob und Rahel, von Joseph und seinen Brüdern sind nicht erdichtet. Die zwölf Söhne Jakob's sind kein Mythus zur Erklärung von Stammesnamen. Dem epischen Charakter

---

*) So ist an den historischen Abraham (der chronologisch richtiger wohl in das 17. als in das 22. Jahrhundert vor Chr. gehört) jener Krieg der Babylonier in Kanaan angeknüpft, der chronologisch in die Zeit der I. babylonischen Dynastie gehört (also vor c. 2500 vor Chr.)

der Ueberlieferung aber entspricht wieder die Vermischung der Ueberlieferungen von Esau, als leiblichem Bruder Jakob's, mit Edom, dem Stammvater der Edomiter. Jener (der historische Esau) begräbt ganz friedlich den Vater (Jsaak) mit seinem Bruder in Mamre; dieser (Edom) wohnt im Gebirge Seir, im Lande Edom. Die Vermischung geht noch weiter: eine uralte mythologische Erinnerung, deren symbolischer Sinn aus dem Mythus des Sonnenjahres nachweisbar ist, wird mit einer thatsächlich geschichtlichen Erzählung in ein Ganzes verwoben. Jakob kam zur lebendigen Erkenntniß des wahren Gottes, nämlich der zum Menschengeiste redenden Gottheit, und hatte Beweise von Erhörung in ernstem Gebete, im Ringen des eigenen mit Gottes Willen, oder des Gotteswillens mit dem Eigenen. Darum ward er später von seinem Stamme der „Israel" (Gotteskämpfer, Gotteskrieger) genannt: sinnbildlicher, uralter semitischer Ehrenname des Herakles, als der ersten Frühlingssonne, in der Mitte zwischen Wintersolstiz und Frühlingsnachtgleiche. Dieser Herakles der Phönizier nun war hinkend, schwach auf den Beinen, weil die Sonne dann noch nicht ihre volle Macht hat, er war schwach wie ein Kind. Die noch jetzt von den Juden gehaltene Sitte, hinsichtlich der Hüftmuskeln, ruht also auf einer Erzählung, welche ihre sinnbildliche Bedeutung in der ältesten Naturreligion hat. Aber der Gottesgeist in den Nachkommen Jakob's, anknüpfend an Jakob's Gottesschau und bewährte Treue, gab dem Mythus der heidnischen Semiten eine geistig geschichtliche Grundlage: die sittliche Persönlichkeit ist die endliche Erfüllung der Idee und des Mythus. Weil entfernt davon, daß ein solches Ergebniß die Glaubwürdigkeit der biblischen Erzählungen schwächen sollte, scheint es eher vielmehr dieselbe für den ernsten Betrachter und den Historiker zu verstärken. —

Die Stammerinnerungen der Israeliten knüpfen sich an die der aramäischen Chaldäer, denn Abraham war ein ausgewanderter Aramäer. Aramäisch waren auch die geschichtlichen Ueberlieferungen bis zu Therach, dem Vater Abraham's. Die israelitische, specifische, historische Weltgeschichte beginnt nun erst mit Moses und dem Auszuge aus Aegypten (1320 vor Chr.); aber sie hat ihre Wurzeln in der abrahamischen, und diese wieder in der aramäisch-chaldäischen Entwickelung, der ältesten asiatischen, und der Erbin der Ueberlieferungen der historischen Urwelt. Die

Urgeschichten, die Geschlechts- und Stammregister bis auf Abraham sind in ihren Anfängen ein aramäisches, vorabrahamitisches, Erbe: in ihrer Weiterbildung israelitisch, indem die aramäischen, arabischen, edomitischen Stammregister an die einzig hohe Gestalt Abraham's angeknüpft werden. Abraham's höchste weltgeschichtliche Bedeutung ist die des Religionsstifters und ersten geschichtlichen Predigers des Gottesreiches im Gewissen der Menschen. Die Einwanderung Abraham's in Kanaan von jenseit des Euphrat ist der Anfang der persönlichen Geschichte unter den Semiten, und des persönlichen Gottesbewußtseins unter ihnen als eines sittlich-vernünftigen. Es beginnt also mit ihr äußerlich die Möglichkeit chronologischer Bestimmungen, innerlich die Offenbarung: die mythologische Entwickelung des Gottesbewußtseins hört auf. Diese persönlichen Geschichten bilden den zusammenhängenden Faden der Geschichte der Patriarchen Isaak und Jakob: mit Jakob's großem Sohne Joseph fängt das äußerlich Weltgeschichtliche schon an: der Einzug des greisen Jakob in Gosen (Aegypten) schließt einen Zeitraum von etwa 120 Jahren (1655–1535 vor Chr.) ab, und es beginnen nun für die Israeliten in Aegypten die Jahrhunderte der Vorbereitungen zur Nationalität.

Von demselben Verfasser erscheinen ferner:

Universalhistorische Uebersicht
der
Geschichte des alten Orients
bis zum Beginn der Perserkriege.

Preis: 2 Thlr. 7½ Sgr.

Handbuch der Ethnographie
und der
Verbreitung der Sprachen,
nach den Ergebnissen der modernen Forschung.

Ein erläuterndes Hilfsmittel beim Studium der allgemeinen Weltgeschichte für Lehrer wie für Geschichtsfreunde überhaupt.

Preis: 25 Sgr.

Kurzgefaßte
Zeittafel der Geschichte des Alterthums
(bis 476 nach Chr.)

Preis: 7½ Sgr.

Druck von W. Spaarmann in Oberhausen.

Inhalt.

Seite.

I. Abriß der vorhistorischen Urgeschichte.

   1. Uebersicht der Erdgeschichte mit den Spuren des Menschengeschlechts und mit der annähernden Bestimmung der Zeit der Entstehung desselben . .   1 — 5

   2. Uebersicht der Steinzeit, der Bronzezeit und der Eisenzeit . . . .   5 — 36

II. Abriß der historischen Urgeschichte.

   1. Uebersicht der historischen Urgeschichte . . . .   37 — 146

   2. Uebersicht der Epochen der historischen Urgeschichte   146 — 174

III. Abriß der biblischen Urgeschichte.

   1. Uebersicht der vorabrahamischen biblischen Urgeschichte . . . .   175 — 229

   2. Uebersicht der biblischen Urgeschichte der Abrahamiden . . . .   229 — 245

www.ingramcontent.com/pod-product-compliance
Lightning Source LLC
Chambersburg PA
CBHW031354230426
43670CB00006B/535